ちくま学芸文庫

河童の日本史

中村禎里

筑摩書房

河童の日本史【目次】

河童の日本史

凡例

（1）原資料にカタカナが使われているばあい、本書ではカタカナをひらがなに変えて引用した。

（2）原資料が漢文で書かれているばあい、原則として読み下し文に書き変えた。

（3）本文の右に付けた和数字は、巻末の「文献（明治以後）」数字に対応する。

（4）本文の右に付けた洋数字に対応する注は、各節の終わりに記した。

第一章　河童前史

わに

河童の名称は中世には成立していたと思われるが、その実質的活躍期は近世であった。しかしどのような事物・観念にも、その歴史がある。蒼古のむかしから現代まで、まったく変化のなかった事物・観念は存在しないし、またその形成過程をたどると、歴史のある段階において先駆型を見いだすことができる。河童についても、またそう言えるだろう。河童は現実には存在しない生物であるから、その先駆型の考古学的な遺物の発見はありえない。したがって河童の先駆的形姿については、古い文献のなかに読みとる以外、推定の方法はない。河童は矮小なりといえども、一種の水霊・水妖である。そこで本書の記述は、日本の古い文献のなかの水霊・水妖について探りを入れることから、始めなければならない。

日本人が著作したもっとも古い文献は、『古事記』（七一二年成立）・『日本書紀』（七二〇年成立）および『風土記』（八世紀成立）である。このなかからわにとよばれる動物の記載をとりだし、その正体を明らかにしたい。わには現在の動物学でいうワニとはかぎらないので、煩雑になるが混乱を避けるため、今後もひらがなでわにと表記する。さて上記三書に現われたわにの行動はつぎのとおりである。

（1）『古事記』神代記：わにがウサギを隠岐島から因幡に渡したが、さいごにウサギからだまされたと知り、この動物の皮をはいだ。

（2）『日本書紀』神代紀：コトシロヌシがわにの姿になって、摂津国三島のミゾクイヒメのもとに通った。三島は、大阪湾から淀川を遡った陸上に位置する。

（3）『古事記』神代記・『日本書紀』神代紀：ヒコホホデミが日本と海神の国のあいだを往復したとき、彼をわにが運んだ。

（a）紀第四の一書：日本から海神の国へ

（b）記・紀第一・三の一書：海神の国から日本へ

（4）『古事記』神代記・『日本書紀』神代紀第一・三の一書：海神の娘トヨタマヒメがヒコホホデミの子を出産しようとしているとき、わにの姿になり、ヘビのように姿をくねらせていた。

（5）『日本書紀』神武紀：神武の軍が熊野の海で暴風にあった。船が進まないので、神武の兄イナヒが海に入ってサヒモチの神になった。『古事記』神代記によれば、サヒモチの神とは、一尋わにを指す。

（6）『出雲国風土記』仁多郡：阿伊の村にいるタマヒヒメを慕い、わにが川を遡っていったが、彼女が石で川をふさいでしまったため、わにはタマヒヒメに会うことができなかった。

(7)『出雲国風土記』意宇郡：猪麻呂の娘がひめ崎でわにに殺された。猪麻呂が復讐成就のため神に祈ったところ、百匹以上のわにが一匹のわにを囲んで猪麻呂のいる場所に連行したので、彼は囲まれたわにを殺して娘の仇を討った。

(8)『出雲国風土記』島根郡：中海の物産の一つにわにがある。

(9)『肥前国風土記』佐嘉郡：佐嘉川の上流にヨタヒメとよばれる石神があった。海の神わに魚が流れを遡って彼女のもとを訪れた。これに小魚が多くしたがった。

わにの正体について、古くからワニ・サメ・ウミヘビなどの諸説が提出されてきた。しかし上記のわにの行動のすべてに妥当する特定の動物が実在したとは思われない。この問題にかんしては、他の著作[一六]で充分に論じたので、ここでは簡単に説明しておく。もっとも普及しているのは、わに＝サメ説である[一三三・一九七・二二七・二三五]。根拠はいくつかあるが、三つだけあげよう。第一に、ある種のサメをわにとよぶ地方が少なくない。第二に、『日本書紀』神代紀・ヒコホホデミの項第四の一書で、八尋《やひろ》わにが「鰭《は》背《た》を立てて」いるさまが語られる。これはわにが魚類であることを示す。第三に、サヒモチは、『日本書紀』神代紀では鋤持と表記する。つまりサヒとは、刀または鶴嘴《つるはし》状の鋤を意味し、頭部がこれに似ているシュモクザメにサヒモチの異称が生じたのだろう。しかし以上の根拠についても、弱点をあげることができる。すなわち、トヨタマヒメは体をヘビのようにくねらせながら、ウガヤフキアエズを出産した。この姿は、サメらしくない。またのちにふれるが、サメは原則として川を遡らない。

ウミヘビ説の根拠はつぎのとおり。[八・一二七・一二八] 第一に、トヨタマヒメが出産のときヘビのように身をくねらせたという説明に適合する。第二に、出雲の沿岸にはウミヘビを祀った神社が存在する。第三に、わにの大きさが一尋・八尋のような長さで表現されることは、この動物の細長い体形を暗示する。しかしたとえばクジラの大きさも、しばしば長さで表現されるので、第三の根拠は薄弱と見なすべきか。またウミヘビでは、ウサギを隠岐から因幡まで渡したり、ヒコホホデミを乗せ、日本と海神の国のあいだを往復させたりすることは困難だろう。

そこで、わにはやはりワニだとする主張が現われる。[五四・六八・一二五・一二六] 因幡の素ウサギ型の説話が東南アジアに分布しているが、[一二七] その地でわにの役割を演じる動物の多くは、ワニである。このような海外の伝承がワニの生息地から離れて古代の日本に流入したのちも、ワニにかんする記憶が残った。これがわに=ワニ説の主たる根拠である。また前記(2)・(6)・(9)においてて川を遡るわにの行動も、わに=ワニ説に有利であろう。しかし八世紀の日本の川および近海にワニは生息していなかった。なかんずく(7)のように、日本海で人を食い殺す生なましい話が、見たこともないワニのイメージと結びついていたとは考えられない。

けっきょく、わにを「古人が海の支配者と考えていた神怪な動物」とする松本信広の意見が穏当な説だと思われる。[三七・二四九] もともと、八世紀のわにを、現代の動物学の標準和名と一対一に対応させようとする発想に無理がある。海に住む神怪な動物というわにの規定が適切であるならば、サメ・ウミヘビのみならず、巨大なクジラ、サメとおなじように獰猛なシャチ、シャチの仲間のイルカも、この民俗的な範疇に収容されていたかも知れない。『日本書紀』雄略紀におけるウラシマノコ説話は、ヒコホホデミの海神国訪問神話と同型であるが、前者のわにに対応する役割を後者において果たすウミガメもまた、わに観念の範囲に入っていただろう。[一六六]

　話を少しもとに戻そう。さきの（2）・（6）・（9）の説話のように、わにには川を遡る能力があったようだ。この性質はわに＝サメ説の弱点とされてきたが、じつは日本近海に出没するサメのなかでもメジロザメは、川に入ることがある。[七六] ウミヘビの類にも、川に泳ぎ込む機会があるかも知れない。もしそうだとしても、（6）でわにが接近した場所は、斐伊川をはるか上流に遡り、中国山地の最奥部にある高尾または馬木に比定される。そこまではサメにしろウミヘビにせよ遡上することはできない。

　とはいえ（2）・（6）・（9）の系統の説話は、とくに留意すべき問題を含蓄している。すなわち海神の動物象徴であるわにが、内陸部までも支配下に収めようとする意図がほの見える。『出雲国風土記』のわには、川を石でふさがれて山に達することができなかったが、『日本書紀』のコトシロヌシのわにや『肥前国風土記』のわには、河川を利用して内陸部の目的地にまで到達し得た。

　ところで古代の有力豪族の一つにわに氏があった。このわには、海の神怪なる動物のわにと無関係だろうか。『古事記』・『日本書紀』・『風土記』における両者の漢字表記を**表1**に示す。これを見ると、両者の発音はまったくおなじでありながら、意識的に表記を区別していることがわかる。いわば、豪族のわにと動物のわには、不即不離の関係にあった。

表1　動物のわにと氏族名のわにの表記の比較

文献	氏族	動物
古事記	丸邇	和邇
日本書紀	和珥	鰐
出雲国風土記		和爾
肥前国風土記		鰐魚

　その不即不離の関係の具体的内容を探る手がかりはないだろうか。『古事記』・『日本書紀』によれば、わに氏は天皇の后妃《こうひ》をその一族から輩出した氏族であり、八人の天皇に一〇人の后妃を提供している。[三] なかでも、神武とわにとの血縁関係、および応神・継体の二代の天皇とわに氏との姻戚関係が、動物のわにと豪族のわにとの関係を解く鍵になるだろう。

　まず応神の妃の一人に、わに氏の娘ヤカハエヒメの名を見いだすことができる。またわに臣河内の娘ハエヒメが、継体の妃の一人にあげられる。さらに神武の妃ヒメタタライスズは、わにと化したコトシロヌシとミゾクイヒメのあいだに生まれた娘であった。

そのうえ神武自身の系譜をたどると、その父はウガヤフキアエズ、母はタマヨリヒメである。そしてタマヨリヒメはトヨタマヒメの妹、したがってわにである。神武の父のウガヤフキアエズもトヨタマヒメの子だから、やはりわにの血を半分受けている。神武と動物のわにとの間柄は、なみの関係ではない。

のみならず、神武の本名はヒコホホデミであった。この名は、トヨタマヒメと結ばれた山幸彦のヒコホホデミとまったくおなじ。津田左右吉[16]は、『古事記』・『日本書紀』以前の原型の神話において、山幸彦と神武は同一人物だったのではないか、と推定している。かりに津田の意見が正しいならば、神武の妃はがんらいトヨタマヒメ、すなわちわにだったということになろう。神武とわにの関係を図1に示す。

ところで応神および継体は、それぞれ応神王朝および継体王朝の初代天皇と目される。そしていうまでもなく神武は、神話上の初代天皇であった。それゆえ、神話上の初代天皇の妃は神怪な神話的動物のわに、半歴史的・半神話的な二つの王朝の初代天皇の妃は、やはり半歴史的・半神話的な豪族のわに氏、という結論が得られる。この符合が偶然の結果だとは、なかなか思われない[17]。

私は、古代の人びとのわにの観念のなかには、人的な要素が含まれていたと想定する。その人的な要素とは、なによりもわに氏およびその一党であった。わに氏は海人族の一グループであり、彼らを象徴する動物がわにだったのではないだろうか。しかし『古事記』・『日本書紀』が書かれた八世紀には、もはやわにはわに氏の象徴とはみなされなくなっていたため、両方のわにの漢字表記が区別されたのであろう。

ここで古代神話のわにに、あと一つ別種の人的要素が潜んでいたことを指摘しておきたい。本節のはじめにあげた事例の（5）において、神武の兄イナヒは海に入ってわにとなった。この変身がなにを意味するか、単純明快な説明をあたえることは難しい。いずれにせよ、このわにはもとは人だった。わにには水死者のイメージが入りこんでいたのかも知れない。水死したイナヒの霊は、わにの姿と化して、海の彼方の海神の国に戻ったのでは

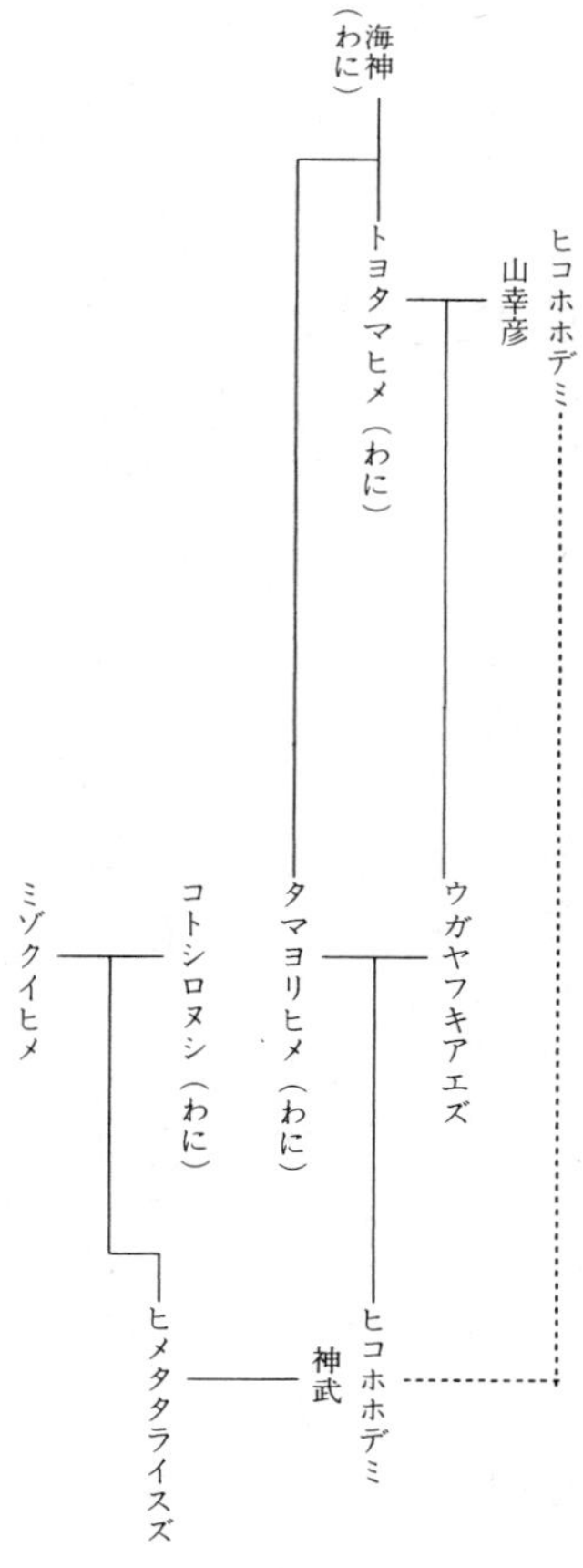

図1　神武とわに

ないだろうか。

日本の中央部で国家のシステムが成立し、人びとのあいだで国家意識が成熟する以前においては、この土地の住民は、開いた社会を形成していた。海外の人びとはつぎつぎに移入し、また海を舞台として生活する海人族も活発に出入りしていたであろう。このような状況にあって、海外の人や海人族が日本に伝えた神話は、故郷から離れても絶えず生命力を補給され、再生産されていたに違いない。先述のとおり因幡の素ウサギの神話は、東南アジアに源をもつと思われるし、[二七] トヨタマヒメ型の神話も中国南部から東南アジアにかけて広く分布しており、[二五・二四・二七] 海人族がもたらしたという指摘もある。[二六]

しかし日本列島の中央部においてしだいに国家的なシステムがつくられるようになると、海外からの渡来人と在来人との区別が立てられ、海人族も機会をもとめて定住の道をたどったと考えられる。とくに七世紀から八世紀にかけて律令国家が形成されるにいたった後は、この傾向は顕著になっただろう。わに氏は、比較的早い時期に内陸に入った渡来人、または海人族だったのではないか。

かくて海の彼方に生まれた伝承は、根源から切り離された。それらの伝承で大きな役割を演じたわにの神怪なイメージは、日本人の実感から遠ざかっていった。そののちわには、生存を図るために、いくつかの選択肢のうちいずれかを選ばなければならなかった。第一は、海に留まるが神性を失い、単純に凶暴な性格のみを保持していく途である。第二は、竜や摩竭魚《まかつぎょ》のような中国文化・仏教文化の範疇と習合して生存する戦略である。そして第三は、内陸の淡水に生息場所を移し、ヘビ神に吸収される選択態度であった。この第三の型を、私は陸封[注(1)]とよんでいる。[一六]なお例外的には、わにの名を変更しないまま淡水に移動したばあいもなかったわけではない。本節の最後に、上記第一のケースの例を、『今昔物語集』（一一二〇年ごろ成立）から二例あげ、あわせて平安時代のわにの正体についても検討しよう。第二・第三の事例は、次節以下で紹介したい。

まず巻二三―二三では、相撲の名手・私市宗平が駿河の海でわにと格闘する。宗平は、わにの鰓《えら》のなかに手を差しいれ、わにを陸上に投げあげた。鰓の存在を考慮すると、このわにが魚類であることに疑う余地はない。つぎに巻二九―三一は、新羅でトラとわにが闘うのを目撃した男の話である。トラによって浜に投げあげられたわには、砂の上であおむけになってバタバタともがく。この動きは魚類らしくない。ワニかカメのような動物を示唆する。[一七]

摩竭魚と竜

摩竭魚とは、梵名makara。鯨魚と訳す。『望月仏教大辞典』[一五]によれば「けだし摩竭魚は、鰐、鯊、海豚と同視されることあるも、実在の動物には非ざるごとし」。鰐はワニ、鯊はサメ、海豚はイルカ。したがって摩竭魚の概念とわにの概念はほとんどずれることなく重なる。さて『今昔物語集』巻五―二八を紹介しよう。

天竺の人が船に乗り海を渡っている途中、白い山が見えた。それは摩竭大魚の歯であった。船がこの魚の口に呑み込まれそうになったので、仏の名を称し観音の名を唱えると、摩竭魚は口を閉じて海に潜り、人びとは助かった。

『今昔物語集』に先だち、『往生要集』（源信、九八五年成立）巻下にも類話が載せられている。そこでは『大悲経』巻三を引くが、おなじような話は『雑譬喩経』巻下、『大智度論』巻七、『大唐西域記』巻八など仏典関係に頻出するようである。

図像をしらべると、『平家納経・提婆達多品』（一一六四年成立）の表紙には、仏に帰依する沙竭羅竜王の宮殿近く、大海に遊泳する怪魚の群れが描かれる。尖った牙の列のような背鰭《せびれ》をもち、髭をはやした魚。背鰭のぎざぎざはおなじだが、開いた口にも鋭い歯並みが見える魚。背に水柱を立てる魚（図2）。小松茂美[三]は、これらを摩竭魚とみなす。たしかにクジラ・サメ・イルカ・シャチなどをモデルに採用し、これに空想造作を加えた動物たちのようである。

ともかくも摩竭魚は、人を呑む危険な魚であるが、他方仏教には柔順な態度を示す。おそらく、仏教的伝統における竜の眷族であろう。したがってこの摩竭魚に、一面神的、一面怪的なわにの仏教化した姿を見てとることは容易である。

日本には、中国古来の竜とインドのナーガやクリカラサが混交してはいってきた。仏教教典の中国語訳の段階で、ナーガはすでに竜と訳された。動物モデルについていうと、がんらいナーガはヘビ、クリカラサはトカゲ[35]を指す。中国古来の竜にも、ヘビのほかワニ・トカゲの要素が濃厚に映しだされていた。[36]このような竜のイメージが、弥生時代の日本に流入したのである。大阪府船橋遺跡出土の土器における竜の頭部と、その細い体幹からは、角と脚のような突起が出ている[37]（図３）。おくれて六世紀の藤の木古墳、馬具前輪の竜に

図２　『平家納経』の摩竭魚

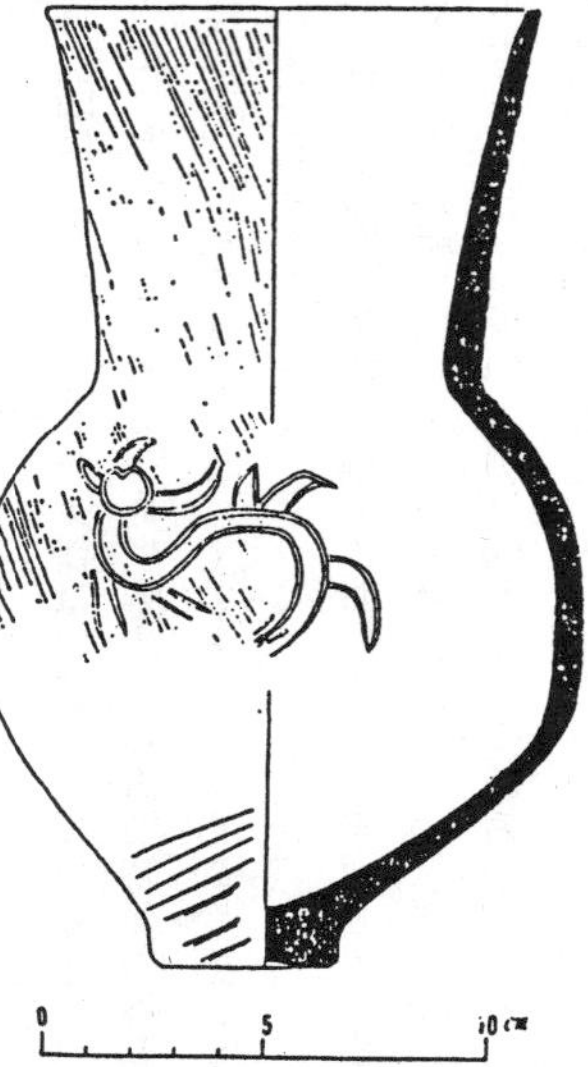

図３　船橋遺跡出土土器の竜

も、角と脚らしいものが備わっていた。[三七]

しかし日本で製作された銅鏡の竜の図は、ムカデ・タガメがはいまわっているようで、本来の竜の姿が理解されていなかった、という評もある。[六五]弥生時代から古墳時代の終わりごろまでの日本の支配層の人たちは、すでに竜の観念をもっていたが、彼らの念頭にあったのは、脚を備えたヘビ状の動物にすぎなかった。

日本の文献における竜の初出は、『日本書紀』神代紀本文におけるトヨタマヒメの産時の姿である。ところが『古事記』や『日本書紀』第一・三の一書では、このとき彼女は、わにの姿に化していた。『日本書紀』において、竜の古訓は「たつ」であるが、それにしても竜はわにと互換可能なイメージを持っていたのである。

平安時代の竜にかんする説話や伝承は数多い。紫式部の『源氏物語』（一一世紀初頭）「すま」・「あかし」から一部引用する。

源氏が須磨にいた三月上旬、急に雷をともなう暴風雨になった。その夜、彼の夢に何者ともわからぬ人が現われ、「など宮より召しあるに参りたまわぬ」と言いながら、源氏を捜しまわった。源氏は、海中の竜王が自分を魅入れたのだと思い、不安を感じた。その後も暴風雨はやまず、いくたびも海竜王の夢を見た。源氏たちは、住吉の神、海竜王などさまざまな神・仏に災厄のやむことを祈り、ようやく暴風雨はおさまった。そして桐壺の故院のお告げというかたちで、住吉の神が源氏を京に導く。

海竜王またはその使者らしいものが源氏にむかって問うた「など宮より召しあるに参りたまわぬ」という言葉の「宮」とは、海竜の宮とも、あるいはやがて源氏が復帰するはずの平安京の宮とも解釈しえる。祈願のかいあり、住吉の神が彼を京に導くところをみると、とりあえず後者と判断するのが妥当だろうか。しかし海竜王が源氏を捜索し、なおかつ源氏はこれを恐れたのだから、宮は海中にあったという理解も充分成り立つ。少なくとも源氏の主観においては、海に引きこまれる危険におびえていた。この竜は海中にあり、やはりわにと重なるイメージをもつ。

『今昔物語集』には、しばしば竜が出現するが、その多くは内陸の池に住む。巻一三—三三の竜は、平群の西の山の池に生息し、身を犠牲にして恵みの雨を降らせた。巻二〇—一一の竜は、讃岐の満濃の池の主であった。この竜は、天狗によっていったん洞中に拘束されたが、洞を蹴破り脱出したとき、「雷電霹靂して空くもり、雨降ること甚だ怪し」かった。巻二四—一一は、雷電をともなう夕立の暗がりで、竜に遭遇した人の話である。

以上を参照するならば、平安時代の竜の特徴は明らかだろう。第一に、竜は依然として海をも生息の地とし、人を海中に引きこもうとしていたが、同時に内陸の陸水にも進出し終わっていた。そして第二に、海陸両方の竜は、降雨を支配するとみなされていた。

ヘビ

日本においては、縄文時代からすでにヘビ信仰がおこなわれていた。縄文時代中期に農耕がなされていたか否かについては議論があるところだが、江坂輝弥[哭]は、ヘビの紋様をもった土器が、おもに丘陵の泉に近い場所から出土することを、この時期における農耕存在説の根拠としている。縄文中期農耕の存否はべつとして、縄文時代の日本列島住民は、すでに水との関連で、ヘビを信仰していたことになろう。文献においても『日本書紀』神代紀によれば、ヤマタノオロチのいる場所の上空には、つねに雲気があった。ヤマタノオロチが川上に住むのも、これが水源の神であることを示唆する。垂仁紀のなかでもヘビと雨の連想が記され、またヘビ神として有名な三輪山の神は、雄略紀では雷神として登場した。荒川紘[九]が主張するように、これらの記載は、七〜八世紀、山神のヘビが、水源と降雨を支配すると考えられていた事実を示す。

このような性質を付与されたヘビが、類似の呪性を発揮する竜と習合するのは、当然のなりゆきだろう。やはり荒川の指摘するところだが、同型の説話において、ヘビと竜の役割が入れかわっている例も知られる。空海が神泉苑で祈雨の修法により竜王を勧請した説話が、『古事談』(源顕兼、一二一三年ごろ成立)巻三にある。修法の効あり、神泉苑の池から長さ八寸ばかりの竜が現われた。ところがこれに先だって成立した『今昔物語集』の類話、巻一四—四一によれば、出現したのは五尺ほどのヘビであり、その頭に五寸ばかりの小さな金色のヘビを載せていた。

ヘビは、一つには、この竜を介してわにとも連絡した。ヘビとわにを結ぶ連絡路は、ほかにもいくつか存在する。竜を媒介とした通路を第一とするならば、第二に、わにの範疇には、ウミヘビも含まれていた。第三に、神話の段階で、わにとヘビが直接互換性を示す例が知られている。

『日本書紀』神代紀において、コトシロヌシがわにに化して三島のミゾクイヒメのもとに通い、ヒメタタライスズヒメを産む。これは後に神武妃になった。そのことは神武紀・綏靖紀においても再記される。ところが神代紀の先に引用した箇所のすぐ前では、ヒメタタライスズヒメは、ヘビ神オオモノヌシの娘とされる。こちらのほうの血縁関係の傍証としては、『古事記』神武記を引用することができる。すなわち神武記では、ミゾクイの娘とオオモノヌシのあいだに生まれたヒメタタライスケヨリヒメが神武妃になった。以上の関係を図示すると、**図4**のようになる。

こうしてみると、神武妃の系譜神話において、コトシロヌシはオオモノヌシと互換可能であり、したがってまたコトシロヌシのわにには、オオモノヌシのヘビと互換可能ということになろう。[13]

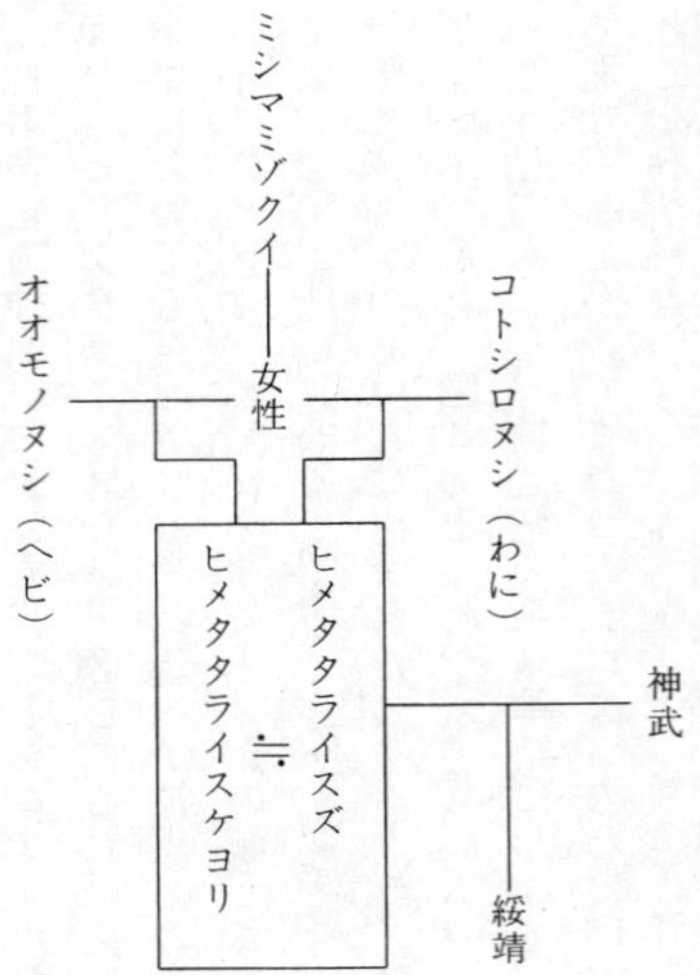

図４　神武妃におけるわにとヘビの互換性

さてわにとヘビを結ぶあと一つ、第四の回路を失してはならない。古代の神話において、わにには河川を遡り、陸水を支配下に収めようとしていた。すでにヘビが陸水の制御者として認められていたのだから、内陸に進出するわにとヘビの同一視の傾向は避けられない。「わに」の節で紹介した神話よりずっと後代の『今昔物語集』巻三一―三六では、日本海に住むわにが瀬田川に入りこみ、琵琶湖のコイと争う。わには、コイに敗れて川下にくだり、山城国において石となった。この話は、わにが琵琶湖を支配しそこなったが、内陸にとどまった結末を示す。

『日本書紀』・『出雲国風土記』・『肥前国風土記』のわに遡川神話をふくめ、この種の説話は、わにによって象徴された海人族の内陸定住の過程を反映しているのではないか。そして結果として、わにがその陸封型としてのヘビへ変貌したのではないだろうか。斉藤次男[六]

は、海人・漂海民の内陸定住を陸地化と名づけているが、この表現は、私のわにの陸封と対応する。

陸封されたわにとヘビとの互換性を明らかにする説話を、一つあげよう。『今昔物語集』巻一六―一五は、ヘビの報恩譚である。

観音に帰依している京の侍が寺に詣でた途中、他の男に捕らえられたヘビを助ける。やがてそのヘビは美しい少女と化して侍の前に現われ、お礼に父母の家に迎える、という。池のほとりで教えられたとおり目を閉じると、まもなく壮大な宮殿に着いた。侍が助けたヘビは竜王の娘であった。歓楽をつくしたのち、必要なものは何でも出てくる黄金の餅をもらい受けて、侍は国に帰った。

この話が、トヨタマヒメ型神婚説話の流れをくむことは、疑いえない。かくて海彼他界は、湖沼底の他界に転換した[六]。

わにがわにの名を残したまま、陸封されたばあいもないではない。『八雲御抄』（順徳院、一二四〇年ごろ成立）巻四には、トラに追われた人が井戸に隠れようとすると、井戸のなかにはわにが待ちかまえていた、という譬え話が採用されている。トラが登場するところをみると、中国の文献に典拠があるのかも知れないが、ともかく日本では井の中のわにの存在に違和が感じられない状態にあったのだろう。

古代のわには、海彼他界の神であるとともに、人を海中に引きこみ、あるいは食い殺す凶悪な動物でもあった。この性質も、もともとヘビのイメージに含まれていたので、わにとヘビの合体はいっそう容易だったのである。

『日本書紀』仁徳紀には、危険な水妖を人が制する話が二回記載されている。

大阪平野の治水工事をすすめていたとき、築堤のなかに崩壊しやすい場所が二か所あった。そこで川神をなだめるため、二人の男が犠牲に供せられることになった。一人は泣くなく水に身を投じたが、あと一人の茨田連《まむたのむらじ》衫子《ころものこ》は瓢箪を水中に投げいれ、水神にむかい「この瓢箪を沈めることができれば、おまえを真の神と判断して自分も犠牲になろう。しかし瓢箪を沈めることに失敗したら、おまえを偽の神とみなして、私は無益に身を滅ぼすことはするまい」と挑んだ。水神は瓢箪を沈めることに失敗したので、衫子は犠牲になることを拒否した。にもかかわらず、堤は無事完成した。

この水妖の形態は明らかでないが、つぎの説話の水妖は動物であった。

備中の川島川の分岐点に大虬が居ついて、人びとの命を奪った。そこで笠臣《かさのおみ》の先祖の県《あがた》守《もり》が瓢箪を投げいれ、「これを沈めることができなければ、おまえを切り殺す」と宣言する。大虬はシカに変身して瓢箪を沈めようとしたが失敗したので、県守はこれを殺し、さらに淵底に蟠居していた同類を皆殺しにした。

大虬は古訓で「みつち」とよまれているが、おそらくヘビを指すのだろう。

『肥前国風土記』松浦郡の項にも、ヘビ神が人を山中の池に引きいれ、殺す話がある。オトヒヒメコの夫だった大伴狭手彦が任那へ遠征に出かけている留守に、狭手彦に似た男が彼女のもとに通ってくる。男の上着のすそにひそかに麻糸をつけておき、彼が去ったのち糸をたよりにたずねて行くと、山の沼にヘビがいた。オトヒヒメコの親が心配して後を追うと、すでに彼女は亡く、その死体が沼の底に発見された。

平安時代になっても、ヘビが人を水中に引きずりこむ習性は変わらない。『今昔物語集』巻二三―二二は、その一例であった。これによれば、丹後国の相撲人・海恒世が家の近くの川淵の岸で足を大ヘビの尾でまかれ、淵に引きいれられようとしたが、足をふんばり、かえってヘビの尾が切れて難を免れた。

さきに述べたように、古代にわにのいちぶは、ヘビに吸収されないまま海に残った。しかし中世においては、海のわにの影も薄い。一二世紀後半に成立し一七世紀前半に模写された『彦火々出見尊絵巻』（以下、絵巻と略称する）は、トヨタマヒメ神話のある種の改変である。この改変のため、残念ながら絵巻にはわには出現しない。『古事記』・『日本書紀』[二三]のトヨタマヒメ神話でわにが登場する場面と、絵巻でこれに対応する場面を照合すると、まず『日本書紀』第四の一書において、ヒコホホデミが海神の国へ行くときにわにを利用しているが、絵巻では籠が用いられた。つぎに『古事記』・『日本書紀』いずれにおいても、ヒコホホデミが海神の国から帰るときに利用した乗りものはわにであった。しかし絵巻では、鷁首の船が描かれる。最後に『古事記』でトヨタマヒメがウガヤフキアエズを出産したときの形姿はもちろんわにである。ところが絵巻ではこのとき、トヨタマヒメは人の姿を見せる。

かくて絵巻では、わには姿を消してしまった。この抹消は、おそらく皇統から怪異な動物の血を排除するために、意図的になされたのであろう。けれども鷁首の船を牽く三人のものの形態には注目してよい。そのうち二人は人型であるが、のこりの一人（図5）は怪魚の頭部をもつ。背鰭・胸鰭が鋭く突出し、牙をむきだしたその顔面は、魚と竜のハイブリッドのようである。あるいは絵巻の作者は、この怪物にわにのイメージを託したのかも知れない。それとべつに、詞書で竜王と表現されているトヨタマヒメの父親の海神は、絵においては人型であり、金色しゃち形または竜形の冠をかぶっている。総じていえば、絵巻は、わにを抹消した空白を竜または摩竭魚のような怪魚の象徴で埋めた、と結論してよいだろう。

不幸にして管見に入ったかぎりでは、そののちしばらくわにには姿をくらましてしまった。わにはどこへ去ったのだろうか。あるいは名前を変更して生きていたのだろうか。

ここでエビスと称する中世以来の広漠たる範疇を見逃すことができない。

図5　『彦火々出見尊絵巻』の怪魚

エビス

エビス信仰は、おそらく一二世紀に始まった。『宮寺縁事抄』（田中坊宗清、一三世紀はじめ）の「石清水神社垂跡本地御体次第」に、「長寛元年損色勘文注江比須」と記される。長寛元年は、一一六三年。また現物は残っていないが『芸藩通誌』（頼杏坪、一八二五年成立）巻一九に引用される「安芸国伊都岐島社神主佐伯景弘解」（一一六八年）に「祓殿間　同小社一宇　号江比須」とある。両資料はいずれも後世の文献に引かれたものだが、信頼性はかなりたかい。一二世紀後半の同時代資料としては、『広田社歌合』（判者・藤原俊成、一一七二年）に源頼政の

思へ唯　神にもあらぬえびすだに
知るなるものを　物のあはれは

と、安心の

世をすくふ　えびすの神の誓ひには
もらさじ物を　数ならぬみも

が収められている。

また西宮あたりは神祇伯・白川家の所領であり、白川家仲資王の日記『仲資王記』建久五（一一九四）年の項は、「広田末社戎宮鳴動」と記録する。なお西宮は、広田社の摂社であった。

エビス信仰の起源地が、西宮であるか厳島であるか、意見が分かれる[八二・一六五]ところであるが、

いずれにせよ本州の瀬戸内海北岸に初期の有力な根拠地があったことは、疑いをいれない。

なぜここでエビスの話をだしたかというと、二つの理由がある。第一に、現在クジラ・イルカ・サメなどをエビスとよぶ地域が知られているが、この範疇は、七〜八世紀のわに、平安時代の摩竭魚の観念とほとんど一致する。第二に、中世にはわについて語る文献がほとんど見られない。見られたとしても、井戸に出現したりして、本拠たるべき海には現われない。もしクジラ・サメなどをエビスと称する民俗分類名が中世にすでに普及していたとすると、古代のわにの少なくともいちぶは、中世にはエビスと名を変えて生存していた、という説明が成りたつ。

そこでまず、エビス神一般の性格について述べなければならない。長沼賢海[一六五]は、（1）夷国の鎮守神、（2）海神、（3）商業神、の順に勢力範囲を広げたとし、喜田貞吉[八一]は、（1）武神、（2）漁者・航海者の神、（3）商業の神、（4）福神としだいに新たな性格を付加していった、と主張している。また中山太郎[一五九]は、エビス神信仰が、（1）海上の守護神、（2）漁業の守護神、（3）市場の守護神、（4）一般の守護神へと機能を拡大していった、と論じる。

長沼説の（1）、喜田説の（1）については、議論の余地があるだろう。さらに中山説の（1）が（2）をともなわず単独におこなわれたかどうかにかんしても、疑問がないわけではない。とにかくも、エビスが（1）海・漁神、（2）商業神、（3）一般の福神、と利益の範囲を広げていったことには間違いあるまい。

ただし海神がエビスとよばれた理由について、充分の説得力をもつ説明は提出されていない。海の彼方から幸をもたらす漂着神・訪問神・客神だから、エビスすなわち戎・夷とする説が有力である。けれども海彼の神一般が、戎・夷のような蔑称でよばれたとは、考えにくいのではないだろうか。最初期のエビスの記録、「石清水神社垂跡本地御体次第」・「安芸国伊都岐島社神主佐伯景弘解」・「広田社歌合」には、いずれも戎・夷は使われず、江比須・えびすの表記になっているのが、偶然とは断定できないように思われる。

そのうえ『広田社歌合』の頼政の歌は、北辺の「神にもあらぬ」蝦夷と西宮に祀るエビスが同一の発音であらわされながら、両者のあいだに大きな意味のずれが存在するおかしさに着目した、とも解釈される。また安心の歌によれば、エビスの神は世を救う誓いをたずさえて出現したようである。たんなる海上防難の神、豊漁祈願の神とは理解しがたい。あるいは『日本書紀』皇極紀にある常世の神のように、突然流行しはじめた雑神ではないか。ちなみに、東国富士川のほとりで誕生した常世の神の正体は、カイコのような虫であった。

ようするにエビス神の最初の意味はわからない。ただ皇極紀の常世の神は弾圧され死滅したが、エビスは海上生活と漁業を保護する神として生き残ったのだろう。

エビスは、遅くとも鎌倉時代末には海彼からやってきた漂着神と見なされるようになっていた。その証拠に、この時期からエビスを蛭児（子）とする説が現われた。注(2)『平家物語』百二十句本（一三世紀後半成立か）巻一一には、「蛭児は……大海に流されしが、摂津の国にかかって、海を領ずる神となる。西の宮これなり」と書かれている。この文の前半は、『古事記』・『日本書紀』からの引用である。すなわち蛭児は、『古事記』神代記においては、イザナギ・イザナミの最初の子であったが、葦船に入れて流し去られてしまった。『日本書紀』神代紀では、一書に『古事記』と同様の説があるが、本文によれば、アマテラス・ツクヨミのつぎに生まれた蛭児は、三年たっても足が立たなかったので、樟船に乗せられ流された。

『平家物語』百二十句本の文の後半の「摂津の国にかかって」以下は、中世の新しい解釈である。つまりひとたび海に流され海彼の国にいたった蛭児は、ついには摂津の海浜に流れもどったのである。このような漂着神としてのエビスは、海彼から日本に到来したトヨタマヒメと通底する性質をもっている。そのことをも念頭におくならば、古代のわにの範疇が、エビスの名でよばれる海生動物とほぼ一致することに、なおさら注目したくなるだろう。

問題は、クジラ・サメなどをエビスと称する習慣が、中世まで遡り得るかどうかである。中山は、伊豆山神社の『走湯山縁起』巻五の当山日金は本名久地良山也。此地下に赤白二竜交和して臥す。其尾筥根の湖水に漬り、其頭は日金嶺の地底湯泉沸所に在り。……此竜の背処に円鏡、是まさに東夷の境所に当り……伊豆は伊は（――恵比須なり）、豆は頭者なり。東境（伊人――恵比須なり）吾が神威を仰ぐにより、一天下において頭首と為すべき也（カッコ内は、原文では二行分かち書き）

を引用する。そして彼は、「久地良山」の名を勘案するとクジラをエビスとよんでいたと思われぬでもない、と主張し、それは新しくても室町時代までは遡れる、と結論した[一五]。

この縁起は、平安時代末あるいは中世の成立とされているが、写本はしばしば後世の付加をともなう。原文で二行分かち書きの部分は、近世の書き入れである可能性が大きい、と私は判断する。後述のとおり、エビス信仰が東国に入ったのは寛文期以後、とする実証的研究が報告されており、またクジラ＝エビス説の証拠としては、他の文献の記載と比較して、時期的にあまりにもかけはなれて早すぎる。

『日本永代蔵』（西鶴、一六八八年刊）巻二に、紀伊太地にクジラ恵比須の宮をまつる話があるが、これもクジラ＝エビスを意味するのではなく、捕鯨による繁栄をもたらしたエビス神を指すのだろう。話の筋から推察すると、このクジラ恵比須の宮は、西宮エビスを勧請したものらしい。

クジラ＝エビス説の文献的に確実なもっとも古い根拠は、『松前志』（松前広長、一七八一年序）巻四である。いわく。

夷人鯨をフンベと云へり。此魚漂着せし処二年を過ぎざれば鰊魚その海岸に群遊することなし。故に海夫忌てヱビスと称す。

ほとんどおなじ時期に、菅江真澄は『秋田のかりね』（一七八四年記）において、船で海を行くと大きなクジラが八頭浮かびでたので「おほんえびす、さまたげなせそ」と頼むと、クジラは海のなかに隠れた、と記録した。つづいて『東遊記』（平秩東作、一七八四年序）は

海鰌は多く見ゆれども、ヱビスと呼て取事なし。此のものに追はれて鯡あつまる故なりといへり。凡一両年不漁なるは、此魚磯辺近く出る故鯡恐れて寄らずともいふ。

と報告している。なお海鰌はクジラ、鰊・鯡はニシン。『松前志』・『秋田のかりね』・『東遊記』がクジラをエビスとよぶ理由は、三者三様である。とくに『松前志』それに『東遊記』の後半と、『東遊記』の前半の説明が逆になっていることには、注目せざるを得ない。

おそらく海岸の地形、クジラ・ニシンの回遊の条件の違いにより、相反する認識が生じたのであろう。つまりクジラ＝エビスは、古代のわにとおなじく吉凶両面に作用しえた。ただしそののち、北日本においても、エビスの吉の機能が優位を占めるにいたったことは否定できない。

一九世紀に入ると『鯨史稿』（大槻清準、一八〇八年成立）巻一に、松前や伊豆でクジラをエビスとよぶ、と述べられている。

しかし他方、エビス信仰の根源の地は、西宮や厳島のような瀬戸内地方であり、田中宣一[15]によれば、この信仰が東日本・北日本まで浸透したのは、一七世紀なかば以後であった。そうだとすると、比較的短期間にエビス信仰が北海道のアイヌの人びとに達し、それがクジラと結びついたと解釈しなければならない。しかもクジラ＝エビスとする信仰は、西日本・中部日本、ことによると東日本さえとばして、いきなり北日本において実現した可能性が有力となろう。

この可能性は、クジラやサメをエビスとよぶ地域の分布によっても裏づけられる。

表2を一見すればわかるように、クジラをエビスとする地方は、現在においても北東日本にかたよっている。クジラ・イルカ・サメなどをエビスと称した始原の地は、もともと北海道だったのかも知れない。中山[16]は、エビスの語源として、アイヌ語の「エビシ」をあげる。エビシとは「海辺へ」を意味するという。クジラは魚群を海辺へ追いこみ、漁業

をたすけるだけでなく、自ら浜に打ちあげる寄りクジラとして、近隣の人びとに莫大な利益をもたらした。

中山のエビス語源説は、そののちのエビス研究においてはまったく無視されてきたが、頭からこれを否定するのもどうだろうか。『アイヌ語方言辞典』[九]によると、帯広方言で

表2　クジラ・サメをエビスと称する例

地　名	所載文献成立年	動物名	文献名・文献番号
北海道	1781	クジラ	松前志
秋田	1784	クジラ	秋田のかりね
北海道	1784	クジラ	東遊記
伊豆	1808	クジラ	鯨志稿
青森	1911	クジラ	116
伊勢	1911	サメ	224
宮城	1917	クジラ	179
茨城	1917	クジラ	179
石川	1917	クジラ	179
高知	1917	クジラ	179
壱岐	1929	クジラの胎児	72
瀬戸内	1980	クジラ	136
佐渡	1986	クジラ・イルカ トド・サメ・カメ	107

文献については，近世のものは書名を，近代以後のものは巻末の文献番号を示した．

「エピスム」は「浜の方へ」を意味する。東漸してきた瀬戸内のエビス信仰のエビスが、アイヌ語のエピシないしエピスムと習合したのかも知れない。そのばあい、海辺に魚群を追いこむのはクジラだけではなく、サメなどもおなじ利益を人にもたらすから、エビスの範囲はたんにクジラのみにとどまらなかったであろう。

秋道智弥[三]は、アイヌ語でクジラを指す「フンペ」は、もともとはクジラだけでなく海獣一般を示す言葉だった、と指摘している。福本和夫[三〇]も、古代から近世にかけてのくじら概念が、クジラにとどまらず、イルカ・シャチ・サメ・マンボウをも包括する、と主張した。海生動物の民俗総名としてのエビスと、これらとの関連は注目に値する。

とにもかくにも遅くとも近世中期以後に、クジラ・イルカ・サメなどを一まとまりのグループとみなし、しかもそれが沖合いから寄ってきて海辺の人びとに幸または不幸をもたらす動物とする認識があったことは、疑いない。そしてこの範疇は、古代のわにに近い。中世以後近世初期までに、わに的動物にどのような総称が与えられていたか不明である。ただ日本北東部においては、エビスまたはそれに近い発音で表現されていた、という理解をいちがいに否定することはできない。

では、古代のわにのうち海に残った部分が、ひきつづきわにとよばれていた可能性はないだろうか。先述のように中世文献に、わににかんする情報は探知しがたい。そのうえ『今昔物語集』においてすでに、わにの名は、『出雲国風土記』の人食いわにのような凶暴な行動で人びとを脅かす海の怪魚にのみ限定され、海彼から幸を運んでくる動物を意味することはやめていたようである。

平安時代後期以後、後者のたぐいの動物がどのような名をつけられていたか、明らかではない。摩竭魚とよばれることもあっただろう。あるいは、竜・くじらなどと名づけられていなかったとも断定できない。そのような一まとまりの重要な意味をもつ民俗名が、古代と近世中期以後に存在して、その中間においてだけ欠落していたとも思われない。本項で確認し得る結論は、以上のとおりである。

エビスと河童は、いずれも海神・水神から出発しながら、べつ方向に分岐発展した。エビスは、海神・漁業神としての初期型の性質をとどめながら、内陸にも進出し、ポピュラーな福神の地位へと到達した。河童については次章以下で詳論するが、さきまわりして結論を述べると、この水妖は、みずからの生息地を祖先から受けついだ陸水のうち河川・人工水路・池などに限定し、その独自性を確立した。

しかもなお、両者に共通した過去の記憶は水面下にかすかに残存し、両者をときには類似の行為に駆りたてる。『吉野拾遺』(一五世紀か)巻下には、つぎの挿話が語られる。

左衛門尉康方という武士が、網でアユを捕ろうとして舟から落ちた。「浮き上がるを見れは、三尺なるスズキという魚と、二尺余のコイとを左右のわきにはさみて、ひる子のさまして岩の上につい居けるに……

とある。このころにはエビス像は、すでに淡水に進出し、魚を持物としていたようである。河童もまた、次章で述べるとおり、しばしば人に生魚を贈与した。

エビスと河童に共通するべつの問題を指摘することができる。それは水死体にたいする反応の問題である。現代において、海に漂う水死体をエビスと名づける地域が多い。一方、次節で述べるように、河童も近世初期には水死した少年のイメージをやどしていた。また今でも水死体が河童になったという伝説が、わずかながら残る。しかし下野敏見[二九]によれば、水死体をエビスとよぶのは、ごく最近の習俗らしく、中世以前のものではない。他方、水死体が河童となるとする俗信は、近世初期でほとんど切れている。それゆえ、水死体を意味するエビスが、河童の前身のいちぶであった可能性はまずない。

古代においてイナヒは死してわにと化した。水死者と水の神怪を同一視する伝統は古くからあったと思われるので、エビスと称される以前の水死体がどのようによばれていたか、考究の必要があるだろう。この件についても、わにの時代とクジラなどのエビスの時代のあいだに、空白が存在する。

河童の誕生

古代において神怪な海の動物として信仰され畏怖されたわに、および平安時代以後内陸の淡水において同様のふるまいを演じたヘビと、近世のより軽い水妖・河童とをつなげるのが、本節のもくろみである。

まずトヨタマヒメのわに神話にもどり、それを手がかりに、近世における水神の出現形態の変化について言及したい。

ヒコホホデミが海神の国を訪問して入手し、彼の子孫の繁栄に貢献した成果は二つあった。一つは兄のホノスソリを征服する決めてとなった潮みつ珠、潮ひる珠である。あと一つは、海神の娘トヨタマヒメとのあいだにもうけた男児ウガヤフキアエズであった。この二つのいずれを欠いても、ヒコホホデミの一族は、列島の王の地位を獲得することができなかったに違いない。そのうち後者、すなわち水神の血をひく男児に注目しよう。

現代の昔話「竜宮童子」においても、水中から少童が現われて人に幸をもたらす。この「竜宮童子」は、水界の美しい少女が人の男性の妻となり、二人のあいだに生まれた男児が父の家を富貴にする、という昔話「竜宮女房」と無縁ではない。そのことを最初に示唆したのは、例によって柳田國男[二四]であるが、ここでは石田英一郎[二七]の表現を借用しよう。

霊童または童神が人界に出現して、おおむね何らかの福徳をもたらすという観念が、わが民間に広く分布していた……。［その観念をあらわす説話や信仰の］根底をつらねる重要な共通要素の一つとして挙げうるのは、第一に、これらの小童が何らかの形で水界に関係をもつ場合が甚だ多いということであろう。……だがそればかりではない。第二に、これら水界の小サ子の蔭に、たえず彷彿として現われるものは、その母とも思われる女性の姿なのである。

石田は、水界の小サ子の一例として、俵藤太伝説における如意童子をあげる。俵藤太伝説は、『太平記』（一四世紀後半成立）巻一五のほか、室町時代のお伽草子類『俵藤太物語』においても語られている。後者をかんたんに紹介しよう。

琵琶湖底にある竜宮のヘビが、女性の姿をとって藤太のまえに現われ、三上山のムカデ退治を依頼する。藤太は首尾よくムカデを退治したのち、竜宮に招かれ、にぎやかな歓待を楽しみ、呪宝などをあたえられて地上に戻った。

柳田に[二四二・二四四]よれば、一六八一年に成立した俵藤太伝説の一本において、藤太は、竜宮から宝物とともに如意童子とよばれる少年をつれてくる。如意童子は、主人がなにも言わなくてもその心を知って働く。ヒコホホデミが海神の国から持参した二つの珠、および彼がトヨタマヒメとのあいだにもうけた男児は、時代を経るにしたがってさまざまに変異し、そのうち一つの方向への変異は、湖底竜宮由来の呪宝と如意童子という結果に到達したのであろう。それではトヨタマヒメは、なぜ消失し、あるいはせいぜい童形男児の蔭に「彷彿として現われる」ていどにかすんでしまったのであろうか。

　この件に関連して私はかつて、つぎのような説明を提出しておいた。すなわち仏教の殺生戒の普及にともない、トヨタマヒメ型の説話は動物報恩譚に変化した。主人公の子孫の繁栄は、動物の雌との結婚そのものによるのではなく、彼が動物の雌の生命を救助したことによる、と改変された。この改変にもとづき、結婚のモチーフの脱落が可能になる。[一六]『今昔物語集』巻一六―一五の若侍はヘビの娘を助け、『俵藤太物語』の藤太は女人型のヘビに依頼された。そして彼らはいずれも竜宮へおもむき、貴重な呪宝を持ちかえる。しかしどちらのばあいも、人の男性がヘビの女性と契ったとは明記されていない。

　たしかに報恩モチーフを採用すれば、通婚モチーフは必要ではなくなる。したがって童子の母は不要になる。けれども不要は非存在に直結はしない。また報恩モチーフは、通婚モチーフと矛盾しない。助けたヘビの娘と結婚し、生まれた男児が一族の発展のもとをきずく、という型の説話も充分成立しえる。説経節『信太妻《しのだづま》』における人とキツネの通婚モチーフはその好例である。にもかかわらず水中異類との通婚譚にかんしては、「ヘビ女房」の昔話などをのぞいて、その型の説話はあまりふるわず、しばしば母の姿はおぼろにかすんでしまった。この点について、満足しえる説明はまだ見いだしていない。ただ人とヘビとの結婚の幻想が、世間話や伝説においては、しだいに忌避されるようになったことは間違いないだろう。ヘビの形態をもつ水神は、妖怪化するのでなければ、みずから姿を消すほかなかったのである。人びとの印象において、ヘビが怨霊の象徴と解されるようになったのと、それは無関係ではあるまい。

母なし水神少童の意味は、人類の心の深部から発しているのかも知れない。根拠不充分であることを承知のうえで、一つの考えを提出しておく。宇宙創成神話において、宇宙が始まる前の状態は、しばしば原初の水で表現される。[22] 古代エジプトのヌンの神がそうであった。メソポタミアのティアマートも海を表わす。『古事記』の冒頭、「国稚く浮ける脂の如くして、海月なす漂へる時」という表現も、原初の水の存在を暗示するのではないか。そして原初の水から生まれる神は、当然ながら無性的に現われた。メソポタミアのばあいは複雑だが、エジプトでは、ヌンから太陽の男児や陸を現わすアトゥムが親なしに誕生した。『古事記』では、ウマシアシカビヒコジが、やはり単独で生まれている。しかも、そののちの万物の源になる神は、大きな潜在的成長力を秘めていなければならない。したがって水からまず出現した神が、少童のイメージ、とくに男性優位の社会制度のもとでは、男童のイメージを示すのは、理にかなっている。あからさまにそのイメージを語る例がどれだけあるかは知らないが、ウガヤフキアエズも、神話上の最初の大王・神武の父であり、『古事記』・『日本書紀』の編者の解釈において、皇統の発展の基と位置づけられた。神話における国土の創成と、それを支配する統治者の出現は、同型現象と解釈できる。

ただしこのような神話学的・心理学的な解釈を採用しても、歴史の特定の時期に少童型の水霊が脚光をあびるにいたった理由を明らかにしたことにはならない。補助的な説明が必要だろう。私の考えでは、小型の水妖である河童の誕生がもとめられたとき、大いなる成長の力を象徴する神話的な水の少童のサイズが流用されたのである。この流用の歴史的条件については、のちに述べたい。

ここで少し話の本筋からはなれ、ヘビ妖について述べよう。中世以後も、水妖のヘビのすべてではないが、その相当部分は、現世に怨みをのこして水中に入ったものの霊の象徴と見なされた。そしてこの種のヘビもまた、水妖であるかぎりは人を引く。中世後期のお伽草子類『さよ姫の草子』において、奥州のさる地頭の娘が、父の死後財産をだまし取られ、無念の思いのはれぬままウルマが池に身をなげ、ヘビと化した。しかもそのヘビが、彼女と類似の運命をたどり、大和から奥州に売られてきたサヨヒメを人身御供《ひとみごくう》に要求する。

水死者の霊があらたな水死者を要求する事件は、一般的には、死者と生者、不幸なものと幸福なものとの人取り争いの例と解釈することができるだろう。そしてこの種の争いは、

『古事記』神代記・『日本書紀』神代紀において、黄泉比良坂の境に対峙し、生者・死者の数をせりあうイザナギとイザナミの宣言合戦にすでに見られる。サヨヒメの例は、この生者と死者の人取り争いの図式にくわえ、さらにべつの要素をふくむ。それは同類誘引作用とでもよぶべき傾向である。ウルマが池のヘビは、生きた人であったときの自分と同性・同年代のものを、死者の仲間に引きこもうとしたのであった。[一四]

さて河童は、水妖であるかぎりヘビ妖の伝統を受けついでいるのだから、少なくとも河童誕生の初期においては、死霊の象徴としての性質を刻印されていたはずである。『死霊解脱物語聞書』（残壽、一六九〇年刊）下には、そのような河童が出現する。

一七世紀のはじめ、与右衛門という農民が、後妻の連れ子の助《すけ》を殺害するよう後妻を使嗾し、彼女は、助を鬼怒川の土手から投げこみ水殺した。その助の死霊が、近くの川淵のクワッパと化し、土手から投身する身ぶりをしては泣き叫ぶ。

高田衛[四]によれば、河童が身投げのふりをするのは、生者に身投げ、水死を誘う呪術であった。そうだとすると一七世紀末には、河童が水死した男児の死霊の象徴とされることがあり、またこの妖怪にも同類誘引作用を発動する力が認められていたことになる。なぜなら、もっとも多発する水死の犠牲者は、男の子である。なお河童の同類誘引作用の生理学的解釈について、次章「用水と河童幻想」の項で論じる。

そののちまもなく、河童は死者の霊の象徴であることをやめたようである。現在でも天草で、殺された武士が河童になったという伝説が採取されているが[一四]、これは稀少例にすぎない。なぜこのようなことになったか推察するに、当時、海陸の水を支配する大きな水神から、単純に人を引く行為のみを職分とする小さな水霊が分出しつつあったようだ。後者が、ほかならぬ河童である。前者が動物の姿をとるばあい、依然として竜・へビの形態を採用する。そして水死者の霊は、物騒な災悪を引きおこす怨霊として、大きな水神の伝統に属することになり、しかし勢力範囲をしだいに縮小しつつあった。大きな水神＝怨霊の例は、第六章で紹介しよう。ちなみに、現在おこなわれている海の水死体をエビスと称する習慣は、この大きな水神の伝統から派生した、と思われる。

では、大きな水神の本流が衰え、河童のような小さな水霊の勢力が増大したのは、なぜだろうか。この点について、的確な解答をあたえることは困難である。しかし二つほどの背景を示しておきたい。第一に、中世末期から近世の始まりの時期までは、日本人の活動が海外と大きなつながりをもち、その意味で、彼らの心の広がりが海の彼方にむかう空間的な水のひろがりと連動した時代であった。イエズス会などのキリシタンの来日、日本人キリシタンの海外への流出、さらに御朱印船とともに海を渡り往復する商人の活躍、東南アジアにおける日本人町の形成などが、人びとの心を、果てしない海の広がりへと誘った。

しかしこれらの動きは、一六三〇年代にはまったく停止する。かくて海陸を大きく包含した水の宇宙は分断され、スケールの大きな海のエネルギーの陸水への転移は、遮断されてしまった。海彼から到来した風物・人びと、つまり新種のわにのあらたなる陸封の結果として、内陸に閉鎖された水霊・水妖の個体数の社会増と、その質的変異をよびおこす条件がそなわったのである。

第二に、中世から近世初期にかけて、河川の制御、灌漑用水・輸送用運河の開発がいちじるしく進み、人びとと水とのかかわりあいの様相が変化した。これも、大きな水神の衰退と、小さな水霊の分出に関係するだろう。この点については、次章でくわしく検討する。

小さな水霊の動物象徴としては、大きな水神の動物象徴である竜やヘビと別のものが選ばれなければならなかった。どのような動物が選ばれたか。

まず『尤の草紙』（斉藤徳元、一六三二年刊）巻下には、「わらわべは川水を浴びて亀にとらるる」とある。ところがウラシマノコ説話を考慮すればわかるとおり、古来ウミガメは海神の象徴の一つであり、その意味でわにの範疇にはいるが、凶悪な印象はほとんどあたえない。淡水産のカメについても、おなじことが言えよう。

私見によれば、童子をとるカメのイメージの中核にあるのは、ふつうのカメではなくスッポンである。『二川随筆』（細川宗春・山川素石、一七二五年ごろ成立）巻二には、姫路の曾宇志屋大明神のまえの池のスッポンが、かつては人身御供を要求した、という伝説が記載されている。スッポンは肉食性だから、人を水中に引きこむには、淡水産のカメよりは似つかわしかっただろう。そしてスッポンはまた、目だたぬところでわにと連絡していた。『倭名類聚抄』（源順、一一〇〇年ごろ）巻一九の鰐は「和名和仁。鱉に似て四足。喙長くして三尺。はなはだ歯するどし」。おなじ巻の鼈は、「あるいは鱉に作る。和名加波加米」。源順の念頭において、わにとかわかめが類似の動物だと認識されていたことは、明らかである。

近世の文献における鼈の訓《よ》みは、スッポン（『大和本草』巻一四、『本朝食鑑』巻一〇など）である。『倭名類聚抄』のかわかめも、たぶん淡水産のカメ一般ではなく、スッポンを指しているのだろう。ワニを知らない日本の知識人が、中国の鰐に近いイメージをもつ動物を探していたとき、スッポンにゆきあたったことは理解しやすい。ワニもスッポンも四足で匍匐前進する水陸両生の爬虫類である。しかも両者とも、背に固い甲羅を欠く。かくて、わに→ワニ→スッポンとイメージが連鎖し、ヘビとともにスッポンもまたわにの陸封型になりえたのである。

カワウソについていうと、『慶長見聞録』（三浦浄心、一六二〇年代成立）巻一は、江戸の堀の主を、カワウソと推定した。『百物語評判』（一六八六年刊）巻四において山岡元隣は、川太郎はカワウソの劫をへたるものなるべし、と推測している。さらに一八世紀の説話をひとつあげよう。『御伽厚化粧』（筆天斎、一七三四年刊）巻五はつぎのような話を収載している。

安那宇という山中の村で、窟のなかから身長九尺ほどの大坊主が現われ、庄屋の息子の松兵衛を窟内の沼に引きこんだ。そこで国主は部下を動員して、これを鉄砲で射殺した。正体は千歳を経た大カワウソであった。

わにの概念には、海生の哺乳類が包含されている。これが陸封されれば、当然ながら淡水に生息しえる哺乳類に姿を変えるだろう。カワウソもまた、わにの陸封型の範疇になんとか収まりそうだ。

水中の霊物が、近世初期までに、三つの点であらたな傾向を顕著に示すようになった事実を、以上で明らかにした。第一に、出現場所の中心を陸水、とくに川と小さな池、および人工的な用水・運河に移した。第二に、男児形を選びはじめた。第三にヘビよりは、スッポン・カワウソの象徴を採用するにいたった。スッポンもカワウソも、神怪なるわに、畏怖すべき竜やみつちに比べると、いかにもスケールが小さく、小さな水霊・水妖にふさわしい。この三つの特徴を結合し、さらにある種の人的・サル的要素を加えたところに、河童は誕生した。ただしわににすでに、人的要素が投影されていたことは、「わに」の項で詳述した。

第二章　河童の行動

河童の行動の諸段階

近世の河童の行動には、おのずから歴史的変遷があった。本節では（a）河童の人にたいする攻撃の方法、（b）人の反撃による河童の敗北の形態、（c）河童が帰順を許される条件および謝意の表現の方法、の変化を手がかりにして、近世における河童の歴史をあとづけよう（表3を参照）。

まず一八世紀初期までの第一段階の状況を明らかにしたい。この時期には河童の行動にかんする消息はきわめて少ないので、一七一五年以前の記録を、私が知りえたかぎり全部列挙する。

時期的にとびはなれて古いのは、『下学集』（一四四四年序）巻一における「獺《かわうそ》老いて河童《かはらふ》になる」という記載である。そののち長いあいだ河童にかんする消息は、文献に現われない。これが何を意味するかは大きな問題であるが、おそらく中世後期の河童とはカワウソの派生的な同類の呼称であり、まだ独特の行動形態を採用するにはいたらなかった。この点については、小宮豊隆[一四]が着目した『本朝食鑑』（人見必大、一六九七年刊）巻一〇のつぎのくだりが参考になる。すなわち「近時水辺に河童なるものあり」とされている。必大は江戸の人であった。一七世紀末の東国では、ほかの動物・妖怪と区別された河童の噂

表3　近世文献における河童の行動モチーフの出現頻度

	人への攻撃					人の反撃				謝罪の方法			
西暦年	人を引く	人と争う	馬を引く	女性を犯す	人の尻をなでる	捕らえられる	手を切られる	傷を負う	封じ込まれる	人馬を引かぬと誓う	魚を贈る	手接ぎ秘法を伝える	宝物を贈る
～1700	3		2			2				1	1		
1701～1725	1		3	1		1				1			
1726～1750	9	1	3	1		1		2	1	2	1		
1751～1775	5		6	3	1	4	4	1		4	5	5	
1776～1800	7	1	2	2	1	2	1	1		1		1	
1801～1825	5	2	2	4		2	1			4			1
1826～1850	5		2			3				1	2	1	1

1600年以後の文献に掲載された河童の行動モチーフを，成立年（推定をふくむ）ごとに分類した．同一文献に複数の記事があるばあい，それぞれ別個に数えた．また同一説話において河童が複数の行動をとるばあい（たとえば人とウマを引く），それぞれ別個に数えた．

は、それほど古いものとは認識されていなかったのだろう。

近世にはいるとまず、『日葡辞書』(一六〇三年刊)にカワロウの項あり、ここでは川中に住むサルに似た一種の獣で、人とおなじような手足を持つ、と述べられている。前章で示した『慶長見聞録』(三浦浄心、一六二〇年代成立)巻一においては、江戸の堀川に主がいて人をとるという報告がなされる。人びとは、池ならばヘビが主になっていることもあろうが、ここは堀川だからカワスズキかカワウソが出るのだろうと噂をしあった。そのうえカワウソは老いて河童となり人をとるといわれている。このように浄心は記述した。『梅村載筆』(林羅山、一七世紀なかば成立)人巻によれば、河童は人・ウシ・ウマを引き、人に捕らえられる。『百物語評判』(山岡元隣、一六八六年刊)巻四の河太郎は、子供を水中に引きいれた。『死霊解脱物語聞書』(残壽、一六九〇年刊)においては、水中に捨てられて死んだ幼児がクワッパになって現われ、また人に憑く。『本朝食鑑』巻一〇では、河童は人を惑わし害すとされ、さらに『三河雀』(林花翁、一七〇七年序)巻三の河猿は、川のほとりでウマをたおす。『大和本草』(貝原益軒、一七〇九年刊)巻一六における河童は、水中に人を引きいれ、会った人の精神を昏倒させる。『和漢三才図会』(寺島良安、一七一三年刊)巻四〇によると、川太郎はウシ・ウマを水に引きいれ、捕らえると祟りがある。また相撲を好む。

この段階における河童の特徴は、つぎのようであった。

（1）人を水中に引きいれるという点で、中世のヘビ、そして近世同時代のスッポンなどの行為を反復しているにすぎない。ただヘビなどと異なる河童の特異性は、一つにはその生息地が川淵・用水・堀などに特定されることにある。
（2）河童は、人だけでなくウマに執着を示す。
（3）河童は人に捕らえられると、謝罪するどころか祟る。人に捕らえられる事件は、あるいは第一段階でも比較的後期に発生したのかも知れない。
（4）河童が人に相撲を挑む現象、および人に憑く現象は、この時期すでに始まっていたらしい。
（5）全般に河童の行動形態において、河童の攻撃―人の反撃と河童の敗北―河童の帰順、という定型パターンは、まだ現われない。

つぎに一八世紀はじめに、第二段階に入る。河童が人に捕らえられて謝罪するという話が書物の上に出現するのは、このころからのことである。もちろんそれ以前に、口頭の伝承がなされていなかったという証拠はない。しかし書物における記録は、その普及の指標にはなるだろう。

ここであらかじめ、上記（a）・（b）・（c）のモチーフのそれぞれを、つぎのようにいくつかに分類し、略称を定めておく。

（a）人にたいする河童の攻撃→攻撃
人を引く→人引き
人と争う→闘争
ウマを引く→ウマ引き
女性を犯す→姦犯
尻をなでる→尻なで
（b）人の反撃と河童の敗北→敗北
捕らえられる→捕縛
手を切られる→手切り
傷を負う→負傷
祈禱で封じ込まれる→祈封
（c）人への河童の帰順→帰順
人・ウマを引かないと誓約する→謝罪
魚を贈る→魚贈与
手接ぎ薬の秘法を伝授する→手接ぎ

宝物を贈る→宝贈与

この分類をもちいると、河童の歴史において、攻撃の項については人引き・ウマ引き、敗北の項にかんしては捕縛・負傷が先行したことになる。しかもこの第一段階で、攻撃の項は帰順の項との結合なしに、多くは敗北の項との結合さえなしに出現した。攻撃―敗北―帰順の三項完結の管見初出は、『雲陽誌』（黒沢長尚、一七一七年序）巻一においてである。注(1)

出雲の国島根郡西川津村に猿猴あり、人びとを悩ませていた。あるときこの猿猴がウマを川に引きこもうとしたが、かえってウマが猿猴を陸に引きあげた。おりふし村民が来あって猿猴を捕らえ、「以後この里で災いをなさず」という証文を書かせて放した。なお猿猴とはカワコのことであり、他国ではカワッパ、川太郎などとよぶものである。

その三〇年ほど後に成立した『寓意草』（岡村良通、一七五〇年前後成立）巻上には、つぎの伝承が記されている。

武蔵の国川越の近く、荒川の支流引又川で少童がウマを洗っていると、そのウマが躍りでて、厩に帰った。人びとがウマに取りついている河童を発見し、殺そうとしたが、寺の和尚がとりなし、「のちのちかならず人などとりそ。ウマなど損ないそ」と説諭して釈放した。翌日、河童はお礼に和尚の枕もとにフナを置いた。

ちなみにこの説話においては、河童の形状は一〇歳ほどの少童の姿をしていた、としか述べられていないが、川越の河童のまえに豊前の河童についても語られており、ここでは面貌はサルのようだ、とされている。

河童の面貌の件はおくとして、二つの伝承から、つぎの推測が可能である。第一に、河童が人・ウマを水中に引きこみ、その河童を人が捕らえるという話（人引き・ウマ引き―捕縛）が河童の歴史の第一段階でまず成立し、第二段階において、これに河童の詫びと赦免のモチーフ（謝罪）が付着して、はじめて攻撃―敗北―帰順の定型パターンが現われた。第二に、帰順の項についていうと、人・ウマをとらないという誓約（謝罪）のモチーフおよび、魚類の贈与（魚贈与）のモチーフも知られるようになった。以上が第二段階の主要な特徴である。

この段階の河童は、人に命を奪われることを避けるように心がける。いわばこそ泥のように人やウマを引く。そのぶんだけ河童に科せられる懲罰もおだやかになった。河童と人との争いがしばしば相撲という形式をとる一因も、それに関係があるかも知れない。

さらにこの時期、河童は女性姦犯の行為を明示する。

一八世紀後半以降の第三段階では、ウマに執着した（ウマ引き）河童が手を切られ（手切り）、手接ぎの妙薬の秘伝伝授を条件に、その手を返却してもらう（手接ぎ）という形式が出現した。『西播怪談実記』（春名忠成、一七五四年刊）巻三の河童譚（図6参照）が、管見初出である。

播磨の国佐用郡のある家で、暑中にウマを川辺の木につないでおいた。やがてウマは、なにものかを引きずって厩に走りこんだ。家のものが見ると、サルに似てサルではないものが、手綱を身にまとってかがんでいた。そこで旦那が「この川筋にておりおり人を失いたるは、おのれの仕業なるべし」と叱咤し、脇差しで河童の右手を打ちおとした。河童涙をながして言うよう。「我今日ウマを淵に引きいれんとして、誤りて引きずられ来てうきめにあう。命助けたまえ。いまよりこの一門はいうにおよばず、当村の衆へすこしも手をだすべからず」。詫びをいれた河童は、さらに「お慈悲に先刻切りたまう手もお返しくだされ」と乞う。旦那「切りたる手を返したりとて接ぐことなるまじ。このかたに置きて、おのれ捕らえししるしとせん」と言えば、河童頭をさげて、「ぜひともお返しくださるべし。返されしうえは、こよいのうちにもとのごとくつぎもうす」と答える。旦那「しからば手を戻すべし、その薬方を我に伝えよ」ともとめると、河童「命の代わりなれば、安きことなり」とて応じ、秘薬を伝えたので、旦那は手を返却し、河

図６　『西播怪談実記』の手を切られた河童

童を川へ戻した。

これとほとんどおなじウマ引き―手切り―手接ぎ型の説話が、『越後名寄』（丸山正純、一七五六年序）巻二八にもあり、以後この型は各地におおいに普及する。ほぼおなじころに、攻撃の項の内容がこれと異なる型、すなわち、河童が厠で人の尻をさわり（尻なで）、手を切られ（手切り）、手の返却の代償に手接ぎ妙薬の秘伝を伝える（手接ぎ）、という型が出現した。『博多細伝実録』（一七五一年以後、一七六四年以前成立）巻一四の記事を抄出しよう。

黒田藩の藩医、鷹取運松庵の夫人が雪隠に入ったところ、尻をなでる化けものがでた。その手を切り、しらべてみると魚亀の四足に似て水かきがあり、河童の手であることがわかった。翌夜河童が窓下にやってきて、「手を御返し下され候はば有難し」と懇願する。そこで手接ぎの秘法を教えることを条件にして、河童に手を返却した。河童は手接ぎの秘法を伝授したのみならず、つぎの朝大きな魚を二匹お礼に持参した。この手接ぎの法は古今の良法だったので、運松庵は鷹取家一子相伝とした。

類似の説話は、『譚海』（津村正恭、一七九五年跋）巻一二にも記されている。ただし河童がさわったのは、佐竹藩の外科医、神保氏の先祖（男性と思われる）であり、切りとられた河童の手はサルの手に似ていた。

これら尻なで―手切り―手接ぎ型は、とくに一九世紀になってから流行したようであり、しかも尻をさわられるのは女性、というタイプが主流を占めるにいたった。

以上、人への河童の攻撃、人の反撃と河童の敗北、人への河童の帰順というパターンの成立と変遷のあとをたどったが、つぎにその変遷の諸段階の意味について考察したい。

なお一八世紀末あたりから、河童の歴史は第四段階に入るが、この時期の事件については、第三章「先祖がえり」の項で紹介する。

用水と河童幻想

河童が先行する水神・水妖のなかから分化し、人引き、ウマ引きの舞台として用水・堀・川淵を選んだ背景には、つぎの事情があった。中世末から一七世紀いっぱいまで、とくに近世の最初の一〇〇年ほどのあいだに、さかんに進行した水利工事により、溜池と用水路が数多く造成され、耕地面積が飛躍的に増大した。なかでも、以前には取水の対象になりえなかった河川の上流部から水が引かれ、山際の土地に耕地がひろがった。また大河川の治水工事の進展によって、その下流域の湿地帯が耕地化・都市化した。[35]

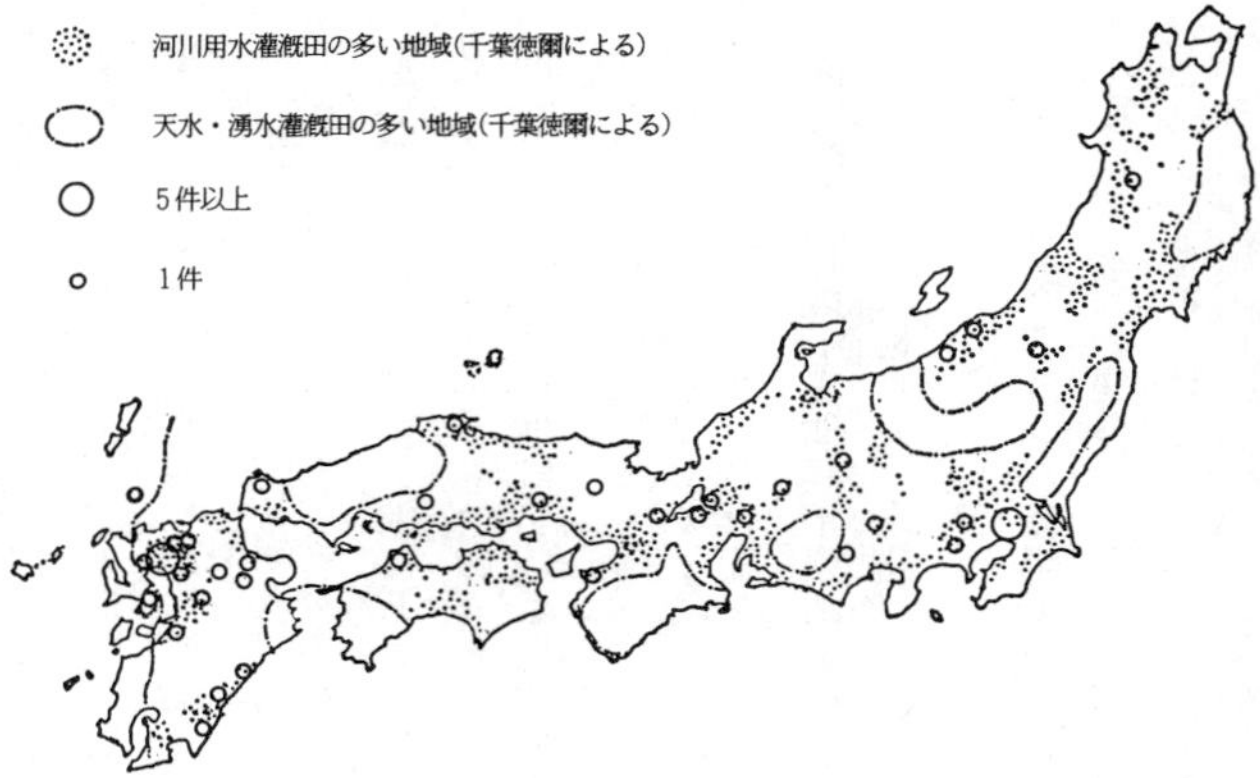

図7　人引き・闘争モチーフをともなう近世河童伝承の分布

千葉徳爾[五三]によれば、河童の悪行をテーマにする攻撃―敗北（帰順の項は欠如）型の伝承は、人工灌漑水利の発達した地域に濃厚に分布し、反面、河童のほうから人に悪事をはたらくことなく、かえって人に自発的に恵みをもたらす伝承（帰順単独型）は、人工灌漑未発達で、天水・湧水田の多い地方に分布する。

この主張のすくなくとも前半は、正鵠を射ているように思われる。近世の文献においても、人引き・闘争のモチーフをふくむ河童伝承は、図7に示したとおり、内陸および低地の人工灌漑のととのった地域に分布することを、補足指摘しておきたい。河童が出没する内陸の地域は川筋に位置し、そのような地域では、比較的狭小な川や用水が農業用の水源として利用されていた。また大河川の下流域においては、水路が縦横にはりめぐらされた。

なお千葉は、攻撃—敗北—帰順型から帰順の項が脱落して攻撃—敗北型が生じた、と考えているが、私は逆に攻撃単独型および攻撃—敗北型に帰順モチーフが付加されて、攻撃—敗北—帰順型が完成した、と推定する。根拠は二つある。一つには、河童が活躍をはじめるまえに、ほかの姿をよそおった水怪、ヘビ・スッポンなどが、やはり単純に人を水中に引いていた。河童の行動の攻撃単独型は、先行水妖の行動の継承によって容易に成立しえた。あと一つの根拠は、文献的にも攻撃単独型が先行することにある。

永田恵十郎[一四]は、近世における河童の出現は、堰をもちいて上記のような人工的な川淵が形成されたことによる、と述べている。近世の堰は、淵で泳ぐ子のいたずらでかんたんに崩壊するていどの構造であった。そこで親たちは、川淵で泳ぐと河童に引かれると注意し、こうして灌漑システムと水田農耕を安定させた、というのが永田の意見である。

河童の存在は、水泳禁止の口実にもなっただろう。しかしなによりも現実に、農山村の川淵・用水、低地の人工水路・堀は人家の近くにあり、少年の溺死をまねく危険な場所であった。さらに岸辺や浅瀬が、いきなり背の立たぬ深みに接する。このような水地は、河童の幻影にかっこうな出現場所を提供した。また千葉が指摘するように、治水・人工灌漑の発展は、降雨の過多・過少による被害を比較的軽減することにより、水神への信仰を衰退させた。それだけではない。危険の度激甚な水の凶怪への恐怖をも、衰退にむかわせた。

河童の出現場所と人工的水地との関係は、微視的な地点の対応についても成りたつ。近世の江戸において河童が出現したとされる場所は、表4に示すとおり一一か所だが、そのうち六か所（図8）は、竪川・小名木川・仙台堀川・油堀川など、隅田川から東に掘り進んだ運河の周辺に分布する。また三か所（図9）は、江戸城の堀端、すなわち半蔵堀・弁慶堀であった。これらの運河・堀は、家康が関東に転封された一六世紀末以後、万治二（一六五九）年までのあいだに開鑿された。[21] のこりの二か所は、浜離宮の池および護国寺近くの小川である。浜離宮の庭園は、寛文四（一六六四）年および宝永四（一七〇七）年の工事で完成した。[22] 江戸における河童生息の適地は、一六世紀末から一八世紀初期にかけて、人口の稠密化、人工水地の発展にともなって大いに広がった、と推定できる。なお江戸の河童については、第四章であらためて論じる。

あと一つ九州の例をあげよう。第五章で紹介する「河童聞合」に集められた筑後・豊後・豊前の河童体験者の証言を見ると、一八世紀末に彼らが河童と出会った場所は、一七世紀前半に完成した用水の近くが三か所、川淵が二か所、川の堰の近くが一か所、そして湧水のほとりが一か所である。九州における河童生息の適地も、自然の川淵にくわえて一七世紀の用水・堰造成工事によって、相当ていど拡張したようだ。

以上に示した地点の状態は、さきの巨視的全国的傾向とよく一致する。堰淵・用水・堀の近辺が河童活躍の適地である原因のうちいくつかについては、前記のとおり千葉と永田

表4　近世文献における河童の出現地

	1601〜1700	1701〜1750	1751〜1800	1801〜1838	計
羽後			1	2	3
岩代				1	1
上総				1	1
下総	1				1
武蔵	1	3	5	4	13
(江戸)	(1)	(2)	(4)	(4)	(11)
相模				2	2
甲斐			1		1
信濃	1			1	2
遠江		1			1
尾張			1		1
美濃			3		3
越後			2		2
越中			1		1
近江	1		4		5
伊勢			1		1
山城				1	1
播磨			2		2
出雲		1			1
石見			1		1
安芸		1	1		2
周防			1		1
筑前			1		1
筑後				3	3
肥前		3	3	3	9
肥後		1		2	3
対馬				1	1
豊前		1	2	1	4
豊後	1	2	5	2	10
日向			2		2
薩摩			2		2

(1)　出現地は国の単位まで特定されているばあいに限った.

(2)　古賀侗庵の聞き書きが『水虎考略後編』(1839年) に大量収録されており, しかもその大部分は九州の噂話にかたよっている. 九州各国の数値が過大に算定されるのを避けるため, 記載対象を1838年までの文献に限った.

(3)　おなじ理由で, 筑後・豊前・豊後の噂話が多量に出ている『蓬生談』(1832年) は対象外とした.

(4)　そのほかの地方の地誌・説話集は算定の対象としているので, 結果としては九州の数値が過少になっているかも知れない.

(5)　独立の記事ではなく, 河童図の説明において示された地名は除外した.

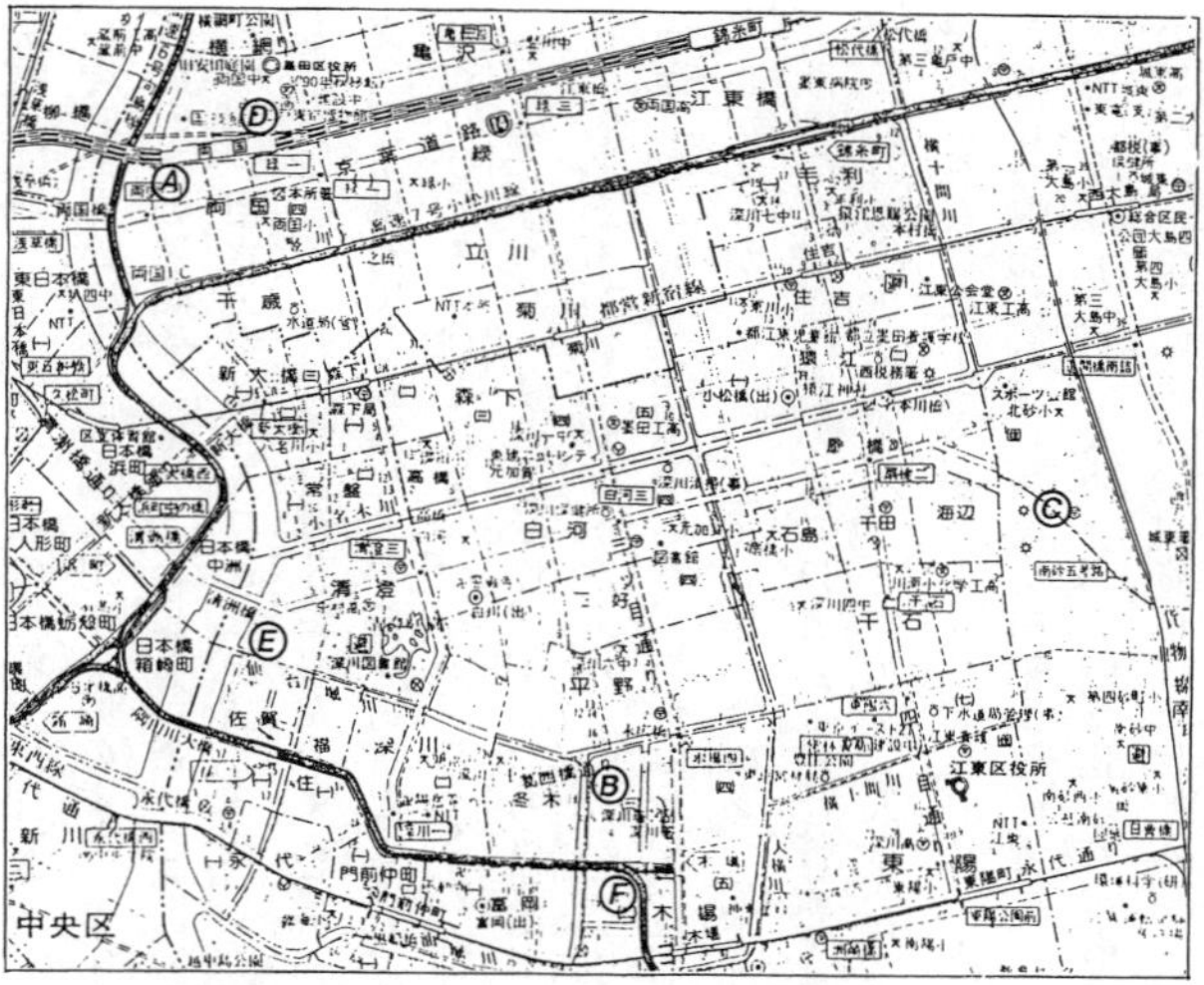

図８　江戸東部の河童出現地点（Ⓐ〜Ⓕ）

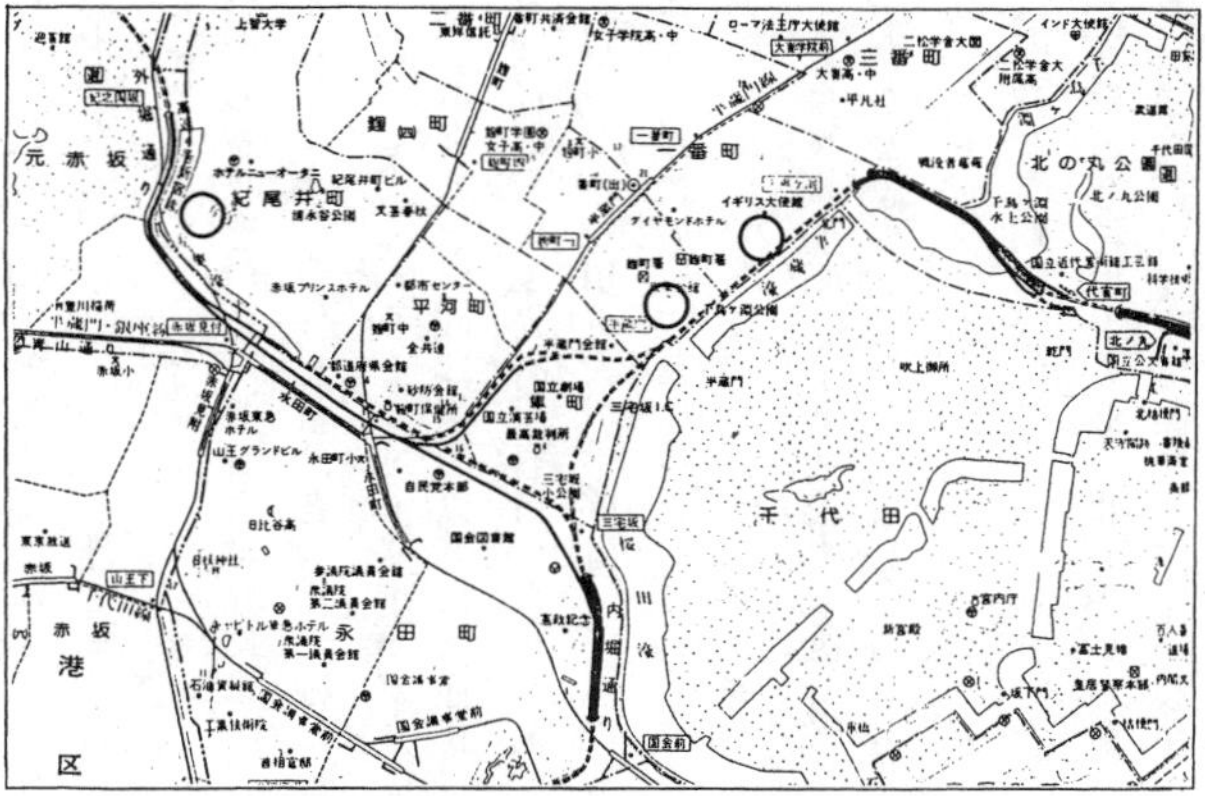

図９　江戸堀端の河童出現地点（○印）

が明確に指摘しており、私の見解も付加した。しかし、それらの現実的な根拠と明示的な心理的根拠のほか、堰淵・用水・堀のような人工的な水地をめぐる暗示的な心理の働きも、河童の行動に関係していると思われる。この問題についてしばらく考えたい。

堰淵・用水・堀は、人びとの生活と密接したいくつかの意味を含む。それらはなによりも、人によって管理され馴化された水である。用水と堰淵は水田耕作を目的として、堀は交通・防御および景観において、人びとに奉仕する。このような場所は、もはや狭義の妖怪が跋扈する異域とは言いがたい。じっさい近世には、本格的な異域は深山以外には存在しえなくなった。狭義の妖怪、すなわち巨悪のごとき凶怪は、山ふかく潜むほかない。河童は凶怪から愚怪・戯怪へと退化しつつある小妖である。小さな川や人工水路は、小さな妖怪である河童に相応であり、彼らは今や、この狭隘な水地に管理されようとしていた。

しかしながら他方、河童は卑小ではあっても妖怪のはしくれであり、それが人に管理された場所に安住するとは、ほとんど自己撞着である。かくて河童は、管理と馴化にたいする反抗の姿勢をことあるごとに示す。人を突然攻撃したかと思うと、たちまちしおらしいほど哀れな帰順の意をあらわすこの妖怪のふるまいは、河童のおかれた矛盾する条件、彼らの心の内部における葛藤に由来する。そしてこの二面性が帰順の優位において結合したとき、攻撃―敗北―帰順という定型化された河童民話が完成した。しかし近世河童の行動の第一段階においては、河童は先行水妖からうけた遺伝的性質を濃厚に保持し、なかなか人の馴化行為を受けいれようとしない。

もちろん河童は実在しない。人の幻想のなかにのみ存在する。したがって河童がかかえこんだ自己撞着は、人の河童観念における矛盾の投影にほかならない。

以上のような心理的基盤を前提にしながら、人びとの日常生活における体験が、河童出現の事件をもたらした。堰淵・用水・堀では、溺れたもの（多くは少年だろう）が死体として発見されたとき、死者の身許の同定が容易であり、肉親や近隣の人びとに強い印象を残す。水に落ちて溺死した少年の面影、および幼児を水浴びに誘い、結果としてその水死をまねいた年長の少年の姿も、河童イメージの根源の一つであることに間違いはあるまい（図29）。

また堰淵・用水・堀の流れは緩やかである。水が静止している堀もある。水幅も狭い。溺死しかけたものは、比較的救助しやすい。溺死寸前のものが助けだされた例は数多くあったにちがいない。近世文献においても、河童にねらわれて水死しかかった少年が、ようやく帰還して息を吹きかえした噂話の記録がないわけではない。

『笈埃随筆』（百井塘雨、一七九〇年ごろ成立）巻一「水虎」の項には、日向下北方村の一二～三歳の子が、川で河童に引きこまれたのを連れの子が走って親に告げ、近くの神社の社人が水中の空洞に潜りその子を助けた、という話が記載されている。

溺死のばあいはとにかくとして、かろうじて救助された少年の体験は、噂話として広がり、やがては民話にくりこまれて定着することもあっただろう。そこで溺死に瀕したものが見るであろう形姿、すなわち臨死幻覚について少し述べたい。

一般に臨死体験においては、意識が上方に浮上し、そこから自己の身体を見下ろす例が少なくない。この幻覚は、自分の身体を見るという点では、自己像幻視、ドッペルゲンガー幻視に近い。立花隆[一四六]が指摘するとおり、臨死体験における精神の体外離脱のばあいは意識は身体の外にあり、自己像幻視のさいには意識は身体に残留する。しかし同時に、やはり立花も認めるように、両者のあいだの境界例も知られており、同一の臨死者が、自己像幻視と離魂状態自己身体視を前後して体験することもある。

臨死状態における幻覚の内容には、文化、とくに死にかんするイメージの文化によって規定される部分があるだろう。死後における魂の身体離脱と浮上は、かなりの数の日本人を含め、多くの民族に共通の認識であった。しかし近世の農山村に育った少年の心に、死後における魂の浮上の認識がこびりついていたかどうか、わからない。農山村では土葬が多かったので、埋墓近辺が死霊のさまよう場所として恐れられていた。私自身が一九四〇年前後に農村に住んでいたとき、友人の少年たちは、裏山の埋墓に近づくことを避けていた。死後の魂は天上の世界には向かわない。してみると、近世の農山村における臨溺死体験者が、水のなかで、自分と同一平面に、あるいは自分のすぐ下に、自己を幻視する事例もありえたと思われる。

少年の例ではないが、海女が潜水中、自分に似た人に会ったという報告がなされている。彼女は、自己像幻視を体験した直後、夫の指示でふたたび海に入り、命を失った。[二六]最初の潜水で自己像を見たときすでに、この海女は酸素欠乏状態におちいっていたのであろう。また海底で三歳ぐらいの子供を見た海女もいる。[二六]これも自己像幻視の変形かも知れない。酸素欠乏が臨死体験を誘発する事実は、よく知られている。

溺死に近づく少年には、酸素欠乏のほか、感覚遮断という条件が加重されるばあいもあったに違いない。立花は、臨死状態の少女が二〇分間も顔を下にしたまま水中に浮いていた例を述べている。このような状態では、臨死以前においても、視覚だけでなく体性感覚も失われ、幻覚が生じやすい。

もちろん水中臨死体験者の幻影が、現実においてどのていど河童イメージの成立に貢献したか、不確定である。いまはそれが可能な河童幻覚の一つであると指摘しようとしたにすぎない。

ナルキッソスの神話は、少年の精神状態にたいする水の鏡面効果を物語る。河童体験は、民具としての鏡が少年の日常生活にまで充分には入りこんでいなかった時代に、止水の鏡面効果とも、どこかで連絡していたかも知れない。藤縄昭[三〇]によれば、自己の鏡像をしばしば眺める傾向を、自己像幻視の心理的前提とする説がある。『荘子』（紀元前四世紀）「徳充符篇」に「人は流水を鑑とすることなくして、止水を鑑とす。ただ止まるもののみ、よく衆の止まらんとするものを止む」とある。もし少年が止水のほとりで止まろうとしたとき、彼はどのような精神状態にあったのだろうか。もちろん、歩き走っているときはずみで、水に落ちたと考えるのが常識だろうが。

ウマとサル

河童がウマに執着をみせることは、本章「河童の行動の諸段階」の節で述べたとおりである。この問題の検討に入ろう。

『日本書紀』（七二〇年成立）仁徳紀のみつち以来、水妖はしばしば人をもとめたが、ウマについてはそれほどでもない。ただし人のほうから、水神にウマを献納した事実は、古くから知られている。『続日本紀』（藤原継縄他、七九七年成立）には水神へのウマ奉納の記事が多い。六九八年（巻一）には祈雨のため芳野水分峯神および諸神にウマを奉納し、以下七六三年（巻二四）と七七一から七七六年まで（巻三一・三三）毎年降雨を乞うて黒ウマを丹生川上神に、そして七七七年（巻三三）には逆に晴天を祈り白ウマを丹生川上神に納めている。これらは朝廷がおこなった献馬の儀式であるが、地方の豪族も各地で類似の行為をおこなっていたに違いない。土ウマの例は、『肥前国風土記』（八世紀成立）佐嘉郡の項に記されている。これによれば、佐嘉川の川上にいる荒ぶる神の害をやわらげるため、土製の人・ウマをつくって祀った。ただしこれらのウマや土ウマが、実際に川に投じられたとは、書かれていない。

考古学の出土物を見ても、水神祭祀の跡と思われる京都大藪遺跡の下層（八世紀中ごろ）にはウマ骨、上層（八世紀末〜九世紀初）には土製のウマが発見されている。[三二] そのほか関東地方から中国地方にかけて、祭祀遺跡や井戸跡から土ウマが出土した例は少なくない。[三三] さらに平城京二条大路溝跡から、八世紀前半の彩色絵馬、[三四] 浜松市伊場遺跡からは、八世紀後半の墨書絵馬[三五]が出土した。他方、中世・近世にいたっても、ウマの模品や絵馬ではなく、実物のウマの頭部などを水中に投じ、降雨を期する儀式も残存していた。[三六]

河童を水神の零落態と規定する立場の人たちは、当然ながら河童のウマ引きを、古代水神供犠と関連づけようとする。折口信夫は、河童のウマ引きは、地位のひくい神がウマを羨望してとろうとして失敗した話だ、とする。[三七] 石川純一郎は、河童ウマ引きの根拠の一つとして、水神＝田神へのウマの供犠をあげている。[三八] 私もこの線にそった考えを述べたことがある。河童のウマ引きは、海（水）神への山（陸）のサチの奉納の零落した形態だ、というのが私見[三九]であった。

けれどもすでに見たように、八世紀には実物のウマの代わりに、土ウマや絵馬を代用する習慣がうまれていたようである。そして絵馬にしても、やがてその起源が忘れられてしまった。ウマの頭部などを水に投げ入れる風習も、近世においてはそれほど普遍的だったとは思われない。それゆえ生きたウマを引く河童の行為を、生きウマ供犠とだけ直結させるのは、いくらか強引ではあるまいか。そこで注目されるのは、零落説のなかでも比較的ソフィスティケイトされた柳田國男の説[20]である。柳田の真意はかならずしも明瞭ではないが、一応つぎのように要約することができよう。ウマを水神に供える儀式が、農民により誤って解釈され、ウマの災害を防止する手段と考えられるようになった。かくて水辺の祭場にウマを牽き、ここで祈禱をおこなった。その結果、ウマの神も水辺に居つくことになる。同時に水辺の神は人を引いたりするので、凶神とも理解され、これがさらに零落して河童になった。

この立場にたつと、ウマを引く河童はがんらい水神というよりは、ウマの神の末裔だったことになる。それが犠牲をもとめる水神の記憶と結合して、妖怪化したというわけだろう。柳田説がどのていど的を射ているのか、私には判断できない。とにかくも、農民のウマにたいする特殊な感情が、犠牲をもとめる水神の記憶、それにいちぶ犠牲の実行と連絡した事情は重要視したい。

河童のウマ引き伝説は、たぶん農村から発した。一八五〇年までの文献において、河童が人を引き、ウマを引いたとされる場所の地形は、表5に示したとおりである。この表を見ればわかるように、人を引く伝承は地勢に一応無関係に分布しているが、ウマを引かれた現場は内陸部が圧倒的に多い。ウマ引き伝承の発生地は、内陸盆地・台地や山間の村落だったといえるだろう。

これらの村むらの農民たちの生活が、ウマと密着しはじめたのは一七世紀のおそらく後半である。塚本学[一五三]によれば、近世にはいり、兵農分離の過程で武士たちはウマを飼う能力を失い、大百姓層がウマ飼育者の主流となった。さらに人里近い山野の利用権の確立とともに、富農によるウマの管理は一般化する。これは一七世紀のそれほど早くないころの事件であった。また市川健夫[一五四]は、ウマの飼育頭数の最盛期は一七世紀末だとし、その背景として、新田開発などの経済的発展、および「生類憐みの令」をあげる。

表5　近世文献における河童が人・ウマを引く場所

地勢		人	ウマ
山地・内陸		7	9
低地	農村	4	4
	都市	10	0

このようにウマ飼育の主流となった農民は、夏の川にウマを入れて洗う習慣をもっていた。これが、河童ウマ引きの直接の発生源になったのではないだろうか。さらに川や用水に特異的に適応した水妖という河童の特徴と関連づけると、①治水・人工灌漑→②新田の開発→③農業用ウマの増大→①＋③河童ウマ引き、という連鎖も考えられるかも知れない。

ところが第二段階の河童伝承においては、河童はウマを引くがこれに失敗し、かえって人に捕らえられる始末となった。そこで考察すべき問題点がある。河童はなぜウマ引きに失敗するようになったのか。

この点にかんしては、河童とウマのあいだに強力な親和性が存在し、その親和性が水中においてではなく、陸上において機能するとみなせば説明がつく。では河童とウマの親和性はどこから来たのだろうか。この親和性には、二つの仕掛けがふくまれている。第一はウマとサルの親和性、第二はサルと河童の互換性である。このうちサルとウマの親和性の根拠については、柳田以来の定説があるので[34]、しごく簡単に述べるにとどめたい。

厩にサルを飼い、ウマを保護する習慣は遠くインドに発し[36]、日本でも平安時代末期にはおこなわれていた。『梁塵秘抄』（後白河法皇、一一八〇年ごろ成立）巻二には、「御厩の隅なる飼猿は」にはじまる四句神歌が収録されている。図像のうえでは、『一遍聖絵』（一二九九年）において、サルが厩のそばに描かれているのが古い。松山義雄[39]・鈴木棠三[40]によれば、現在でも厩にサルの頭骨または手をおさめる地方がある。

第二のサルと河童の互換性については、いくらか詳しく説明しなければならない。表6が示すように、近世においては、河童がサルに似ているという説が河童伝承の主流であった。現今の河童イメージには、甲羅をつけたカメ・スッポン的な要素が付着している。しかし第四章で述べるように、このイメージが流行するのは、一九世紀に入ってから、しかも主として知識人のあいだでの話である。

ではなぜ河童はサルに似るのか。まず中国において、サルとカワウソのイメージが連絡していた。『本草綱目』（李時珍、一五九六年）巻五一によれば、カワウソに雌なく、サルを

表6　近世文献における河童のモデル動物

文献の種類	考証・本草			民話・噂話		
動　物	カワウソ	スッポンカメ	サ　ル	カワウソ	スッポンカメ	サ　ル
～1700	3	1	2	1	0	1
1701～1725	0	0	0	0	0	1
1726～1750	1	0	1	0	1	2
1751～1775	0	0	3	0	0	4
1776～1800	1	0	2	0	1	2
1801～1825	0	4	3	0	0	2
1826～1850	0	2	0	0	0	0
計	5	7	11	1	2	12

もって雌となす。カワウソとサルの同類視が、日本においてもおこなわれていたのかも知れない[一六九]。両者の大きさはほぼ等しい。ともに好奇心旺盛で、遊び好き。直立することもある。そして既述のとおり、『下学集』など室町時代のいくつかの辞書において、「獺老いて河童になる」とされている。つまりカワウソを媒介にして、サルと河童との連想が可能であった。しかしそれなら、河童は主としてカワウソに似た姿で現れてしかるべきだったはずである。そこで、河童をサル類似の妖怪とする考えには、べつの根拠が追加されなければならない。

その一つは、人に似てしかも小さなサルが、少童型の河童のイメージに適合している、という利点があったのだろう。しかし何よりも、もともと陸水神が山神から派生した、という事情を逸することはできない。『和漢三才図会』巻四〇に山猴の項があり、俗にヤマワロという、とされている。カワワロすなわち河童とともに、一八世紀の前半には、ヤマワロつまり山童の観念があったことは疑いをいれない。この山童はかならずしも妖怪の範疇にはいるのではなく、神・妖怪・人のいずれとも判別しがたい存在であった。そしてしばしば山神と陸水神が未分化であったように、山童と河童の境界も、ときに曖昧だったのである。

小野重朗[六]は、山の神を原形として山民の同伴者であるヤマワロがまず形成され、山民が平地におりて農耕生活に移るとともに、ヤマワロが河童になった、と主張している。この説によれば、小野が指摘するように、河童の形態がサルに似ていることなどをうまく説明できる。私は、小野説が河童の由来のおおもとに山神をおいた点については、これを支持する。けれども小野自身、自説が「水神少童」との関係で問題をのこしている、と認めており、この点も包括可能な解釈がなされなければならない。

私は、山神は山童をへて河童に変遷したのではなく、基本的には山の陸水神をへて河童に転身し、さらにこれから山童を分岐した、と考えている。なぜなら第一章で論じたように、潜在的心理を示す水の神話の素性からいっても、日本の始祖の系譜伝承を考えても、童形の霊物は水のなかから自然に発生しやすい。また文献的にも河童の発生は一五世紀まで遡りえるが、山童の管見初出は一八世紀である。こう考えれば、河童とサルとの関係、河童と水中少童との関係を、同時に説明できるだろう。ただし二次的に、山神、とくにその零落態の性質が山童にとりこまれた可能性は排除しない。

山の零落神・妖怪・半神半妖のモデルとして中世以来なじみふかかったのは、たぬきとサルであった。たぬきは、中世において山に住み妖怪的にふるまう中型野生哺乳類の漠たる総称である。[13] そのなかでサルは、たぬき範疇の縁辺部に位置し、典型的なたぬきより神性を多くふくむ傾向を示す。近世初期における動物半神・半妖の例を一つあげよう。『拾遺御伽婢子』（夏目柳糸堂、一七〇四年刊）巻五。

伯耆の国の山中に、村人たちが氏神として崇敬している神があった。この神は毎年わかい娘を犠牲に要求し、これをかなえないと風雨ときならず起こり、五穀実らず、疫病の流行さえあった。ある年、ちょうど犠牲の少女が社のまえに供えられていたとき、引田安左衛門という武士が通りかかる。彼は「人をもって犠牲をうけ、もしさもあらざれば災いをくだして人民を損ず。これ……妖怪の類にしてまことの神明にあらず」と判断し、氏神が来るのを待ちかまえ、この神を誅すると、神は正体を暴露した。神と称するものどもは、動物の姿をした化けものであり、首座の化けものは、サルのような顔をしたたぬきであった。

このようなサル妖・たぬき妖が、山中の川淵のちかくで活動すると、そのイメージが水の怪をも代表するようになったのは、理解しやすいだろう。『古今著聞集』(橘成季、一二五四年成立) 巻一七によれば、一二三世紀にすでに水無瀬山の池のたぬきは人を池のなかに引いている。

さて河童は、ウマを水中に引く衝動に駆られる。けれども同時に、河童はサルに似るぶんだけ、この衝動を抑制し、逆にウマを防衛する役を果たさなければならない。ウマに面したときの河童の心意は、二つに引き裂かれる。そしてついには、中途半端な結果に終わり、陸上の厩のなかでウマに取りついた状態で人に発見されてしまう。陸上においてウマと河童の親和性が発揮されるのは、陸に引きあげられたときの河童の心のなかで、サル的な心意が優位を占めるからである。

河童伝承の第二段階においては、この水妖は、ウマ引きに失敗しただけでなく、助命を人に乞うほどにまで落ちぶれていく。この人への帰順のモチーフの由来は、どこにあるのだろうか。

人に捕らえられ、降伏した河童の謝罪の内容は、以後人・ウマを捕らないという誓約、および魚類の贈与であった。この完成型の河童譚は、人・ウマを水中に引く水妖説話のモチーフ（攻撃、または攻撃―捕縛）と、人に助けられた水神あるいはその使者が人に恩をかえす水神報恩説話のモチーフが複合して成立した。したがって河童は、この段階で水神の要素をいくらか取りこんだように思われる。ただ神のモチーフと妖怪のモチーフをなめらかに接着するには、媒介因子が必要であった。それが人への帰順のモチーフである。
一般に人に災厄をもたらすのは妖怪のみではない。神もときとして人びとを非常な危険におとしいれる。しかし神の祟りは、これを祀ることによって取りのぞくことが可能である。純粋な妖怪には祀りは無益であり、人がその災難をしりぞけるにはこれを武力によって退治しなければならない。古代の『古事記』神代記・『日本書紀』神代紀のヤマタノオロチから、さきに紹介した近世の伯耆の国の動物妖怪にいたるまで、純粋な妖怪は、人に降伏しないまま絶命する。

　したがって人に降伏したことによってすでに、河童は妖怪の典型から離れてしまった。かといってそれが神に大いに近づいたわけではない。このときの河童は、霊力いたって衰えた状態にある。こそ泥的に人やウマを引くなどという行為は、河童の妖怪としての格があまりたかくないことを示す。ウマを水に引こうとして、かえって引きあげられ厩まで連行されるとは、その性愚に似る。このたぐいの妖怪は、愚怪と呼ぶのにふさわしい。釈放してくれた人への謝意の表現も、みみっち

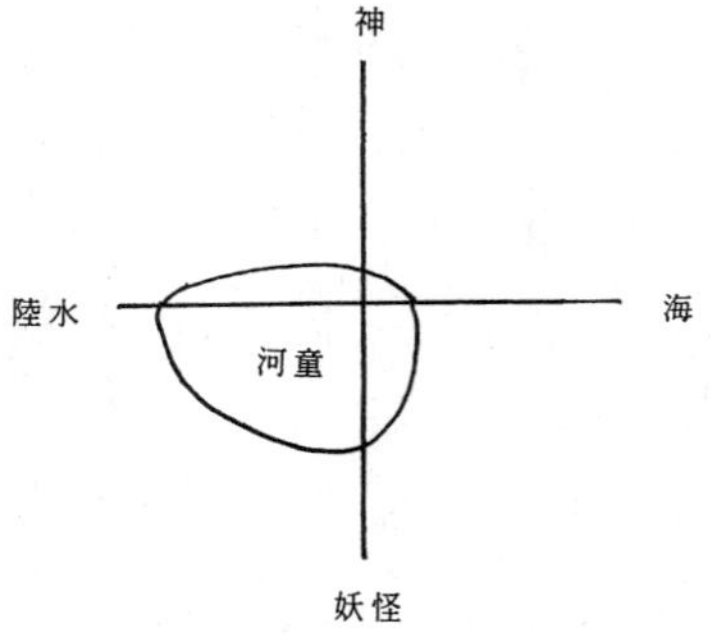

図10　河童概念のひろがり

い。もともとの報恩説話において、動物が人にあたえるサチには、超常的な呪力がそなわっている。『俵藤太物語』（室町時代成立）で俵藤太の援助をえたヘビ、それに『宇治拾遺物語』（一二〇〇年ごろ成立）巻三で老婆に助けられたスズメでさえ、呪宝を人にあたえたのに、河童はどこにでも生息している平凡な魚類を差しだすことしかできなかった。この矮小性は、愚怪性と見あう。全般に河童においては、その妖怪性も神性も絶対値は小さく、数値ゼロのまわりに隣接している（図10）。

河童の相撲

人にたいする河童の攻撃行為には、水中に引きこむ行動のほか、いくつかの特異な方式がみられる。なかでも目立つのは相撲の挑戦である。文献においては、『大和本草』巻一六に、「此物〔河童〕好んで人と相抱きて角力」とある。しかし角と力のあいだには返り点が置かれているから、「力をくらぶ」と訓ませるのだろう。相撲の明らかな初出は『和漢三才図会』巻四〇の「川太郎」の項である。「性相撲を好み、人を見れば則ち招きて、之を比べんと請う」。

河童の行動の第一段階の終わりごろには、河童の相撲好きは、広く知られていたと思われる。

従来、河童のこの行動は、水神を祀る神事の相撲に由来すると説かれてきた[三]。もちろんそのような由来を否定することはできない。たとえば、愛媛県の大三島町には、精霊と人の争いを演じる一人相撲が知られているが、河童と相撲を取っているという妄想にとらわれた男は、他人の目には、一人で相撲を取っているように見えるだろう。神事の一人相撲においても、古くは相撲者がトランス状態に陥っていたのかも知れない。奈良県桜井市では、二人の男が田のなかで相撲を取り、泥が多くついたほうを吉と判定する泥んこ相撲の神事がおこなわれている[一五・一八三]。『蓬生談』（森春樹、一八三二年成立）巻三には、河童が相撲を取る相手の農民の体に田の泥を塗りつける挿話がある。

一人相撲も泥んこ相撲も、豊作予祝などの農耕儀礼としての意味をもっているが、そのはじまりは近世である可能性がつよい。それ以前の農耕儀礼の相撲は、べつの形式をとっていたのではないか。やはり近世になって本格的な活動をはじめた河童が、水、ひいては水田耕作とのゆかりで、一人相撲や泥んこ相撲のまねをした、という解釈も魅力的であろう。

水神または農耕神を祀る神事相撲を、河童の相撲の起源の第一として間違いはあるまい。しかし河童の相撲を、一元起源論・一元根拠論で片付けることはできない。新田一郎[一八三]は、相撲の観念はいくつかの層の重なりによって構成された、と指摘する。一つの層は力比べまたは格闘一般、二つ目は現行の相撲のルールによって特定される格闘競技、三つ目はルールには明示されていないが力士を律している競技形態・技術体系、そして最後にこれらの意味での相撲を装飾する文化装置、たとえば力士や行司の装束、をそれぞれ意味する。新田によれば、二つ目の意味での相撲は、平安時代の相撲節において成立し、一七世紀末にはじまる土俵制定により相当ていど変化した。

さて人と河童との格闘については、『大和本草』以前に、『梅村載筆』人巻、『本朝食鑑』巻一〇にも書かれているが、やはり相撲という明確な表現はとられていない。後者は「もし人これに遇えば、かならず先ず腕を挙げ拳《こぶし》を掉《ふる》うて急に彼の頭をうつときは、すなわち斃る」と記す。

けれどもここに述べられた格闘形態が、相撲とまったく無縁とも言えない。新田のいう第一の意味での相撲は、格闘競技と同義であった。そして「すもう」という語は、中世末には使用されていた。近世以後においても、地方によっては拳を使う張り手も許される相撲もおこなわれていたかも知れない。拳は使わないが、現行ルールの相撲と異なる伝統的格闘競技は、二〇世紀前半の地方の少年のあいだでも続けられていた。

私自身の経験について言うと、一九四〇年代に福岡県の農村に住んでいた小学生のころ、相撲のほかアバレゴトと称する遊びがあった。相撲と柔道とレスリングを混交したような競技であり、まずは取り組みあいからはじまるが、片方が倒れても勝負はつかない。胴締めや股裂きなどで敗者が「参った」というまで格闘は続く。一般論として、個体発生が系統発生を反復するという反復則が、すべての動物にあてはまるとは限らない。しかしアバレゴトは、現行ルールの相撲成立以前の格闘に対応するだろう。記憶が正しければ、アバレゴトは六年になるとやんだ。子供の体重が増えると、アバレゴトは危険だから、おのずと抑止されたと思われる。

河童もまた、矮小なりといえども妖怪の一種。そうである以上は、人にたいする戦いは避けられない。ようするに、人と河童の相撲は、両者の格闘の意味をも含意する。神事の相撲を河童の相撲の第一の源泉とするならば、これが第二の源泉であった。

図11　『龍門の滝続編』のサル（こちら向き）と相撲をとる河童（うしろ向き）

第三に河童の相撲は、石川純一郎[三三]・城田吉六[三四]が指摘するように、人を水に引きこむための予備行動でもあった。『大和本草』巻一六をもう一度引用しよう。「此物好んで人と相抱きて力を角ぶ。……力を角べ、人を水中に引入れて殺すことあり」。また『龍門の滝続編』（一七七九年序）には、サルと河童の格闘の場面（図11）がある。川際で一匹の河童がサルと組みあい、相手に小股すくいを仕掛けながら「すまふはつねにわれらがゑもの。ひきずりこむがこちのかち」と宣言する。この絵本は上方出版であった。

妖怪は一般に人を攫《さら》い、自分の縄張内に封じ込めようとするが、水妖と人との縄張の境界は水際にあり、人里に近いので人を攫う労力は少なくてすむ。人の手や身体に取りつき、そのまま水際まで引きずって行くか、押しやればよい。第一章で紹介したが、『今昔物語集』(一一一〇年ごろ成立)巻二三―二二においては、丹後の川淵に住む大へビが、相撲人の海恒世の足に尾を巻きつけて川に引き入れようとした。このばあい、水妖が取りつく相手は相撲人であったが、格闘形態はふつうの相撲ではない。

格闘技一般ではなく、新田がいう相撲の意味の二番目の層、すなわち四つに組み合う型をもつ格闘は、河童が人を水際まで運ぶのに適した格好な手段であった。水妖としては先祖に当たる大へビなどとことなり河童は、四肢をもち直立しているので四つ身の相撲が可能だった。河童の相撲の管見初出は前述のとおり、『和漢三才図会』巻四〇。

日本以外においても、水神・水霊は類似の方法で人を水中に拉致したようだ。『創世記』のペヌエルの項には、ヤコブが川を渡ろうとしたとき、水神らしいものが現われ、明け方までヤコブと相撲をとり、ヤコブの股の関節をはずした。『創世記』では、水神はヤコブを祝福してみずから去ることになっているが、より古い話型においては、水中に人を引いたのであろう。またドイツのヴァッサーマンとよばれる男の水精は、女性と手を組みあいダンスを踊ったまま川に入ってしまう。[三九・一〇三] このような他の民族の伝承も、河童の相撲の意味を探る手がかりになる。

土俵が作られた一七世紀末に、人と人の相撲が現行ルールに近づいたことは、人と河童との格闘形式にも影響をおよぼしただろう。この変化は、格闘形式の穏和化でもあった。私見によれば、土俵の出現により規定された相撲の特徴は、追い技、つまり寄り切り・押し出し・突き出し・吊り出し・打棄りなど場外に相手を追い払う技の重視である。[一六七] これより前の節会の相撲においてはそうではなく、倒し技が主体であった。もっとも節会相撲のばあいも、倒し技の目的は、相手を痛めつけ、その抵抗力を奪う単純な格闘技のばあいとはべつのものになっていただろう。しかし地方の相撲、日常生活に密接に連絡した相撲まで、そうであったとは言えない。

中世末になって、京都の相撲人集団に地方の相撲人があつまり、また彼らが地方に巡業に出かけるシステムが形成された。さらに近世の後半、安永・天明のころ（一七七〇～八〇年代）、吉田家がほぼ全国にわたって相撲様式の決定権を手中に収め、[一八三] その門下の行司が各地に配置されると、地方のセミプロ力士のあいだにおいても、土俵の採用など江戸相撲に倣った様式がひろまったであろう。

こうして相撲が、格闘競技としてはきわめて淡泊なルールを採用しはじめたことは、河童の行動の第二段階以後における人と河童との相撲にも反映せざるを得ない。いまや河童は、人を痛めつけ、あるいは水中に引く目的でのみ相撲を挑むとはかぎらない。河童が無目的でやたらに相撲を好むようすは、第五章で一八〇〇年前後、筑後川流域の河童の相撲について述べるときに、詳しく紹介する。この変化は、河童の凶怪性の衰退とうまく平仄《ひょうそく》をあわせて進行した。小妖である河童の戦いにふさわしい、穏やかな格闘としての一八世紀以後の相撲が、河童の相撲の第四の源泉であった。

第五に、農民の文化としての相撲が、農民層の共同幻想としての河童の相撲の源泉であると考えられるが、この点についても第五章において別に検討したい。

河童憑きおよび人の女性にたいする河童の姦犯の問題を、相撲とおなじ項で論じるのは場ちがいだと疑われるかも知れない。しかし動物的な妖怪が人を襲うばあい、男性にたいしては外から攻撃し、女性にむかっては内部に入って苦しめるのは、かなり明瞭な傾向である[一〇・一三]。そして女性に雄性の妖怪が憑くときには、姦犯行為と幻想されやすい。河童をふくめて妖怪は、相手しだいで攻撃方法を自在に変更する。

河童が「童男と成り人と通ず」という記載が『本草補苴』（神田玄泉、一七一九年序）にすでに見られるが、女性を犯したことを明記する噂話の管見初出は、貝原常春の『朝野雑載』（一七三四年成立）である。

豊後国日田郡梅野村庄屋の又兵衛の五〜六歳になる姪が、いつもと違う目の色を見せて訪れ、子供に持てるはずがない重い物を軽がると持ちあげたり、衣服に火をつけたりした。この事件は河童の仕業と噂された。翌年、又兵衛の下女が、河童と通じて子を胎んだ。

この噂話で河童は、まず幼女に憑いて彼女を異常行動に誘い、ついで成年の女性を犯した。おなじ女性相手でも、年齢により河童の攻撃形態は異なり、成年女性にたいしては憑きが姦犯のかたちをとる。もちろん河童そのものは幻想の産物であるから、攻撃形態の違いが、攻撃される側の心理状態の相違に帰せられることは、言うまでもない。

『観恵交話』(一七五四年写)巻下では、近江国江州村の河童が、女性の夫に化けて彼女を犯した。これはすでに民話化しており、リアリティに乏しい。九州以外の地方では、おおむね河童の姦犯譚は、おなじように民話化して伝わった。これに反し、九州とくに豊後においては、その後も河童はさかんに女性に憑き、またはこれを犯したようである。『譚海』巻二は、川太郎は婦人に淫することを好み、九州ではその害をこうむることが絶えない、と説く。たとえば豊後国岡のある女性のもとに訪れる河童の姿は、他人には見えない。しかし女性の嘻笑するようすによって、河童の淫行が判明する。この例においては、河童が女性に憑いた事件が、姦犯とみなされた。類似の噂話は少なくない。

水神でもあるヘビが女性に憑いたと解される事件は、古代以来の文献に数多く見られる。

『日本霊異記』（景戒、九世紀初頭成立）巻中には、きわめて即物的な話が収められている。河内国馬甘の里の娘が大ヘビに犯されるが、その間彼女は失神状態にあり、意識が戻ったのちに「わが心夢のごとくなりしも……」と語った。そのときはヘビは女陰から放たれ殺されたが、三年後に彼女はふたたびヘビに犯されて死ぬ。ヘビに憑かれた女性だったのだ。河童が、女性に憑きこれを犯すヘビの性行を遺伝したことは疑い得ない。しかし河童が女性を憑き犯す行為は、管見内では河童の行動が第一段階から第二段階に移行するころ始まる。したがって河童の女性姦犯の習性が、その誕生期にヘビから直接に遺伝されたのか、あるいは河童の評判が世間に喧伝されるようになった段階つまり一八世紀に、先祖がえりの現象によって、あらためてヘビの性行を復活させたのか、いずれとも断定できない。ただし管見の外の該当文献がなかったとはいえないし、いわんや口承でそのような噂が語られていなかったと断定することはとてもできない。ただし文献においては、この種の噂話はむしろ一八世紀の後半になってから多く現われ、なかでも豊後に集中することは注目される。

近世中期以後、貨幣経済の浸透、新入村者の出現などにより村落共同体の構造に変化がうまれ、社会的緊張が発生した。それが主因になって憑きもの頻発地帯がいくつか出現した。[二九・一七四] その一つが豊後であった。この地方ではとくに犬神憑きが多い。犬神が直接河童につながるとは思われないが、蔓延する憑きもの俗信に触発されて、河童憑きの事件も惹起されたという可能性は捨てられない。かりにそうだとすると、河童憑きの形成期は、近世中期以後であり、ヘビ憑きの直接遺伝ではないという推定が得られる。けれども豊後以外に、山陰・四国・信州・上州などに、著名な憑きもの地帯が分布しており、これらの地域で近世に河童憑きの噂話がさかんであった証拠は、まったく存在しない。

逆にその否定に有利な文献を示すことができる。因幡の人、陶山尚迪は『人狐辨惑談』(一八一八年刊)において、河童憑きを狐憑きと同レベルで扱いながら、「九州河太郎と呼者……九州の俗、此物の人を悩すことを言へば、彼地にはさだめて此者多かるべし。本藩には居ることなし」と論じた。因幡は、人狐およびトウビョウと称する憑きものが多発する地帯であった。[39] したがって憑きものの俗信は、河童憑きの素地にはなり得るだろうが、これにさらに別の要因が加わらなければ、女性にたいする河童の憑き・姦犯の噂話は盛行しなかっただろう。

九州は、河童噂話一般についても、そのもっとも盛んにおこなわれた地域であった。これが上記の「別の要因」であったかも知れない。これについては、第五章で詳しく検討する。

河童の手切り

河童の行動の第三段階で、河童が手を切られ、手接ぎ妙薬の秘伝伝授を条件に、その手を返却してもらうという形式が出現する。これには二つの型があり、そのうち一つは、『博多細見実記』巻一四の説話のように、河童が人の尻をなでる型であった。そしてこの型の伝承は、河童よりまえにたぬきを犯人として流布していた。あと一つは、河童がウマを水中に引こうとして、かえって引き上げられ、厩でウマにつかまっているところを発見され、手を切られる型である。『西播怪談実記』巻三の説話はその例であった。

寛永ごろ（一六二〇〜四〇年代）に成立したと思われる『小笠原系図』に、つぎの伝説が記されている。

小笠原清宗が厠に行くと怪物がおり、清宗をさえぎろうとする。そこで清宗は、剣で怪物の手を切りおとした。しばらくして窓のそとに声があり、切られた手の返却を乞う。誰何《すいか》すると「たぬきです」と答える。「切りおとされた手をどうするのか」とたずねると、たぬきいわく。「われに妙薬あり。もってこれを接ぐ。すなわちこれを得させよ。恩のためその妙薬をあい伝えん」。たぬきは翌日手を接いできて、妙薬の効能を明らかにした。小笠原家伝来の膏薬の由来は、これである。

なお清宗をはじめこの一族は、戦国大名であるとともに、武術の専門家として知られていた。『宿直草』（荻田安静、一六七七年刊）巻三にも、この類話がある。ただし厠でたぬきと出会ったのは、武士の奥方。たぬきは奥方の局所をなでて、手を切られた。

切られた手の返却の謝礼に、手接ぎの秘法を人に教えるモチーフが、たぬきと河童の両方でそれぞれに独立に発生したとは考えにくい。書承だけでなく口承を考慮したとしても、書承に出現する時期は、たぬきのほうが一〇〇年も早いので、まずはたぬきを主人公とする説話が先行したと推定しなければならない。

たぬきの手の話は、もうすこし古くから伝えられていた。『古今著聞集』巻一六には、丹波で人をとり殺していたたぬきが、堂の丈ほどある法師に化け、毛がむくむくはえた腕を障子からさしいれて豪傑の顔をなで、かえって捕らえられる話がある。

動物にかぎらず妖怪一般の手のモチーフになると、それはさらに遡り『大鏡』（一一〇〇年前後成立）巻二にでてくる。

藤原忠平が紫宸殿の御帳台のうしろを通っていると、なにものかの気配がして、刀のような爪をつけ毛がむくむくはえた手が、忠平の刀の鐺をとらえた。忠平が「鬼だな」と思って太刀を引きぬき、そのものの手を捕まえると、あわてて手をふりほどき東北のほうへ逃げうせた。

島津久基[二七]が列挙するとおり、そののち中世の鬼の手切り説話は数多く知られている。しかも中世のこのたぐいの説話でも、鬼は切られた手を取りもどしに来ることが少なくない。『太平記』（一四世紀後半成立）巻三二から抄出しよう。

頼光から鬼切りの太刀を渡された渡辺綱が、大和の国宇多の森に出没する鬼を退治に行く。綱が森のなかを通ると、虚空より鬼の右手がおりてきて綱の髪をつかみ、彼を空中に引きあげた。綱は鬼切りの太刀で鬼の手を切り、鬼は黒い毛が生えた手を残して逃亡した。この手を頼光に預けておいたところ、鬼が頼光の母に化けて訪ねてきた。鬼は左手で自分の右手を奪い、頼光に襲いかかったが、かえって頼光に首を切りおとされた。

河童の手接ぎ秘薬の話は、この種の説話の延長上に発展した、と柳田國男[二四]は示唆している。柳田の指摘はただしいと思うが、河童の手の意味を完全に理解するには、鬼の手のほかにたぬきの手をも考慮に入れなければならない。

折口信夫[七]は、尻なで―手切り―手接ぎ型、つまり廁における尻さわりモチーフをふくむ型について、便所がかつては川に設けられていたので河童と縁があった、と述べている。この主張は、いくつかの事実にてらして、基本においては支持できない。第一に先述のとおり、便所における尻なでは、河童に先んじてたぬきのおこなう行為であった。第二に、近世の農民のあいだに、川を便所とする習慣が残っていたとは思えない。

七世紀後半にはすでに、人の糞便を作物の肥料にする施肥法がはじまっていたことが、橿原市の便所遺構における寄生虫の存在にもとづき明らかになった。[二六] 中世においても、便所遺構の便槽の構造および寄生虫の種類から、人糞便が畑に施肥されていたことがわかる。[二七] 図像においては、「泣不動縁起」（室町時代）の屋敷畑の一隅にある甕が肥壺だとする説も[二八]あるが、これについては異論[二九]もだされている。確実なところでは、一六世紀初頭の「洛中洛外屏風」の一場面が、人糞尿を肥料に使用したことを示す最初の図像らしい。[三〇] ここでは、京都郊外の農地において、農民が片手に桶を持ち、片手で杓子を持って施肥している状態が描かれている。桶のなかの肥料は人糞尿であろう。

人糞便の施肥を確実に記したおそらく最初の文献は、イエズス会布教師のフロイスが書いた『日本覚書』（一五八五年成立）第一一章の記事である。ここには日本人の便所は「［家屋の］前方にあり、みなに開放されている。日本ではそれ（人糞尿）を買い、……菜園に捨てる」とある。

近世になると多くの農書において、人糞尿を使うのが当然の習慣として述べられるようになった。『清良記』巻七上（土居水也、一七世紀前半成立か）には、「牛馬の家、雪隠を奇麗にし、糞沢山に持……上の百性也と知るべし」と書かれている。雪隠が問題になるのだから、糞とはウシ・ウマ・人の糞を包括した意味だろう。

『会津農書』（佐瀬与次郎右衛門、一六八四年成立）巻中で著者は、効率的な肥溜めを兼ねた便所を作るには費用がかかるが、肥料の購入費を省くことができるので、一～二年でもとを取りもどすことができる、と説く。

『百姓伝記』（一六八〇年代成立）巻四・六には

土民の不浄処はい屋を日かげにつくりて、つねに日ざしなく、不浄くさりかね、……作毛のこやしにきく事うすく、損多きものなり。……上下の男女、大小便に居よく、本家ちかくに作るべし（巻六）

などと、人糞尿を肥料として効果的に用いるために、便所の位置や構造についてこまかに指導している。

『農業全書』（宮崎安貞、一六九七年刊）巻一には、上等の肥料として、油粕・干鰯などのほか人糞をあげる。

『耕稼春秋』（土屋又三郎、一七〇七年序）巻二・三・四は、田畑で糞尿をまくことを勧める。

とくに巻四では

> 坪付と云事有。是は……金沢侍屋敷又は町方寺社方の糞取事を云。……石川郡にて草高五十石持百姓は、米二石程毎歳付坪有。此糞は一家不残小便真糞ともに取物也。……町方貧者共は何も銭にて替る。

とあるように、農民は糞便を米や金銭で購入した。藁や野菜も糞便との交換に使われている。

『清良記』・『会津農書』・『百姓伝記』・『農業全書』・『耕稼春秋』はそれぞれ、四国・東北・東海・九州・北陸を拠点とする著者によって著された。近世前半においてすでに、全国的に糞便が肥料に用いられたことは明瞭である。楠本正康[六]によれば、一七世紀には、汲み取り運搬業者や糞便仲買人まで現われた。してみると、だいじな糞便を川などに流すはずがない。

厠＝川屋でないとすれば、河童はなぜ便所に出現したか。一言でいえば、飯島吉晴[三]が熱心に説くように、家の側にある厠は、異界と人界との境だから、ここで人は野生動物・妖怪と出会うしくみになっているのだ。そのうえ、厠は閉ざされた狭く暗い空間であり、人は急所を露出して無防備の状態におかれる。妖怪が人を狙い、人が妖怪の恐怖に感応する条件は充分にととのっている。

　厠にあらわれる妖怪は、たぬきと河童にかぎらない。『太平百物語』（祐佐、一七三二年刊）巻五では、能登の化物屋敷の厠で、幾田八十八という武士が化けものに尻をなでられた。その正体は劫をへたサルであった。『御伽空穂猿』（山本好阿、一七四〇年刊）巻二においては、伊予松山福島家の雪隠で、塙団右衛門が化けものに遭遇し、これを捕らえてみると、百歳もへたサルだった。この二話のサルは、河童とサルの類縁の視点から見ると興味ふかい。しかし手切り―手接ぎのモチーフを持たない。

　いずれにせよ手切り―手接ぎモチーフは、まずたぬきを主人公として成立した。そこでこのモチーフが河童に転移し得た主要な条件についてまず考えよう。

『古今著聞集』や『小笠原系図』・『宿直草』のたぬきは、その迫力において『太平記』の鬼にとても匹敵しえない。近世前半までのたぬきのイメージの主流は、残忍凶悪であった。しかし中世以来、あっけなく人に敗北する戯怪・愚怪的なたぬきもすでに登場していた。手をきられて詫びをいれるたぬきは、この系譜にぞくする。こうしてたぬきにおいてはじまっていた戯怪性・愚怪性が一八世紀なかば、河童伝承の第三段階において、後者と連絡したのであろう。ほかにも河童には、たぬきの性質の伝染をうけやすい素質が潜在していた。「河童の相撲」の節で述べたとおり、たぬきは山の妖怪であり、山の池にも出没する。河童の祖先は、たぶん山の陸水に住んでいた。

さらに手接ぎ—手切りモチーフの河童への転移に有利だった副次的条件をあげることができる。一つは廁と川の音韻の類似に由来する連想が、廁における河童の出現を促したかも知れない。その点にかんするかぎり、折口説のすべてを否定するわけにはいかない。また大野桂[五二]が主張するように、河童が金属を嫌うという伝承が、この妖怪の刃物による負傷事件を誘発した可能性もあるだろう。

それにしてもたぬきの膏薬譚の攻撃の項は尻なでに限定され、ウマ引きを欠く。ところが河童のばあい、手接ぎ膏薬譚の主流は、ウマ引き—手切り—手接ぎとつながる型になる。なぜ事態がそのように進んだのか。

河童の行動の第二段階に相応する時期においては、たぬきの尻なで—手切り—手接ぎ型と、河童のウマ引き—捕縛—誓約型が共存していた。そののち河童において、敗北—帰順の項が、捕縛—誓約型から手切り—手接ぎ型へと変異する例が出現した。その直接の原因は、やはりたぬき伝説のとりこみであったろう。かくて河童の行動は、第三段階に入る。

このとき河童膏薬譚は、尻なで—手切り—手接ぎの三モチーフ複合をまるごとたぬきから取りこむケースと、ウマ引きモチーフは維持したまま、手切り—手接ぎのモチーフのみを選択的に受容するケースの、二つの流れに別れたと思われる。そしてまもなく、「ウマとサル」の節で述べた河童のウマ引きモチーフの受容・普及・継続の強力な傾向に支配され、後者が圧倒的に有利な立場にたったのだろう。

厩におけるサルの手の存在が、河童のウマ引き―手切り―手接ぎモチーフ複合の優位に手を貸した可能性もある。厩にサルを飼いウマの保護とする習慣については、やはり「ウマとサル」の節で述べた。くりかえしになるが、現在でも厩にサルの頭骨または手をおさめる地方がある。また鈴木棠三は、この用途のためサルの骨を売り歩くものがいた、と述べている。河童がサルの腕と自分の腕をとりかえた、とする伝承が知られているが、これは厩のサルの手が河童の手と潜称されるにいたった経過を、直截に示唆する言い伝えではないか。

河童の手を保存する家も知られていた。松浦静山は『甲子夜話続篇』巻八〇―一（一八〇〇年記）において、肥前の魚問屋で河童の手を見た、と書いている。手はサルに似て水かきがあったという。静山がこれを見たのは一八世紀末だろう。この河童の手の正体がなにものであったか不明であるが、サルの手を加工したのかも知れない。そのほかサルの手と推定される遺物が記録されている。これについては第六章で詳論したい。河童の手と称するサル以外の動物の手も残されているが、それらは、河童の秘薬譚がひろがったのちに偽称されたものであろう。

想像するに、河童のウマ引き伝承の普及に連動して、厩をまもるサルの手が河童の手と解釈しなおされたのではないか。しかし河童の手が遺存しているのは、それが河童のもとに戻らなかったことを意味する。そこで『諸国便覧』（夾撞山人、一八〇二年刊）巻五の型

図 12　『諸国便覧』の淀川の河童

の説話（図12を参照）が注目される。これを紹介しよう。

> 山城の国伏見に、和田某というものあり。あるとき淀川の堤を歩いていると、河童がでて彼を水中に引きいれようとする。和田は踏みこらえ、河童の手を捕えて腰の刀で切ると、河童は「ぎゃっ」とさけび川のなかへ消えた。その夜以後、七夜つづけて河童が来て詫びをいれ、手の返却を嘆願したが和田は返却せず、ついに手の接着可能な期限がすぎ、河童はおおいに怨んで去った。河童の手は、いまなお和田家が所持している。

このような手接ぎモチーフを欠く型が、手接ぎモチーフをそなえた型と並行して語られて河童の手を世にだし、これがウマ引き―手切り―手接ぎ型の流行をも促進した、と推定できる。

なお厩の守護の呪物として、サルの手よりは頭の方が重視された形跡がある。[三] しかしサルの頭は、河童伝承と連結しない。なぜなら既述のように、河童は人の報復をうけるが、原則として命までは奪われないという決まりがある。首を切られた河童は、もちろん絶命せざるをえない。

かくて河童のウマ引き―手切り―手接ぎ型が流行するにしたがい、これが手接ぎ膏薬をもたらした妖怪のイメージに逆作用し、その地位をたぬきから簒奪しつつあった河童の立場を安定化したに違いない。

手切り—手接ぎモチーフの人気の特殊な源泉として、あと一つ金瘡医の流行を見落とすことができない[三・二四]が、これについては節を改めて論じる。

以上述べた根拠にもとづき、河童のウマ引き—手切り—手接ぎ説話の成立過程について、つぎのように推定することができよう。

まず鬼・たぬきのような妖怪が人を襲い手を切られる説話と、たぬき・サルなどの妖怪が厠で人と出会う説話が結合した。さらに金瘡治療の普及を背景にして、尻なで—手切り—手接ぎの三モチーフの接続が完了した。三モチーフを同時に担った最初の妖怪は、たぬきだったと思われる。ついでこのモチーフ複合は、たぬきと河童のある種の類縁を媒介にして後者に転移した。そしてさいごに河童とウマとの強力な親和性、および厩におけるサルの手の存在に支えられ、ウマ引き—手切り—手接ぎモチーフ複合が優位に立つにいたった。

手接ぎの妙薬

河童の手切り—手接ぎモチーフの流行の背景の一つに、金瘡治療の広がりがあったことを、前節で指摘した[三]。戦国時代に武士のあいだから、金瘡医とよばれる医師の諸流派が誕生した。金瘡とはもちろん刀槍銃などの武器による創傷である。その流派のなかに、鷹取流・神保流がみられることに留意するべきだろう。というのは、一八世紀の『博多細伝実録』において河童の膏薬の秘伝をうけた医師は鷹取と名のり、『譚海』でおなじ奇益をえたものは神保と称している。『小笠原系図』によれば、それよりずっと早く一七世紀にたぬきから手接ぎの秘薬をえたのは、小笠原清宗ということになっている。この一家については、のちに改めて紹介する。

後述するように、切り落とした腕を接ぐ秘法を示した近世の写本が存在する。このように実際には不可能な治療法の秘伝なるものが戦国時代以後のある時期から金瘡医のあいだに出まわり、それがとりあえずたぬきの、やがて河童の手切りと結びついた可能性は無視できない。話がまずたぬきからはじまったのも、偶然ではないかも知れない。近世、たぬきとは、山人、あるいは山を越えたかなたの地からおとずれてくる漂泊の徒の象徴でもあった。薬売りもまた旅の人である。彼らが流布した薬方が金瘡医の薬方に吸収された事件が、たぬき秘薬譚に反映されなかったとはかぎらない。いずれにせよ近世になると金瘡薬が、鎌などの刃物による切り傷の民間薬方として、各地方の農民などのあいだにひろがったと推定できる。これが河童の手切りモチーフと手接ぎモチーフの結合にさいし、大きな役割をはたしたのではないか。なお河童秘薬が伝承される現地についての安藤操と清野文男の情報[二]によると、秘薬相伝者は、外科医・接骨医・薬屋・神職などである。また石川純一郎[一四]は、河童伝説の流布に、香具師・接骨医・武術家が関与した、と主張している。河童伝説の流布には、多くの職業・身分のものがかかわったであろう。

話をもとにもどし、『博多細伝実録』にある鷹取家の秘法を手がかりにして、河童の手切り――手接ぎ伝承の成立過程を推理しよう。

鷹取家は、織豊時代の鷹取秀次を実質上の始祖とする金瘡治療の名門であった。運松庵の実在はまだ確かめていないが、尻をなでられた夫人は、加藤清正の家来の四代目の娘というのだから、運松庵の活躍期は一七世紀末ごろになるだろうか。筑後の石原為平が一八世紀後半に自家の旧記を編集した『石原家記』の延宝八（一六八〇）年の項に、「筑前医鷹取養巴……腕を打落候者有之候を、其腕を継、本服如元」とある。為平の作為がないとすれば、一七世紀の後半には、鷹取家の腕接ぎ秘法は世間に喧伝されていたことになる。後藤光秀[九]によれば、黒田藩に仕えた鷹取家当主は、三代藩主・黒田光之（一六二八～一七〇七）のときから養巴を襲名した。光之は、承応三（一六五四）年襲封、元禄元（一六八八）年隠居。あるいは初代養巴が、運松庵だったのかも知れない。のちに論じるテーマに関係するので一言つけ加えておくと、鷹取流を南蛮流外科の一派と位置づける主張[一〇]もある。

鷹取流の創始者・秀次の『外療新明集』（一五八一年成立）の原型をとどめる写本が残っている。その巻上に「骨を続大事」・「筋を続大事」の項があるが、格別奇妙なことは何も書かれていない。骨接ぎには井柳を骨髄に差しこみ、シカ足の骨を使い、筋接ぎにはカニの肉を用いる。膏薬の成分に薬草が入るほかネズミの糞をふくむのが、奇異といえば奇異といえるけれども、このていどの怪しげな処方は、当時はいくらでもおこなわれていたであろう。やはり秀次の著『外療細塗』（一五九三年成立）の慶長一一（一六〇六）年版本巻下「骨を続事」の項には、井柳を骨髄に入れても、皮まで離れているときには腕はつながらない、と注意している。皮どころか、筋肉もかなり残っていなければ、当時の外科の水準では接着不可能なはずである。

おそらく一七世紀になって、黒田藩に仕える鷹取流の医師が、腕に深傷をうけた患者の治療において奇効を示し、それが誇張されて切断した腕接ぎの噂話がひろがり、さらにこれが直接または間接にたぬきの膏薬譚を吸収して、『博多細伝実録』の伝説が生まれたのだろう。最初に河童を採用したものが、『博多細伝実録』の原話作者であった可能性も大いにあるが、そうとも断言できない。いずれ一八世紀に入り、この種の伝承の創作者が、膏薬の提供者をたぬきから河童に切り替えた。

鷹取流は別として、近世に、実際に切り落とされた腕を接ぐ秘法と称するものが、たぬき・河童の膏薬伝説以外に流布されていなかったかというと、そうでもない。

『金瘡秘伝集』の題をもつ甲・堅・兵・利、計四巻の本が現存する。甲巻は細川高在などが伝える針井流秘伝、堅巻は細川勝元（一四三〇～一四七三）などの相伝する畠山祐盛の秘伝、兵巻は小笠原家の秘事、利巻は浅見道斎の秘伝。いずれも奥書に、享保三（一七一八）年、徳運なる人物が、書林篤志堂須原氏にこの書を与えた、と記されている。須原氏とは、近世江戸書肆最大手の須原屋茂兵衛を指すのだろう。徳運についていうと、秀吉の絶対的な信任のもとに活動した医師・丹波全宗が、徳運斉と名のっていた。彼は一五九九年に没したので、享保の徳運が実在したとすれば、彼は全宗の子孫か、または弟子筋と思われる。奥書が本物だったとしても、内容は偽書であろう。須原屋がこれを出版した形跡もない。

甲巻の針井流については、何もわからない。ただ「相伝畢。努々他伝有まじき者也」という元和八（一六二二）年の年記のある奥書が、細川三河守高在・明地重兵衛二名の連署によりなされている。連署した二名のうち前者の正体は不明。後者を明智十兵衛と表記しなおせば、光秀（?～一五八二）を指すことになる。堅巻の末尾には、畠山祐盛秘伝の相伝者として八名が連署している。そして最初の二名は、細川勝元と畠山政長（一四四二～一四九三）である。両者とも、室町幕府の管領であり、また応仁の乱の一方の頭目であったことは言うまでもない。とくに勝元みずから編んだ『霊蘭集』（一四七二年）には、金瘡篇が含まれている。

兵巻は先述のとおり小笠原家の秘伝だが、署名者長時（一五一四～一五八三）と貞慶（一五四六～一五九五）父子は戦国末期の武将にして故実家。『小笠原系図』でたぬきの腕接ぎ膏薬の秘伝を受けたとする清宗（一四二七～一四七八）は、長時の四代前の当主である。『小笠原系図』は近世初期の成立だから、その前にすでに小笠原流金瘡療の評判が普及しており、それがやがてたぬき退治の武勇伝に結びついたと思われる。利巻の浅見道斎は、近世初期の著名な漢学者絅斎（一六五二〜一七一一）の父であろう。彼は近江の医師である。全般として『金瘡秘伝集』に収録された相伝は、応仁の乱から織豊時代にいたる戦乱期のものと仮託されていることがわかる。

『金瘡秘伝集』のいずれの巻においても、腕接ぎの方法が述べられているが、そのうち堅巻の例を示そう。これによれば、切れた筋骨を接ぐ最上の薬は、つぎのようにして製造される。すなわち死産した子の頭・胴・手・足を切り分け、その上に乗せた板で押しつぶす。そのとき死産児の身体・四肢からにじみ出た汁を陰干しして固める。腕を切られたときには、死産児の手の汁の固まりから小片をこそげ落とし、髪油で練ったうえ、カラスの羽で疵にこれをつける。黒焼きにしてもよい。これをチゴテとよぶ。

このような奇怪千万な薬方が現実に用いられたという挿話を、堅巻は説く。赤松満祐（一三七三〜一四四一）が足利義教（一三九四〜一四四一）を自宅に招き謀殺しようとしたおり、義教に従っていた細川持春（一四〇〇〜一四六六）も右手を打ち落とされた。その手を元どおりに接ぐことができたのは、チゴテのおかげであった。

義教謀殺は、一四四一年のできごとである。そして持春がこの混乱のなかで負傷したのも史実であった。彼の腕が身体からいったん切り離され、チゴテの威力で元の場所に接着したことは虚構にきまっているが、手に深い傷を受けたのかも知れない。

さきに『金瘡秘伝集』は偽書ではないか、という私見を述べたが、そうだとしてもたぶん享保のころまでに、チゴテと称する秘薬を考えついたものがいた。チゴテが現実に製造・使用されたとは考えられないが、このアイデアはどこからきたのだろうか。不明というほかないが、ただ一つ二つ気になる事実がある。

南蛮流金瘡医の始祖と称する栗崎道喜（一五六八〜一六五一）の三男・道悦が著した『南蛮源流金瘡書』（一六六四年）に「人油膏の方」の項がある。人油膏は、人油のほかウシ油・ニワトリ油・ヘビ油・シカ油・松脂・椰子油・乳香・テレメンテイナを混ぜ、これねあわして作りあげた膏薬であり、疵の肉の回復に著効があるという。テレメンテイナとはテレビン油をさす。道悦はわざわざ「此人油膏は南蛮流之方也。則栗崎道喜家之方なり」と強調している。人油の正体は何であり、またどのようにして採取するのだろうか。注(2) それについては、何も書かれていない。

私の手もとに『南蛮秘伝集』と題する粗悪な写本がある。延宝八（一六八〇）年に馬場通信が村田吉左衛門尉に与えた相伝の記が書かれているが、どこまで信用できるかわからない。文政年間に写されたものらしい。なかに「金瘡口に付薬」の項があり、この膏薬は人油・マンテイカ・椰子・卵白身・南蛮蠟からなる。マンテイカは、万貞鹿とも表記し、ブタの脂肪らしい。一九世紀になっても、南蛮流金瘡薬に人油が含まれるという伝承があったのだろう。

ヨーロッパのルネサンスには「魔女の軟膏」の噂があった。それはヘビ・トカゲ・ヒキガエルおよび幼児の肉からなるとされた。[15] これを塗って、魔女はサバトに向かい飛翔する。イエズス会やフランシスコ会の宣教師が、このような怪しげな薬を持ち込んだとは考えられない。けれども、南蛮文化流入に紛れ、どこかいかがわしい膏薬の噂が、高級な文明の刻印をしるされ、潜入したことはなかっただろうか。結論はさしひかえるが、河童の手接ぎ膏薬と南蛮流金瘡外療とのあいだに、何らかの因果関係があったのかも知れない。

あと一言つけ加えると、道悦の強調にもかかわらず、南蛮とはべつに中国の陰陽五行・十二支の思想が、栗崎流の秘法に入りこんでいるらしい。上記の秘薬には、マンテイカに対応するシカ油のほか、ウシ・ヘビ・ニワトリの油が用いられている。この三種類が、十二支の四つめごとの動物に相応するのが偶然だとは思えない。しかも『淮南子』（劉安、紀元前一二二年ごろ）天文訓第三には、金は巳に生じ、酉に壮んとなり、丑に死ぬ、とある。金の生・壮・死に対応する動物が、金瘡治療に使われたのも、偶然にしてはあまりにも話がよくでき過ぎている。ただし金瘡治療に有効なのは金ではなく、五行相克説で金に克つはずの火でなければならない。『淮南子』では、火は寅に生じ、午に壮んとなり、戌に死ぬ。相克説の理屈にはあまり頓着しない下級の陰陽師などが作為した呪法が、栗崎流に紛れ込んだ、と解釈しておく。

つぎに『耳袋』（根岸鎮衛、一八一四年成立）巻二には、弾左衛門支配下から出されたと称する膏薬が紹介されている。これはもっぱら人油を用い、ひび・あかぎれのほか切り傷にも効くという。弾左衛門支配下からそのような薬が出ていたとは思われないが、あるいは香具師の売薬についてあらぬ噂があったのかも知れない。香具師が切り傷を治療する膏薬を売っていたことは、まず間違いないだろう。

有名な蝦蟇の油は徳川家康のころから始まるという伝承があるが、確証はない。[八三]ただし一九世紀初期には売られていた。十返舎一九の作に『蝦蟇妙伝』(一八一〇年)・『蝦蟇妙伝後編　桜ケ池』(一八一〇年)がある。ここに述べられる駿河の国、式沢家伝来の妙薬は、「金瘡切り傷、そのほか一切のできものに奇妙なり」という。妙薬に使われた蝦蟇の産地は筑波ではなく、駿河・遠江である。なかでももっとも多量の油を供給した蝦蟇は、遠州桜ケ池に年久しく住み、数多の人びとを食らった主であった。

香具師の蝦蟇の膏薬の成分は、蝦蟇油・赤辰砂・椰子油・テレメンテイナ・マンテイカとなっている。[四二・八三]これと上記栗崎流の人油膏薬や馬場通信の金瘡薬の成分との類似を見てとるのは、容易であろう。あたかも人油の代わりに蝦蟇油を入れたかのようである。[注(3)]碓井益雄は、蝦蟇の油売りがこれを南蛮渡来の秘薬らしく見せかけ、宣伝したのだろうと推測している。そして蝦蟇は魔女の軟膏の成分と妙に符合する。蝦蟇の膏薬と、南蛮金瘡薬、ひいては河童の膏薬との関係なきにしもあらず。

この節で述べた資料から得られる推定を列挙して、しめくくりとしよう。

(1)河童の手接ぎ膏薬譚の起源の一つとして、戦国時代以後大いに発展した金瘡外療の知識を無視することはできない。

(2)金瘡治療法の発展にさいし、南蛮流が相当ていどの役割をはたしたと思われる。

(3)金瘡諸流派のなかで、自派の優越の一例として、切り離された腕を接ぐ秘法を誇示する虚構の奇効譚が生まれた。

(4)それはまた、金瘡家元の武勇伝と結びつき、たぬきの膏薬、ついで河童の膏薬の伝説が形成された。

(5)もともと戦場における銃瘡・刀傷を治療する要請から、金瘡外療が発展したのだが、天下泰平の時代をむかえ、また戦国末以来の農業の発展にともない、農作業に用いる鎌などによる外傷の治療に、金瘡外療の知識が応用されるようになったのだろう。そして身許も知れぬ薬売りが、村むらに新奇な膏薬を持ちこむこともあったに違いない。おそらくこれらの事情を背景にして、たぬき・河童の膏薬譚は、民話化していった。

(6)手接ぎ秘法の話は、さらに河童の駒引き伝承と結託することにより、その基盤を武士階級から農民へと完全に移した。駒引き伝承の流布を可能にしたのは、近世になってウマ飼育の主流が、武士から富裕な農民に移行したという事実がある。

(7)都会においては、香具師の傷薬が河童の膏薬民話の広布に貢献したかも知れない。

第三章　遺伝・変異および先祖がえり

河童と胡瓜

現代の伝承において、河童が胡瓜を好むという話が非常に多い。なぜ河童が胡瓜を好むのか、その理由については諸説入り乱れており、一元論でこの伝承を説明することは難しいだろう。

瓢箪の力でヘビのような水霊の危険からのがれる話が、第一章で引用したとおり『日本書紀』(七二〇年成立)仁徳紀に現われる。この古代の瓢箪と近世の河童が好む胡瓜は、いずれも瓜科に属する。これは偶然だろうか。注(1)

瓢箪のどこに、水霊の危害を阻止する力が潜んでいたのか。このなぞをまず解かなければならない。解答の第一の鍵は、瓢箪の浮上力にある。すなわち『日本書紀』の二話において、いずれも水霊が瓢箪を沈めることに失敗して自らの無能をさらけだし、生贄をあきらめ、あるいはかえって殺戮されてしまった。では瓢箪を沈める能力の欠如が、水霊にとってなぜそれほど致命的になるのか。

水神・水妖など水霊は、所与のものを自分の世界、つまり水中に確保してこそ、その霊力を確認し示威することができる。ところが瓢箪は水中に沈まない。水に没しがたい物体はほかにもあるだろう。たとえば木片がそうである。したがって水霊を畏怖させる瓢箪の力は、浮上能力だけから来ているのではない。瓢簞は、水霊を封入する容器でもあり、水に取りこまれず、逆に水を取りこむ。ここに瓢簞の呪力の第二の源がある。『古事記』（七一二年成立）巻中の神功皇后の項で、彼女が海を渡ろうとするとき、瓢簞に木を焼いた灰を入れて海に流したのも、この脈絡で理解するべきかも知れない[注(2)]。

私見を裏づける傍証をいくつかあげよう。八世紀後半の兵庫県小神芦原遺跡の井戸跡から、カエルの骨が入った瓢簞が発見された[二六]。ただし偏球型の夕顔の瓢簞である。なお、中くびれ型の瓢簞をつける植物と、偏球型の瓢簞をつける植物は同一種に属し、変種の相違にすぎない。柄杓に用いられたらしいので、上部にいくらか大きい穴を開けてあったのだろう。カエルはそこから入れたに違いない。この発見によって、『日本書紀』が編集されたときから半世紀ほどのちの人びとの習俗がわかる。カエルも小さな水霊の顕現とみなされていた。これを瓢簞に閉じ込めた人は、水の働きを期待する方向に誘導するため、呪術を試みたのだろう。瓢簞の大きさを考慮して、ヘビではなくカエルを入れたのではないか。

奈良時代よりずっと後になるが、宋代の中国でカエルの捕食が禁止されたとき、ある男が冬瓜をくりぬいた中にカエルを入れて、城内に持ちこんだという[一四]。このような話も、もともとは中国で瓜類にカエルを封入し、これに水の支配を託す呪術がおこなわれていた歴史の痕跡だったのかも知れない。そこで芦原遺跡の瓢簞―カエルも、中国伝来の風習だった可能性もある。

中国の宋代とほぼおなじ時期、日本で編集された『古今著聞集』（橘成季、一二五四年成立）巻七によれば、南都から藤原道長のもとに送ってきた瓜のなかにヘビが入っていた。この話は、無害のように見える瓜が毒をふくんでいたことを説こうとする。ここでヘビは毒気をふるう妖物であった。

水霊を封じ込める瓢箪の働きは、同時に水霊を保有する機能でもある。つまり入れる瓢箪と入れられた水霊の一体化もまた、瓢箪の力の一つの発展方向になり得た。さきの『古今著聞集』の瓜は、瓢箪をはじめ瓜科の果実の民俗的な意味が、その方向に広がっていった過渡の考えを示す。そして瓢箪などと水霊が一体化する局面では、もう瓜科の果実の内部が中空である必要はない。

瓢箪などが水霊と同一視されるさらに根本的な理由がある。つまりヘビやカエルが水霊であり、水を制御する能力を多少とももっているとすると、その水霊を制御する瓢箪などは、究極的に水を支配するはずである。瓢箪などは、ヘビやカエルより一段と上位の水霊の象徴でなければならない。古代の『鎮火祭祝詞』は、火の神の危害を防ぐため「水神・匏・川菜・埴山姫」を用いると語る。匏は瓢箪の一種であり、これが水神と同格に扱われた。『日本書紀』神代紀によれば、イザナミは火の神を産み陰部を焼かれた後に、水神と埴山姫を出産するが、匏を神格化した神名は現われない。『日本書紀』成立後、これが鎮火に有益であると認定された可能性に留意すべきだろう。

水の霊物と瓢簞・瓜とのふかい関連は、おそらく近世の後半にいたり、人びとの心中で変形した。そしてこの変形には、二つの方途があった。一つは、河童の誕生に調子をあわせて、瓢簞がみずからの地位を低めていく方向である。この選択肢は、古代・中世のわにやヘビが河童の姿をとらずに、もとの形のまま矮小化したケースの植物版であるといえよう。『安倍氏水虎説』（安部［倍とも］龍、一八四六年成立）は、河童とも水神ともつかぬものが、筌《うえ》のなかで瓢簞の姿で入ったまま捕捉され、助命を乞うた、という噂話を紹介している。

しかしこちらの方途は、主流ではない。より多くの人びとの心のなかで、河童と胡瓜との連想が導きだされた。以後、このほうの道筋をたどりたい。

その道筋のある段階において、水神の祀りが何らかの役割を果したことは、間違いないだろう。はじめに、有名な折口信夫説[一七]を検討する。彼は、胡瓜の切り口が祇園社（八坂神社）の紋に似ているという言い伝えを紹介し、また祇園は異風を好む神だから、外国から入ってきた胡瓜を好むのだ、と主張した。祇園の祭が旧暦六月におこなわれ、これが水神祭と習合した、という事情が折口説の背景にある。

しかし飯田道夫[一八]が指摘するとおり、胡瓜の断面（図13左下）は京都祇園社の紋に少しも似ていない。この紋は窠紋あるいは木瓜紋と称し、唐花を弁でかこった模様である（図13右上）。そのうえ窠紋を使用する神社が祇園系とはかぎらないし、また祇園社のすべてが窠紋を用いるともいえない。福岡を中心とする祇園系の神社は、祇園守紋を神紋とする（図13左上）。ついでながら丹羽基二は、祇園守紋の十字は、キリシタンが入ったのちキリスト教の十字架にことよせられることがあった、と述べている。[一六六]

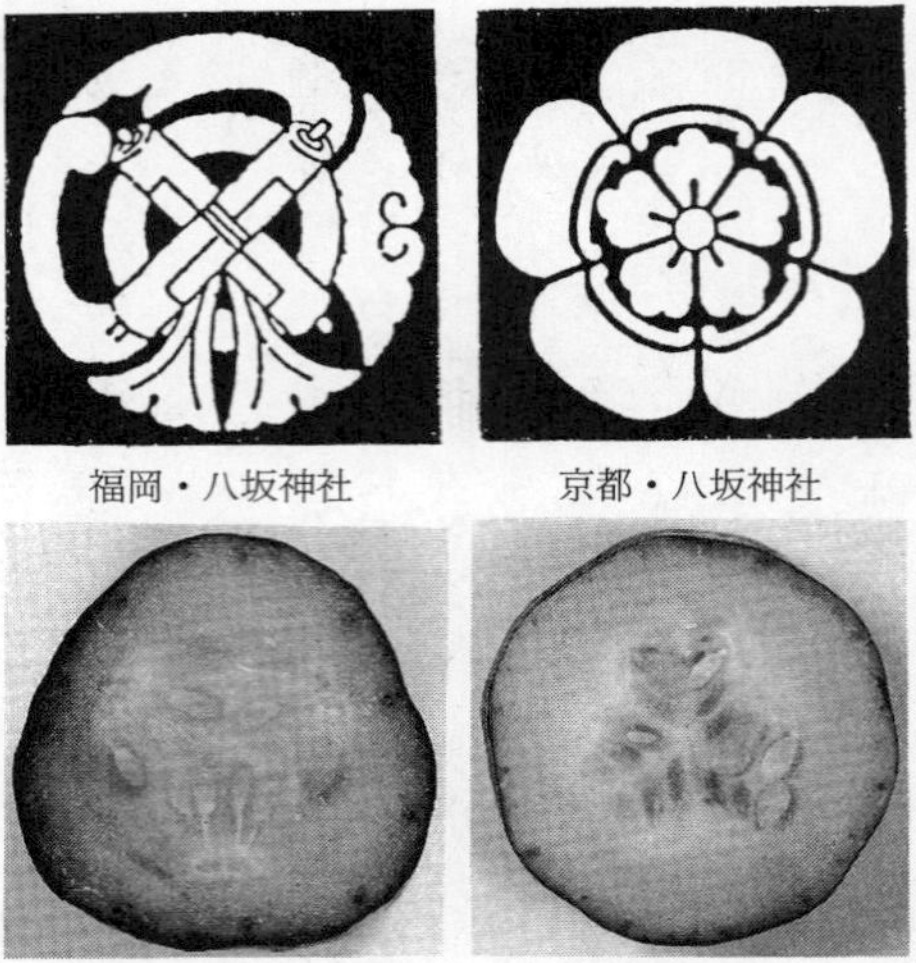

福岡・八坂神社　京都・八坂神社

胡瓜の切り口　白瓜の切り口

図13　祇園社の紋の比較

近世の『祇園社年中行事』（一八一四年写）によると、京都祇園社において六月一八日におこなわれる「下居之神事」の神供は、白瓜・ヒラキ豆・豆腐・昆布・茄子・ササゲなどであり、胡瓜は入っていない。また祇園が異風の作物であるゆえに胡瓜を好むとするならば、海外から渡ってきた他の作物を無視する理由を説明できない。

そこで、祇園社との縁にこだわらず、夏の祭に夏の野菜を供える事実から、胡瓜と河童との関係の謎を解きほぐしていくのが、すなおな方法だと思われる。安藤操と清野文男[二]、および飯田[三]の見解も、そのようである。

近世の文献資料も、この解釈を裏づける。河童と瓜・胡瓜の関係の管見初出は、『和漢三才図会』（寺島良安、一七一三年刊）巻四〇の「河太郎」の項である。ここには「川辺に出て瓜・茄子・圃穀を盗む」とある。ただしここではまだ、胡瓜の名はあげられない。谷川士清の『和訓栞後編』（一七七〇年代成立）の「かはろう」の項は、河童が「胡瓜または甜瓜を盗み」と述べている。『蕉斎筆記』（小川白山、一八〇〇年記）にも、河童が茄子・胡瓜・ササゲなどをとる、と書かれている。

どうやら河童は、陸にあがり、夏の野菜や豆類を積極的に盗るが、とくに胡瓜を好むとは認識されていない。河童の農作物窃盗行為についてここでは詮索せず、第六章で再論するとして、とにかくも河童の関心が胡瓜に集中するようになったのは、意外に新しいのかも知れない。河童が胡瓜を好むと明確に記したのは、『本草綱目啓蒙』（小野蘭山、一八〇三年刊）巻三八あたりが古いほうではないか。たぶん一八世紀の終わりごろには、河童と胡瓜のあいだの特殊な連想関係は成立していただろう。

ところで近世の農家は、胡瓜よりは茄子を重視していた。この時期の農書を調べると、ほとんど例外なく胡瓜とくらべて茄子の栽培に重点をおいている。『百姓伝記』（一六八〇年代成立）巻一二においては、茄子の採種・播種・定植・施肥について詳細に記載されているが、胡瓜についてこのような説明は何もなされていない。『農業全書』（宮崎安貞、一六九七年刊）巻三においても、茄子について種子の収穫と貯蔵、苗床・施肥・移植・栽培などについて約三〇〇〇字が費やされているのに、胡瓜にかんしては二七〇字ほどが当てられているに過ぎず、まことにそっけない。『農事遺書』（鹿野小四郎、一七〇九年序）巻四には、茄子についての記載はあるが、胡瓜については一言もふれていない。『私家農業談』（宮永正運、一七八九年後序）巻三における茄子・胡瓜にかんする記載は、それぞれ約一一〇〇字と四〇〇字。

そのうえ茄子と比較して胡瓜は、下級の作物と見られていたようだ。『百姓伝記』の著者は、胡瓜が病気の原因になり、また気虚の人には見るだけで毒になると強調し、匂いをいやがり嫌うものが少なくないと告げる。そして『大和本草』（貝原益軒、一七〇九年刊）巻五によれば、胡瓜は「最下品なり。性味とも不好」。

これほど不人気な胡瓜が、なぜ茄子や瓜・ササゲ・小豆などをしのいで、河童に好まれるようになったのだろうか。飯田は[三]、胡瓜がウシやウマの形に細工しやすいからだ、と述べているが、茄子よりも細工に適していることだけがその理由とは思えない。飯田自身、ウシは茄子で作られるばあいが多いと指摘している。

そこで注目されるのが沢史生[一三]の説である。彼によると、胡瓜は穢れ多い瓜とされていたため、権力は、同様に穢れを負った河童にその嗜好物として胡瓜を押しつけた。沢が作物としての胡瓜の劣弱な地位に着目したのは、見事であった。けれども沢の説では、瓢箪と胡瓜の関係が語られていない。また穢性を負うのは河童にかぎらない。妖怪一般の性質である。とくに河童とおなじく水の妖物であるヘビが、なぜ胡瓜に特別の関心をよせないのだろうか。これらの疑問にも応える私見を披瀝しよう。

ワニ・ヘビなどの水の霊物が矮小化して誕生したのが河童であった。それにふさわしく水霊が好む瓜科の植物も、瓢箪や瓜から胡瓜に縮小したのだ。たんに形態だけが縮小したのではない。河童が用水や堀のような人工的な水において管理されようとしたのと並行して、胡瓜ももっぱら人の食用のために管理栽培された。しかも先述のように、胡瓜は食用農作物としては最下品なのである。

にもかかわらず、いにしえの水妖と瓢箪の否定的な関係は、瓢箪の零落した後裔である胡瓜と、水妖の縮小した子孫としての河童のあいだにも、わずかながら残存していたらしい。じつは地方によっては、河童が胡瓜を嫌うという伝承もつたえられている。[一四]

そののち胡瓜にたいする日本人の嗜好がすすみ、したがってその栽培量がふえた可能性がある。今のところ、胡瓜の消費量・栽培量などの統計的なデータは入手していないが、文献によってその傾向を示すことはできる。さきに『百姓伝記』と『大和本草』によって見たとおり、胡瓜は有毒、かつ最下品と認識されていた。食物本草関係の諸著をしらべても、同様の評価が知られる。ところが近世も末期になると、その傾向に変化がはじまるようである。

たとえば『日養食鑑』（石川元混、一八二〇年刊）の胡瓜の項は、「甘平。毒なし。熱を清し、渇を止め、水を利す。小児は忌むべし」とある。ここでは、胡瓜の毒性は、原則として否定されてしまった。ただ小児には害ありとされていたが、この説は、食物本草系の書に古くから記されており、とくに近世末期の特徴ではない。『食物和解大成』（馬場幽閑、一六九七年刊）などでもそのことは明記されている。そこで話の本筋からはずれるが、ついでに一つの思いつきを述べておく。胡瓜がとりわけ小児に有害ならば、小児を水死に誘う河童との細いつながりが、この点にも見いだされるのではないか。

話をもとに戻そう。かりに近世の終わりごろに胡瓜にたいする嗜好が好転したのだとしたら、河童と胡瓜のあいだには、それまでの経過をふまえながら、あらたな関係が生まれたとも解釈できよう。河童のほうも、近代にいたり妖性を著しく後退させ、愛嬌者のイメージを表面にだした。両者とも、ささやかながら人に愛される存在になってきた。寿司屋で胡瓜を河童とよぶ習慣は、こうして生まれたのではないか。

以上のように、河童と胡瓜との因縁を説明することができるが、この関係をべつの要因がさらに強化したことは、大いにあり得る。まずスッポンの肌と胡瓜の表面の類似、つまり黄緑系の色彩と小突起の存在が、いくらか貢献しているかも知れない。そのほか、先行研究者が説くように、祇園の紋と木瓜、すなわちボケの花との類似が、ある時期以後胡瓜の断面との類似と誤解され[三]、広くそのように信じられたのは事実であろう。また胡瓜など瓜科の作物が水気を多く含むことも、胡瓜と河童との連想を強めたかも知れない[二]。本節冒頭で述べたとおり、河童と胡瓜の親和性の起源も、多元的に考察しなければならない。私は、そのうち主要の系譜をとりあげたにすぎない。

本節においては、叙述がかなり錯綜したので、河童の胡瓜嗜好の成立過程を、時間的順序にしたがって整理しておく。

（1）古代において、水霊にとり瓢簞は忌避すべき存在だったが、そののち水霊と瓢簞とのあいだに親和関係も生まれた。

（2）水霊との親和関係は、いちぶ瓢簞から瓜にも転移された。

（3）おそくとも近世には、水神の祭に夏野菜が供えられるようになった。小さな水霊である河童もまた、その余沢にあずかるようになる。

（4）二番目の経過にもとづき、夏野菜のなかでも、とりわけ瓜・胡瓜と水霊とのかかわりが意識された。

（5）近世において農作物としての評価が低く、また形状もよくない胡瓜が、やはり小さく不格好な水霊である河童にふさわしい、と考えられるようになった。

（6）胡瓜がとくに小児に有毒とされたのも、小児を引く河童との連想の一要因になったかも知れない。

（7）近世末ないし近代にいたり、河童と胡瓜のイメージがともに好転し、現今胡瓜を河童と称して愛好する習慣ができあがったのだろう。

河童が嫌うもの

河童が嫌うものを、いくつかの系統に分類することができる。第一は、仏教信仰を象徴するもの、第二は水神祭に用いられたと思われる呪物である。第三は、両者以外ということになろう。河童の苦手について語られる民話の多くは、近世後期になってから文献に現われるようだ。

第一の仏教に逆らう河童伝承のうち、管見に入ったものの成立は、一八世紀までは遡らない。『水虎考略』（古賀侗庵、一八二〇年成立）所載の「河童聞合」（一八〇五年記）の河童は、数珠を忌む。『蓬生談』（森春樹、一八三二年成立）の河童は、仏事の飯を食って命を失う。

また同書収録の別話では、河童に引かれそうになった男が『般若心経』を唱えて助かった。『三養雑記』（山崎美成、一八四〇年成立）においては、水中に引きこもうとした少年が仏飯を食べたので、河童は逃げだす。

河童は他の妖怪にくらべて、仏教の力を恐れる傾向がいちじるしい。近世の鬼は、大津絵で念仏を唱えてみたりする。これを面従腹背と解することもできようが、あながちそうとばかりは言えない。天狗は、修験と同化して仏味を知ってしまった。たぬきも茂林寺の守鶴などの僧と化して、仏恩に報いようとした。[一三] 河童には、仏教にたいする帰順どころか、面従腹背の気配すら感じられない。なぜ河童は、仏教にたいしこのように頑迷な態度をとるのであろうか。証拠はないが、近世後期にいたり、いちぶの寺院が河童調伏の祈禱をおこなっていた可能性もある。戯怪・愚怪の方向へと弱力化しながらも河童は、なお化外の存在であった。もし河童に人的要素が潜んでいるとするならば、彼らは、ついに仏教に馴化されなかった人びとであったろう。

河童が麻《お》稈《がら》を嫌うのも、これに関係するかも知れない。河童を畏怖せしめる麻稈の威力については、近世初期以来多くの文献が述べている。『梅村載筆』（林羅山、一七世紀なかば成立）人巻をはじめ、『和訓栞後編』・『閑窓自語』（柳原紀光、一七九七年成立）巻上・『本草綱目啓蒙』巻三八[三九・四七・六八]などにその記述がある。

柳田國男によれば、麻稈を折ってつくった箸をもちい盆の飯を食べたり、麻稈を門口で燃やして迎え火にする地方がある。近世秋田領では、ねぶたの日に麻稈を束ねて枕とし、翌朝川に流す。このような事例から判断すると、たしかに麻稈は盆行事に結びついているが、仏教そのものよりは精霊の送り迎えに関連していそうである。夏越しの祭りから盆へと続く一連の夏祭りにおける河童の処遇とかかわりがあるのではないか。つまりこれらの夏祭りを通じて、河童は人への服従を強要された。河童の麻稈嫌いは、第二範疇に入るのかも知れない。

神社では、旧暦六月晦日に穢れを祓うため大祓の式がおこなわれる。古代の『延喜式』（九二七年成立）巻一の大祓のときの祓料のなかで、そののち河童に関係してきそうなものをあげると、金装横刀・金銀塗人像・鍬・鹿角・匏・ウマなどが入っている。そのほかさまざまな布・武器・飲食物など、河童の好悪にかかわりないものも、たくさん集められていることを無視してはならない。匏とウマについてはすでに述べたので、鹿角と金属製品について検討しよう。

河童が鹿角を忌むとする近世文献には、『和訓栞後編』がある。著者の士清は国学者・神道家だったので、『延喜式』以来おこなわれている各種祭式の儀軌についてはもちろん詳しかっただろう。しかし鹿角をはじめ上記の品物が、水神・水霊を鎮める祭礼において、とくに重視されたという証拠はない。『延喜式』巻一～三に登場する各社のうち、陸水神に直接関係がありそうな諸社・祭を通覧すると、産井社に鍬と匏、御川祭・鎮水神祭・御川水祭にそれぞれ鍬、御井祭に匏、祈雨神祭にウマが支給されているが、水主社・池社・御井幷御竈祭には、鹿角・金属製品・匏・ウマの料はいずれも供せられていない。逆に陸水には直接関係ない社・祭にこれらのものが与えられる例が少なくない。たとえば鹿角を料とする祭には、祈年祭・鎮花祭・三枝祭・風神祭・月次祭がある。そうしてみると、鹿角と水神・水霊がとくに密接不離な関係にあったとも言えなそうだ。私が調べたかぎりでは、現在の神社がおこなう大祓においては、鹿角は用いられない。

ところで士清は医師でもあった。本草の世界で鹿角は著名な薬物である。『本草綱目』(李時珍、一五九六年刊)巻五一によれば、鹿角の焼粉は悪瘡・腫瘍・悪血・留血・腰背痛・折傷・心腹痛など、じつに多様な病症にたいし薬効を示す。なかんずく女性・小児の諸疾、たとえば猫鬼中悪、女性の夢中における鬼との交わりの病に効くことは注目される。河童はしばしば小児に危害を加え、女性を犯す。

断定的な結論は出しにくいが、夏の水難除けをかねた水神祭と大祓が習合した地域の神社で、鹿角を祭料として用いた古式が想起され、さらに鹿角が魔除け薬になるという知識もくわわって、河童が鹿角を忌むとする伝承が成立したのではないか。

ただし現在の論理で考えると、一つの疑問が残る。大祓などに使われる鹿角は、神や霊に奉納される礼物なのか、あるいは神や霊の祟りを抑制する呪物なのかが、明らかではない。もし前者が事実であるとすれば、河童の危害を鹿角で抑えるのは、的はずれとも思われる。これについては、二つの解釈があり得るだろう。第一は、神・霊の利益を得るための迎合と、その祟りを抑えるための圧力は、神・霊にたいする人の態度の表裏両面であり、けっきょくは同一に帰するという答である。あと一つは、大きな神・霊に祈って、小さな神・霊にたいする影響力を行使してもらい、後者のネガティブな行動を抑止するために鹿角などの礼物を供えるのだ、という解答である。どちらを採用しても、私の議論の範囲ではさしつかえない。

つぎに鉄について考えたい。『延喜式』大祓の祓料には、先述のとおり金銀製品が含まれているが、近世の河童が忌むのは主として鉄製品であった。『越の風車』(伴喜内、一七七一年序)巻一で釘、『閑窓自語』で鎌、『本草綱目啓蒙』巻三八で鉄、『ありのまま』(陸可彦、一八〇七年序)巻三で犂・馬把、『水虎考略』の「河童聞合」で針、『水虎考略後編』(古賀侗庵、一八三九年成立)所載の『談怪阿萬擴』(一八三九年以前成立)で鎌、同書に含まれる侗庵の聞き書き『水虎新聞雑記』(一八三八年成立)・『水唐録話』(一八三九年成立)で鎌・鉄などが、それぞれ河童の嫌悪の対象になっている。ただし『怪談笈日記』(臥仙子文坡、一七六八年成立)巻五では、河童は金鞍を恐れている。

金属とくに鉄にたいする河童の恐怖は、古代以来いくつもの回路を経て、近世に現象したと思われる。第一に、『古事記』神代記・『日本書紀』神代紀のヤマタノオロチをスサノオが剣で制する段以来、鉄製の利器で水神でもあるヘビを殺戮した話は数多い。

『古事記』・『肥前国風土記』（八世紀成立）にはじまる針糸型の異類婚神話も、河童の鉄忌避にからんでいるかも知れない。女性のもとに通ってくる男の本性を探るため、男が帰るときその衣に糸のついた針を刺しておいた。彼が帰ったのち糸をたどると、その正体が明らかになった。以上がこの型の神話の共通モチーフである。日本においては、男の正体はヘビだったとするのが主流だが、アジアの大陸ではその役割をカワウソ・カメ・カエルなどが演じるばあいもある。針はもちろん鉄製である。

第二に、大祓のみならず、御川祭・鎮水神祭・御川水祭においても、鍬が用いられることに留意しなければならない。鍬は水田を耕す鉄製の農具であり、水田耕作は水・川の神の保護なしには成功し得ない。とは言え、水神系の祭祀と鍬の奉供がかならずしも対応しないことは、鹿角のばあいとおなじである。

いずれにせよ結果として河童は、刀・鎌など鉄製の利器を恐れる。けれども河童は、武士など戦闘者を主敵とはせず、おもに農民の世界に出現する妖怪だから、武器よりは鎌のような農具を何よりも恐れなければならなかった。河童が切り傷に効験いちじるしい金瘡薬を発明したのは、その鉄製利器嫌いとも接続しているかも知れない。

たしかに鉄は、「身に寸鉄を帯びず」のように、刀など鉄製利器の換喩として用いられる。『古今著聞集』巻二〇に、女性が屋内で昼寝をしているとき、梁の上のヘビが落ちかかろうとしたが、彼女の着物に付いている針を恐れて落ちることができなかった、という

説話が出ている。そして著者の橘成季は

人の身には、鉄のたぐひをば必もつべきなり。わずかなる針にだに毒虫おそれをなすことかかり。いはんや太刀においておや。

とコメントした。ここで「鉄の類」とは直接には、やはり利器を意味するが、換喩する鉄は、換喩される鉄製利器から自立して、それ自体がヘビや河童が忌避する呪物になり得ただろう。しかし妖怪ならば種類を問わず、人の鉄製利器を恐れるはずである。なかでもとくにヘビと河童が鉄を恐怖するのはなぜだろうか。

上記第一、第二の回路のほか、河童の鉄嫌いの根源には、金属とくに鉄そのものにたいする水の霊の忌避があったと想像すべきではないか。石田英一郎[六]は、世界の多くの民族において、鉄が水神的動物に忌まれるという伝承の存在を明らかにした。近世日本の文化に強大な影響を示した中国においてもそうである。『本草綱目』巻八の鉄の項には「蛟尤も鉄を畏れる」と記されている。

石田は水精へのウシの供犠が、石ウシ、ついで鉄ウシの代用供犠に移ったため、水精の鉄忌避の伝承が生まれたと推測しているが、それならば水精は、ウシを造形し得る他の材料、たとえば石や木をも恐れなければならない。水神・水霊の根源的鉄忌避のレベルまで降りると、その根拠はやはり不明といわざるを得ない。ただし参考になる事実がないわけではない。『本草綱目』は、「およそ諸草木葯皆鉄器を忌む」とも述べている。鉄の登場は、農具を供与し、水神の支配する農業を助けただけでなく、後者を妨害する何らかの事情をも引き起こしたのではないだろうか。

一つの推測を以下に述べる。私が少年時代、福岡市郊外の農村で生活していたとき、「金気の水」という言葉が使われていた。渋みがあって飲料に適さない。渋みの主体は酸化鉄である。『百姓伝記』巻八には、渋の出る田では穂が小さくなり、米も小粒化し、味も苦くなる、と記述している。そして渋は、水の動きの少ないところ、山とくに砂山の下、堤の下、畑の間道の下、藪の下、棚田に多く、おなじ田でも中央部は少ない、と説く。この渋の正体は、酸化鉄が有機物とともにゲル状のかたまりになったり、薄い膜をつくったりしたものと推定される。金気の水が田に引かれると、渋が生じるのだろう。[一四〇・一五九]

現在の土壌学の知識においても、二価の鉄の過剰は農作物に害をもたらし、ばあいによっては稲の収量を激減させることが明らかになっている。[一四〇・一五九・一三〇]ただし品種、生育段階、他の金属の存在、pHなどの条件により、境界濃度が異なるので、現実には農害を一様に惹起するわけではない。近世またはそれ以前の農民のあいだで、金気の水がときにより農作物に有害であることが、経験的に知られていたのではないか。中世末期から近世初期にかけて、がんらい水田耕作には不適であった土地に新田が開発された。このような場所は、『百姓伝記』の著者が示すような渋が発生しやすい立地だったろう。

日本で最初に酸化鉄の農害問題をとりあげたのは、古在由直[8]であった。古在は明治二六（一八九三）年の論文で、足尾銅山の農業鉱害を調査研究し、銅塩および硫酸塩がその決定的な原因であると主張した。しかし亜酸化鉄もまた、長期的には水田を荒廃させると認めている。なお興味ぶかいことに古在は、「亜酸化鉄其物は従来世人が迷信する如く劇毒を植生に及ぼすものに非ず」と説明する。明治二六年という時期を考えると、古在の念頭にある「従来世人の迷信」は、近世にまで遡るタイム・スパンで一般に思いこまれていた考えではないか。もちろん近世には、近代化学の知識はごく一部の人以外には知られておらず、亜酸化鉄などの概念も通用していない。このような表現は、一般の金気・渋のような観念の古在による翻訳であり、鉄分が農害の原因になり得るという説が「従来世人の迷信」だったのかも知れない。

河童が金属を忌むとする伝承で、金属の中心には鉄が位置するが、しかも広くは金属全般が忌避の対象となっていた。じっさい伝承者のなかでは、河童の忌避にかんして、鉄と金属一般との明瞭な弁別があったわけではないだろう。足尾銅山の鉱害のばあい、その廃水が渡良瀬川に流れ、これが農業用水に入りこんだり、氾濫により周辺の水田に混入したりして銅害が生じた。規模の問題はべつとして、銅・鉛・亜鉛・カドミュウム・水銀など重金属による類似の鉱害は、各地で古くからくりかえされていたに違いない。九頭竜川のカドミュウム汚染を、河童が人より前に察知して、川の悪水禍を訴えたという現代の民話[一六一]も、この文脈のなかで理解するべきだろう。水神・水霊・水妖が金属を嫌うという伝承が世界的に分布する原因は、ここに求められるとも思われる。はじめに断ったとおり、これは一つの推測に過ぎない。

河童が金属とくに鉄を忌む属性は河童独自のものではなく、前代の水神・水妖から遺伝した性質であることは否定できない。ただし先述のとおり、中世末から近世初期にかけて展開された新田の開発が、金属農害の機会を増大させた可能性もある。それが、ちょうどおなじ時期に活躍を始めた河童に、とくに激甚な被害を与えたのかも知れない。

さいごに、河童の忌避物のうち、仏教にも水神信仰にも関係なさそうなものの例として、人の唾をあげよう。柳田は[一六二]、唾は口中にある生命の液であると主張している。これはおそらく的を射た見解である。唾は日本にかぎらず、世界の多くの民族で魂・生命を代表する象徴であり得た[一六三]。

『古事記』神代記・『日本書紀』神代紀、および『古語拾遺』(斎部広成、八〇七年成立)には、唾が登場する挿話がいくつか記される。

(1) 古事記：ヒコホホデミが海神の国にいたり、首につけた珠を口に含み、トヨタマヒメの侍女が持参した玉器に唾とともに吐き入れた。珠が付着して離れないままの玉器を、侍女がトヨタマヒメに示し、これがヒコホホデミとトヨタマヒメが結ばれるきっかけとなった。

(2)日本書紀イザナギ・イザナミの段・第一〇の一書：黄泉の国でイザナミの醜悪な姿を見たイザナギが、「お前と縁を絶とう」と言って唾を吐いた。唾からハヤタマノオが生まれた。

(3)日本書紀岩戸の段・第二の一書：神がみはスサノオの手先に唾と涎をつけて祓いをし、彼を追放した。

(4)日本書紀コノハナサクヤヒメの段・第二の一書：醜いためニニギからしりぞけられたイワナガヒメが、唾を吐いて呪い、この世の人びとの短命を期待した。

(5)日本書紀ヒコホホデミの段・第四の一書：ヒコホホデミが兄に針を返すとき、その針を呪して唾を吐いた。

(6)古語拾遺：大地主神がウシの肉を農民に食べさせた。そこで大歳神の子が、その肉に唾を吐きかけて帰り、父に事件を告げた。大歳の神は怒ってイナゴを田に放ち、苗を枯らせた。

及川儀右衛門[22]は、上記のうち(2)・(3)・(5)・(6)を引用し、唾を吐きかける行為は、不浄なものにむかってなされ、それを避けるための呪法だ、と言う。他方日本古典文学大系『日本書紀』の注釈者[五二]は、（1）～（5）について考察し、唾は約束を固めるとき、言語による意思表示を確実にする行動だとした。

どちらの解釈が適切だろうか。（3）・（5）・（6）にかんするかぎり、及川説に分があるようにみえる。さらに（2）はもちろん、（4）も及川説で説明できないこともない。イワナガヒメから見ると、この世の人は不浄な存在である。しかるがゆえに、人びとは短命でなければならない。（2）・（4）は、誓約確認説でも充分説明できるが、大局的には穢れ忌避説のほうが有利だと判定せざるを得ない。

唾が、魂・生命を代表するという立場にたてば、穢れ忌避説は、つぎのように根拠づけられるだろう。すなわち唾吐きは、穢れを忌避する人が、自らの強い霊力を注入することにより、穢れたものの悪しき霊力を抑制する行為だ、と解釈される。ちなみに、（2）において、唾から生まれたハヤタマノオのタマは、魂・命の神格化であろう。

それでも（1）については問題が残る。私は、この挿話において、ヒコホホデミの珠と唾は彼の魂・生命を象徴し、トヨタマヒメがわの玉器は彼女の魂・生命を象徴する、と解釈する。そして、珠が玉器に付着してはなれなかったのは、二人の婚姻を予定する現象だったのだろう。このようにして見れば、神話における唾吐きの意味が、すべて統一的に理解できる。

唾によって運ばれる善き霊力が、悪しき霊力を征服するモチーフは、妖怪退治の物語にも適用可能であった。『太平記』（一四世紀後半成立）巻一五における俵藤太のムカデ退治に前例があるとおり、唾は妖怪にとって危険な液体である。

河童についてもしかりであるが、それだけではない。河童は、しばしば人工的な水地に抑えこまれつつ生きていた。そのうえ河童の活力の根源たる自然水に、人の力を濃縮した唾の水が混入したのでは、致命的な結果が生じたであろう。あたかもこの妖怪の中枢細胞に、悪性のウイルスが侵入したように。

先祖がえり

一八世紀末以後、河童伝承は第四段階にはいった。この時期にもいくつかの重要な事件が発生する。その一つは、河童祭祀のはじまりである。現在においても、河童が祀られている例は少なくない。竹田旦[一四]は、津軽のシエッコ様祭り、島根県邑智のエンコ祭り、高知県下田・新潟県寺泊の河童祭りをあげ、今野円輔[一六]は、和歌山県信太・徳島県長岡・長崎県五島・岡山県井原においても河童祭りがなされている、と報告した。和田寛[一六三]は、岐阜県藤橋・島根県隠岐・高知県南国の河童祭祀を記録している。

近世の文献のなかで、私が知るかぎりもっとも古いのは、『笈埃随筆』（百井塘雨、一七九〇年ごろ成立）巻二の記事である。そこには、日向・薩摩において水虎を水神として祀り、田畑でとれた実を供える、とある。ついで『甲子夜話』巻六五（松浦静山、一八二五年記）には、相模国金沢村で、川太郎が福太郎（図14）という名で水難・疱瘡・麻疹の防除の効により水神として祀られた、と書かれている。こちらのばあいは、祭祀にいたるまでの経過と称する記録も紹介されているので、これを要約しよう。

金沢村の漁師・重右衛門の家に、水難・疱瘡の守りと表記された相伝の箱があり、家内に祀ってあった。一八〇一年五月に、重右衛門の姉の夢に童子があらわれ、「我この家に久しく祀らるれども、いまだ知るものなし。願わくは我がため一社を建てたまわるべ

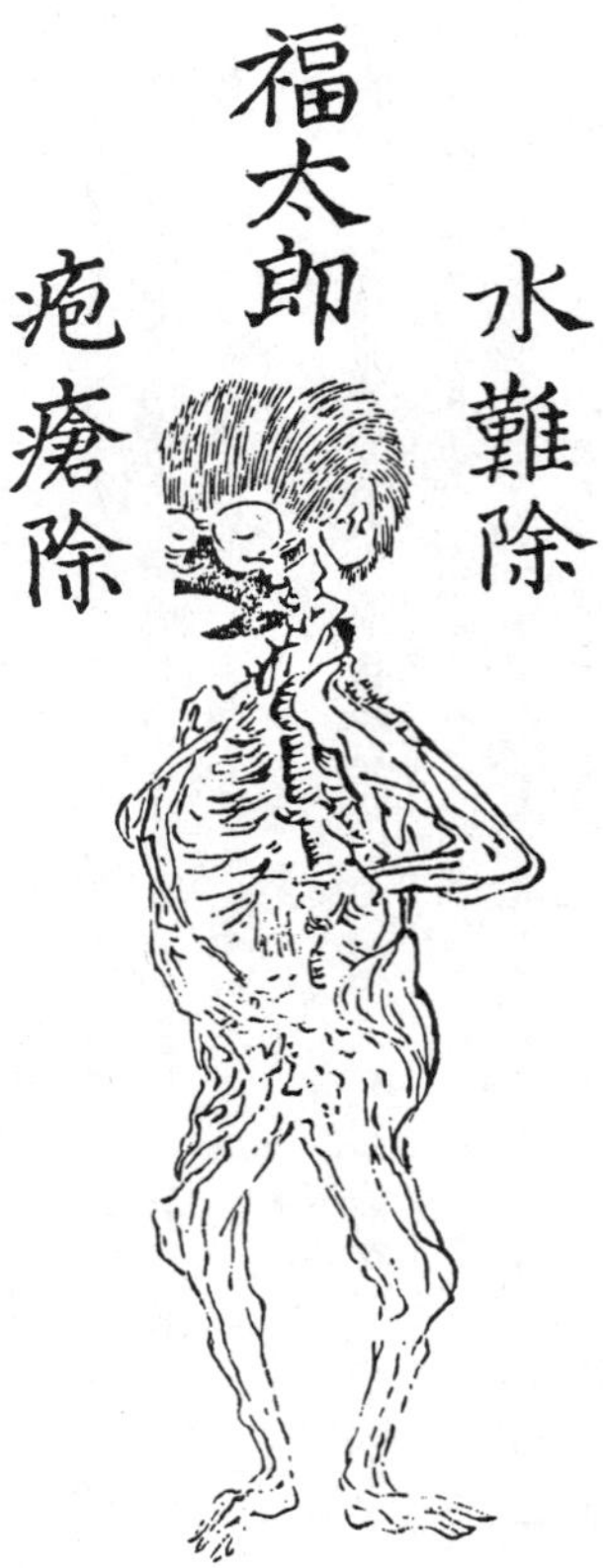

図14　相模国金沢村の福太郎

し。しからば水難・疱瘡・麻疹の守り神として応護あらん」と告げるのを聞き、彼女はたちまち目を覚ました。そこで例の箱をひらいてみると、顔はサルのよう、四肢に水かきあり、頭部に凹所をもつ動物のミイラが入っていた。それが書物にある河童そっくりだったので、福太郎と称し水神として祠に祀った。

静山はおなじ随筆のおなじ項目のなかで、出雲において河童が川子大明神として祀られている、という情報をも伝える。

ではいったん身分低落のうきめにあい、戯怪・愚怪としての地位におちついた河童が、なぜ水神への先祖がえりをなしえたか。

河童の観念の全国的な流行が、その基本的な原因であろう。水利・灌漑の普及や農村におけるウマ飼育の発展は、全国をおおう事件であった。これにつづき用水・堀・淵に落ちる少年の増加、河童とサルとの習合、厩におけるサルの手の遺存、金瘡薬の需要の増大などの事件もまた、各地において河童の噂を拡散していったにちがいない。

河童という名称が、かりに一つの地域からはじまったとしても、おなじころ類似の水妖が多数の地方に誕生していたと思われる。『物類称呼』（越谷吾山、一七七五年刊）巻二は、河童についてガワタロウ・カワノトノ・カワッパ（畿内・九州）・エンコウ（周防・石見・四国）・カッパ（東国）・テガワラ（越中）・カワラコゾウ（伊勢）の異称をあげ、『本草綱目啓蒙』巻三八では、これにくわえてカワタロウ・ガワラ（越前・播磨・讃岐）・カワコ（出雲）・カワコボシ・カワロ・カワタ（伊勢）・ガウゴ（備前）・メドチ（南部）・ミズシ（加賀・能登）などの名をあげる。現代では、柳田國男[二四]は、以上のほかヒョウスベ・スイシン（宮崎・鹿児島）・ガメ（富山）・カワッソウ（佐賀）の名称を示した。

これらのうちいちぶは、一つから他への転訛であろうが、カワタロウ・エンコウ・メドチ・ヒョウスベ・スイシン・ガメ・カワッソウは独立に発生したと思われる。しかしこのような名でよばれたものどもは、河童の名称の隆盛にともない、しだいにこれと同一の存在とみなされるようになった。そしてこの過程で、河童は、よわい水神としての性質を復活していったのである。いかにしてそれが可能であったかというと、さきに述べ、また図10に示したように、河童の観念の範囲は、妖怪性にかたよりつつも、神性・妖怪性ともにゼロの近傍にあり、その範囲内にあった既成の水神・水霊をある確率で吸収することができたからである。そしていちぶの河童に水神的性質を付与する復帰変異を背後で支えたのは、河童の前身が陸水神である、という過去の歴史であった。

河童観念が小さな水神の性質をとりこんでいった経過を示す適切な一例は、前記『甲子夜話』の福太郎縁起である。まず家を守る水神の神体があった。これが河童の盛名に付会され、あらためて流行神を名のる方向にむかった。

河上一雄[二五]が研究した津軽の水虎神のばあいにおいても、河童祭祀の過程が明らかになっている。

青森県木造町日蓮宗実相寺の住職（在職期間は一八六八〜八四年）が、古田川の水死者が多いので、憑《よ》り祈禱をしたところ、河童の仕業だとわかった。そこで河童を鎮めるため、これを水虎大明神として神格化し、祀るようになった。そしてこの信仰を津軽地方一帯に流布したのは土着の宗教者であり、彼らは、水虎大明神の成立以前からミズカミサマを信仰し、水難よけの呪術をおこなっていた。ここでも水神が、河童＝水虎に吸収されたのである。

いずれのばあいも、以前から水難よけの小水神の信仰があり、これが河童の流行のなかでその人引きの性質とむすびつき、河童に潜在していた小さな神性をひきだした。

河童がもう少し大きな水神をも同化してしまった例も、ないではない。盛岡市大宮神社内に、現在の言い伝えでは河童神様に収められたことになっている元治元（一八六四）年の板碑があるが、これには「奉斎水分神鎮座御殿」と書かれている。[八五]幕末にはまだ水分神として信仰されていた神が、明治以後ある時期に、河童とみなされるにいたったのだろう。

第四段階に入ってからさかんに記録される第二の話題は、河童と山童の去来である。とくに九州を中心に、河童が山にのぼって山童になり、山童が低地におりて河童になる、と伝える地方が多い。河童と山童の去来が、田の神と山の神の去来信仰のコピーであることは、いうまでもない。

では河童と山童の去来説が文献に出現するのはいつごろだろうか。管見初出は、『西遊記』(橘南谿、一七九五年序)巻三である。これによれば、九州の辺境において、山童は冬には山にいるが夏には川に住んで川太郎とよばれる。一八世紀初期の『和漢三才図会』の時代にすでに、河童だけでなく山童も存在していたのだから、一八世紀の初めと終わりのあいだに、それらが田の神、山の神の去来信仰と連絡したのだと思われる。そしてこの連絡が可能であるためには、河童と田の神、山童と山の神のイメージが、部分的にせよ重ならなければならない。この事態は、河童が水神として祭祀される傾向と無関係ではないだろう。

河童観念の流行は、その内包・外延を大きくした。河童は山童を同化しただけでなく、海の小神・小妖をも同化しはじめた(図10参照)。『諸国里人談』(菊岡沾凉、一七四三年刊)巻二の肥前の海に住む河童はその早い例であるが、一八世紀末になると、とくに九州西部を中心にこの水妖の海への進出が目立つ。これが河童の歴史の第四段階における三番目の新たな傾向である。

『閑窓自語』巻上において、肥前のカワロウは人を海に引きこむ。またさきの福太郎のミイラは、相模金沢の漁師の家に伝えられていた。このばあい、水難よけはつまり海難よけであろう。したがってこの地の川太郎は、海に住んでいなければならない。おなじ『甲子夜話』巻三二(一八二一~一二七年のあいだ記)が報告する対馬の川太郎も、海生である。図

45（p・q・r）は、海に進出した河童の姿と解釈できよう。背の甲羅はスッポンのものではなく、亀甲紋をもつウミガメの形態を示す。けれども顔と四肢は、スッポンに似たまま。

折口信夫[七]は、河童の本拠は淡水ではなく海であると主張するが、いままで考察したとおり、河童の直接の祖先は陸水の神・妖怪でしかありえない。ただしさらに遠い祖先へとたどっていくと、トヨタマヒメの父娘の姿を見るであろう。

いちぶの河童の水神化にかかわると思われるが、河童伝承は、水神関連民話をも吸収した。河童が、放免の礼に呪宝を贈る例が知られるようになる（表3参照）。河童は、『ありのまま』巻三においてはコクの卵を、『宝暦現来集』（山田桂翁、一八三一年序）巻二一では汲めどもつきぬ徳利を持ってきた。このたぐいのモチーフは、「竜宮童子」系の昔話からとられたと思われる。

以上のような河童の行動におけるさまざまな新局面（水神信仰・山水去来・海上進出・民話モチーフ摂取）が、文献に現われるまえに、口承において存在した可能性をまったく否定することはできない。しかしこれらの行動が、一八世紀の終わりごろいっせいに文献に登場するのが、完全に偶然であるとも考えられない。河童伝承の流行のなかで、その過去の諸経歴が前後して現在に映しだされたのである。

本章の最後に、河童の行動の先祖がえりの特異な例として、水妖が船を止める話について語ろう。第一章の「摩竭魚と竜」の節で述べたとおり、平安時代には、摩竭魚が船の運航を妨げるという説話が流布した。中世の類似説話は、まだ管見に入っていない。ただ『甲賀三郎兼家』吉田本（室町時代末成立）に、海にはわに、ふか・くじら・しゃちほこなど恐ろしいものが住んでいる、と述べられているところから、海の怪物が航海を妨害する説は間違いなくあった。なお上記の動物が、古代のわに、近世後期のエビスの類に対応することは、いうまでもない。エビスの観念においては、人にサチをもたらす面が強調されているが、船を止める仕業はわにの凶暴な行動を受けついだ。

　近世にはいると、怪魚が船を止める話が多くの書物に掲載される。『諸国百物語』（一六七七年刊）巻五の説話を要約する。

> 大阪から江戸にむかう船が、熊野浦で止まってしまった。海豚魚に魅入られた人がいるのだろうと判断され、その人を定めるため、各人懐中のものを海に投じると、松村介之丞という武士の塵紙を大きな海豚魚が食った。そこで船頭が、介之丞に海に入るよう要求したが、彼は「むざむざと死ぬべきようなし」と、海豚魚がとびかかるところを矢で射ると、手ごたえあって海豚魚は沈み、一同助かった。

この話で海豚魚の読みはふかである。『大和本草』巻一三によれば、海豚はいるかの漢字表記。また『諸国百物語』の挿絵（図15）を見ると、海豚魚の姿は平安時代や中世の摩竭魚に近い。

『善悪報はなし』（一六九〇年代刊）巻二の鰐、『新著聞集』（椋梨一雪、一七〇四年成立）巻九の竜、『老媼茶話』（三坂春編、一七四二年序）巻三の鰐はいずれも、『諸国百物語』の海豚魚と大同小異の振舞をなす。そして『善悪報はなし』の挿絵（図16）を見ると、鰐の姿は、巨大なナマズかウナギのようだ。さらに第一章の「エビス」の節で引用したとおり、菅江真澄は、『秋田のかりね』（一七八四年記）において、秋田の沖で船の行く手を妨げるかのように見えるクジラにたいして、「おほんえびす、さまたげなせそ」と唱えた事例を報告している。

　こうしてみると古代のわにだけでなく、近世のわに・エビスも、特定の動物を指すのではなく、海生の怪物的動物の漠然たる民俗総名であるとあらためて確認される。航海を妨げるこのわにの性質は、一九世紀になって河童に転移した。

『水虎新聞雑記』によれば

> 日向延岡の牧文吉という人が、五瀬川で釣りをしていたところ、深淵にいたって舟が動かなくなった。文吉は河童のせいであると知り、刀を抜き船のまわりの水を切った。すると舟はもとのように前進しはじめた。

図 15 『諸国百物語』の海豚魚

図16 『善悪報はなし』の鰐

河童のこの行動は、古代のわにからの直接の遺伝により得たのではなく、ほぼ同時代にまだ活躍していたわにから転移された性質であったろう。

第四章　近世知識人の河童イメージ

『水虎考略』の誕生

本章と次章においては、『水虎考略』と称する近世後期の文献を主たる手がかりにして、河童の図像的イメージを中心に考察を進める。この書物の内容と成立経過については、第七章において詳しく検討するので、その概要と結論だけ述べておく。『水虎考略』の著者（というより編者）は、古賀侗庵である。この書の後序の末尾には、蠖屈子書と明記されている。蠖屈は侗庵の号の一つ。

古賀侗庵[15]（一七八八〜一八四七）。名は煜、字は季曄、号は侗庵または蠖屈、通称は小太郎。一九世紀の著名な儒学者である。侗庵の父・精里（一七五〇〜一八一七）は、当初佐賀藩の儒臣であった。一七九一年に幕府にむかえられ、林家の私塾・昌平校の官学化に貢献し、ここの教官になった。侗庵も精里にともなわれて参府、一八〇九年以降昌平校に教官としてつとめた。

『水虎考略』は、河童にかんする文献・図録集である。これには一三点の文献と一三点の図が収められている。そして『水虎考略』編集の出発点になったのは、「河童聞合」と題される河童体験者からの聞き書き、およびそれに付随する七点の図であった。そのなりたちについては、『水虎考略』後序が明快に教えてくれる。

予羽倉県令とよし。一日譚水虎に及ぶ。県令響くがごとく応答す。予大いに驚き、その由る所をとう。即ち曰く。その翁西国郡代[注(1)]たりしとき、土人に命じ、水虎の状を上言せしむ。土人争いて図録、その目撃する所をもってたてまつる。今なお家に蔵す。これぞの然る所以なり。予謂う。これまた格物の一端。よって借観し、人に命じて謄写せしむ。

県令は代官の唐名である。それゆえ羽倉県令とは、各地の代官職を歴任したのち、天保のころ革新幕僚として活躍した羽倉外記にほかならない。倜庵がいう「その翁」とは、外記の父・羽倉秘救（一七四八～一八〇八）をさす。『水虎考略』冒頭「河童聞合」の聞き書きが、秘救の命によりなされたことは、豊後日田の森春樹が著した『蓬生談』の記事によっても裏づけられる。

羽倉秘救。[一四・三九] 通称は権九郎。柏山甚右衛門介英の子。作事下奉行・羽倉弥左衛門光周の婿養子となる。羽倉家は、伏見稲荷社の神官・荷田家の分流である。一七七八年勘定吟味方改役に任じられた。この役職にあったとき秘救は、関東・東海諸地方の川普請で大いに手腕を発揮し、その功績により代官職に抜擢された。一七八四年に越後代官に赴任したのち、尾張・美濃・伊勢・摂津・播磨の代官をへて、一七九三年に日田の代官となり、一八〇六年には西国筋郡代に昇進、その二年後に、現職のまま没した。秘救が、どのような動機で河童体験聞き取り調査を思いたったのか不明である。たんなる好奇心もあっただろうが、水路工事統率の経歴なども関連しているのではないか。この点については、別章で再論したい。

秘救の没後、外記が日田代官職をついだ。「河童聞合」の調査がおこなわれたのは一八〇五年だから、このとき外記は一五歳の少年であった。彼はその十数年後、父が所蔵した「河童聞合」を江戸に持参し、侗庵に示したのだろう。

羽倉外記三六・一六三・一六八（一七九〇〜一八六二）。通称用九・外記・又左衛門、名は則または秘道、字は士乾、号は簡堂・蓬翁・天則など。日田代官の職をついだあと、一八一〇年に越後代官、さらに一八一五年には武蔵・下総・上野・下野代官、一八二〇年に三河・遠江代官、一八二三年駿河・遠江、信濃代官、一八三一年下総・下野代官を歴任した。関東地方の代官は在府だったので、彼は一八一五年以後に侗庵と知りあったと推定される。外記は精里に儒学を学んでいる。なお外記は、二〇歳まで日田に在住したことになるが、その間、のちに紹介する桃秋には書を習い、桃秋の子の儒学者・淡窓とも交際があった。

さて『水虎考略』後序によれば、河童の聞き書きの発起人は、秘救ということになる。秘救が、河童にかんする調査を命じた「土人」とは、広瀬桃秋および森春樹であった。「河童聞合」とその付図をのぞいた、『水虎考略』所収の一二点の文献と六点の図のうち、文献は侗庵自身が収集したものだろう。そして六点の図は、侗庵が中神順次から入手した。

ふたたび『水虎考略』後序を引用する。上引の部分に

> 昌平学中神主簿また水虎図を蔵すと聞く。すなわち主簿に嘱し、工に命じて写取らしむ。付すに『黔驢外編』等の書に載するところ、および予が「水虎説」を以てし、輯めて一巻となす。標して『水虎考略』という。

の文がつづく。昌平学の主簿とは、同校の勤番組頭をさすのだろう。とすれば、当時の勤番組頭は中神順次である。なお侗庵が自分の「水虎説」とよんだ文は、『水虎考略』の末尾にある『蠖屈居漫録』からの抄出を指すと思われる。蠖屈は侗庵の号だから、『蠖屈居漫録』は彼の随筆。後序のさいごには、「文政庚辰蠖屈子書」とあるので、『水虎考略』の成立年は文政三（一八二〇）年と確定する。

　ここでまた、新たな登場人物について紹介したい。

広瀬桃秋[196]（一七五一～一八三四）。通称三郎右衛門、名は貞恒、字は君亨。桃秋は俳号である。ほかに長春庵とも号する。広瀬家の屋号は博多屋。一四歳のときから兄・月化をたすけて代官所に出入りし、一七八一年に家督を相続、用達家業に精励した。なお広瀬家は、月化の代に、竹田・杵築・府内・蓮池・対馬各藩の用達となっており、桃秋はこの職をも月化から受けついだ。桃秋の夫人・ユイは、筑後吉井町祇園社別当東光寺六世・円乗律師

の娘、旧姓後藤氏である。[注(2)]

『蓬生談』の筆者・森春樹[四九・五二・一九六]（一七七一〜一八三四）は日田隈町の商人、屋号は鍋屋。春樹は号。通称平九郎・雅助など。一八〇三年に、父の五石から家督を受けつぎ、伊左衛門（第三代）を名のる。字は士碧・蓼州など、俳号は仁里。『蓬生談』・『豊西説話』など著書も多い。

中神順次[三六・四二]（一七六六〜一八二四）。名は守節、字は君度、梅竜と号す。順次は通称。一七九四年、大田南畝などとともに昌平校の学問吟味を受け、及第。一七九八年以後、『寛政重修諸家譜』・『天寛日記』・『新編武蔵風土記稿』の編集に関係した。一八〇三年徒目付、一八〇六年以降昌平校勤番組頭。

『水虎考略』は、そののち少なくとも二回増補された。一つは栗本丹洲が、侗庵の『水虎考略』にいくつかの文献を付加し、絵図については独自の編集をおこなった本である。増訂の時期は、一八二〇から一八二三年までのあいだ。今後この本を、丹洲増訂本とよぶ。

栗本丹洲[三・四〇]（一七五六〜一八三四）。著名な本草学者・田村藍水の次子。名は昌蔵・元格・瑞見など、丹洲は号である。一七七八年、幕府の医官・栗本昌友の養子となり、第四代瑞見を襲名した。一七八九年奥医師、一七九四年から幕府の医学校・躋寿館で本草を講じ、薬品を鑑定した。一八世紀末から一九世紀初頭にかけて活躍した本草学界屈指の大物である。

あと一回は侗庵自身による。彼は『水虎考略後編』（後編引、一八三九年）を編集し、膨大な文献・絵図を追加した。なおこれには一八三九年以後の文献も含まれており、最晩年にいたるまでの侗庵の河童コレクションにたいする熱意がうかがわれる。

さらにあと一つ、編集途次の『水虎考略』の原稿を借りだし、これに二個の河童図を付したものがいた。彼の手で『水虎考略』の一種の異本『水虎説』が編集された。編者は、設楽貞丈と推定される。

設楽貞丈[四・一七]（一七八五〜一八三八）。一七九九年から小普請組、一八〇四年に小性組、一八一九年から一八三三年まで中奥御番衆、以後御徒頭で終わった。通称は直之助、市左衛門。一四〇〇石取りの旗本である。富山藩主・前田利保（一七九九〜一八五九）および福岡藩主・黒田斉清（一七九五〜一八五一）などとともに、一八三〇年ごろから本草の同好サークルをつくり、動物・植物の標本や写生にもとづき、意見をかわした。初期の会には丹洲も出席しているし、丹洲は一八二四年に設楽貞丈のもとめに応じ、『蒲桃図説』（一八二八年）の序を書いている。

江戸の河童写真図

近世の知識人・本草家がいだいていた河童イメージを探るのに有益な一つの方法は、彼らのあいだに出まわっていた河童の実写と称する図、つまり河童写真図の研究である。そこで『水虎説』・『水虎考略』所載の河童写真図のうち「河童聞合」関係以外の図の出所を探る。『水虎考略』初期型本の（ク）・（ケ）、『水虎説』の（セ）・（ソ）、『水虎考略』丹洲増訂本の（ツ）・（ヌ）はたがいに類似し、同源と断定してまずさしつかえなかろう（図17・18・19参照）。これらをB型と名づける。さらに『水虎考略』以外にも、近世の文献・図譜には、B型の河童図がおびただしく出現する。そのうち出所が明記されているものを、まず考察の対象にしよう。

第一に、『水虎説』・『水虎考略』の図（ケ）に付せられた説明には、太田澄元の写生図を転写した、と記されている。『水虎考略』丹洲増訂本の図（ツ）においては、説明がもう少し詳しい。すなわち明和年中（一七六四〜一七七二）、本庄御竹倉で捕獲された河童を澄元が見て、自蔵の図とおなじと証言した、とする。その澄元原図を伊東長兵衛が複写し、それをさらに栗本丹洲が転写した、と丹洲自身が明記している。丹洲の転写が一八二三年以前であることは、文政癸未（一八二三年）八月筆という丹洲の記によって保証される。

では伊東長兵衛は、いつごろ澄元の図を写したのだろうか。『水虎考略後編』と前後して編集されたと思われる編者不明の『水虎之図』盛岡市中央公民館本、および『水虎譜』東洋文庫本（以後両者をあわせて『水虎譜』系本と記す）には、長兵衛が澄元の図を写した経由と時期が、伊東祐香（長兵衛）の名で記されている。これによると、祐香の同僚「木氏」が澄元の図を借り、これを祐香が転写した。時期は天明三（一七八三）年。

これらの証言を信じるならば、一七七〇年前後には、澄元がすでにB型図を手もとに持っており、それが木氏（転写年不明）→長兵衛（一七八三年）→丹洲（一八二三年以前）の順に写されていったことがわかる。そこで丹洲がB型図を手に入れた時期を、もう少し特定できないだろうか。

（セ）に似た『水虎譜』系本の図（図23き）には、「深川木場にて昔年捕所の図　此図栗本瑞見所蔵写真。文政三年六月八日」とある。文政三年は一八二〇年、『水虎考略』成立の年である。日付の意味は、『水虎譜』系本の編者、あるいは彼が入手した図の所持者が、丹洲所蔵のB型図を写した年を意味するのだろう。もしこの記載が虚偽でなければ、丹洲は一八二〇年にはB型図を所有していたことになる。

つぎに折口信夫[七]が紹介した熊本藩水練師範・小堀家伝来の『河童絵巻』に、天明四（一七八四）年三月、大久保忠寄所蔵図を多賀常政が写したB型図が含まれる。第七章で述べるが、常政の図は丹洲によってさらに写されたらしい。転写の時期は、やはり一八二〇年以前。そうしてみると丹洲は、複数個のB型図を集めていたことになる。忠寄に複写を許した人物は不明。とにかくこのばあいの転写経路は、忠寄（一七八四年）→常政（転写年不明）→丹洲（一八二〇年以前）ということになろう。

これでもまだ、丹洲がB型の図を手に入れた推定年の時幅が大きすぎる。じつは私の考

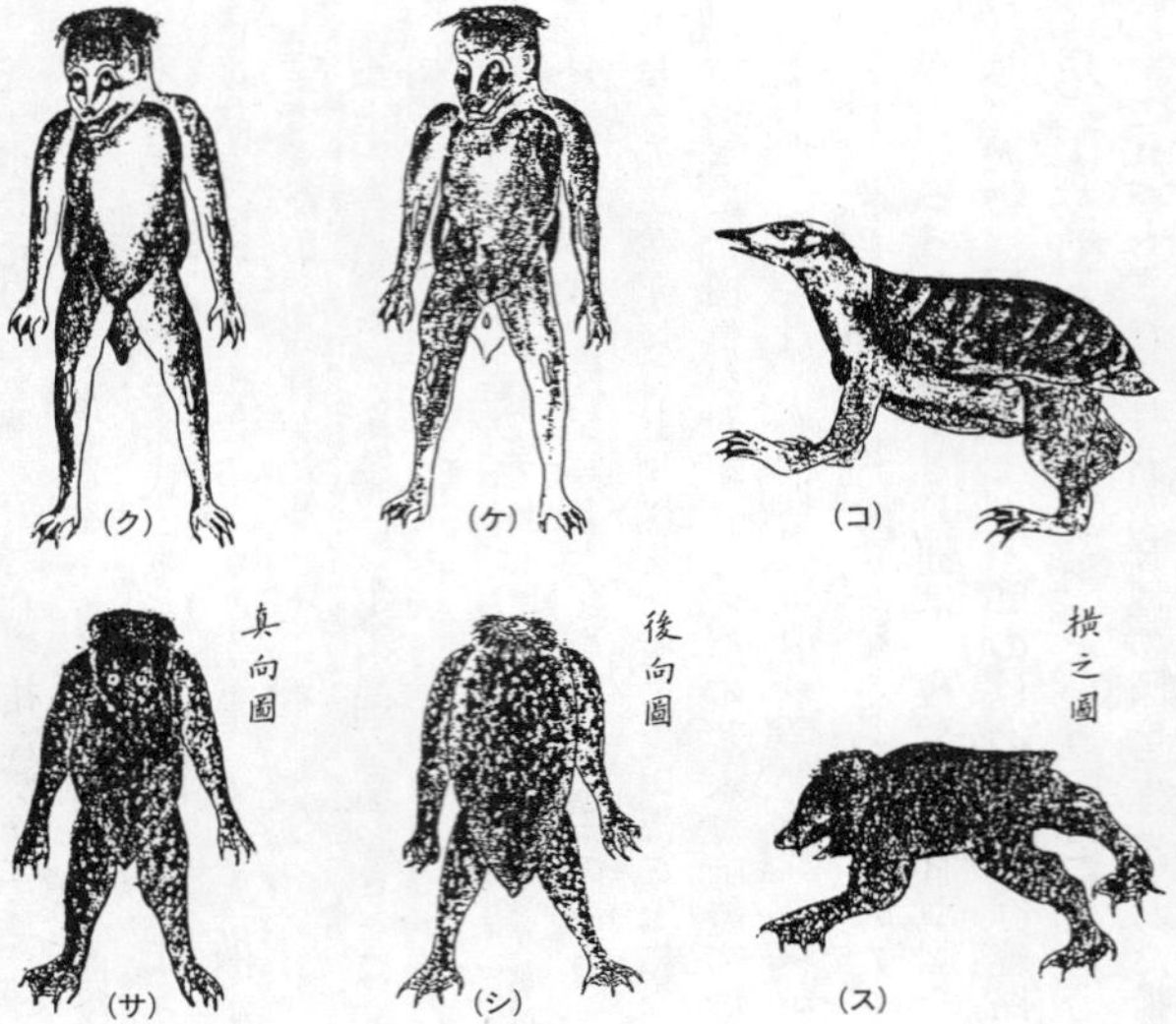

図 17　『水虎考略』古賀本所載河童図のうち「河童聞合」関係以外の図

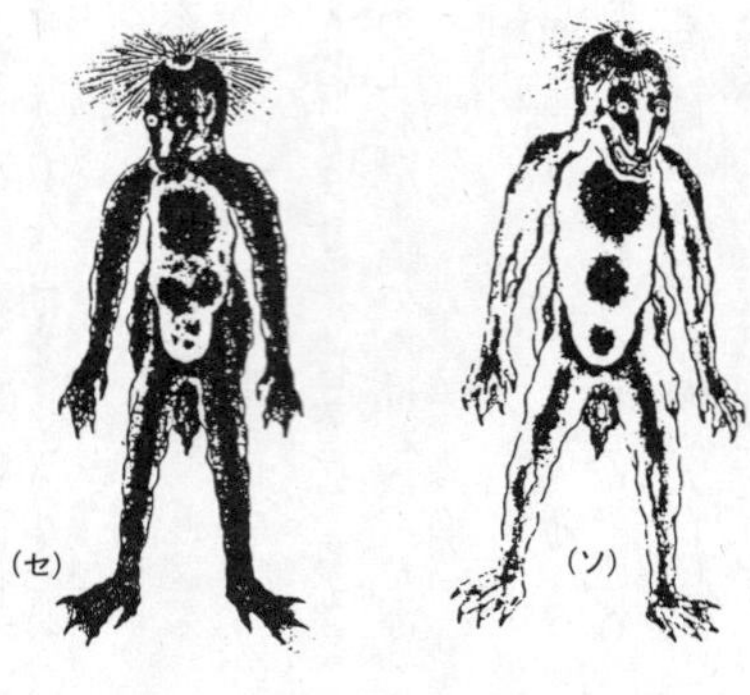

図 18　『水虎説』所載河童図のうち「河童聞合」関係図および図 17 以外の図

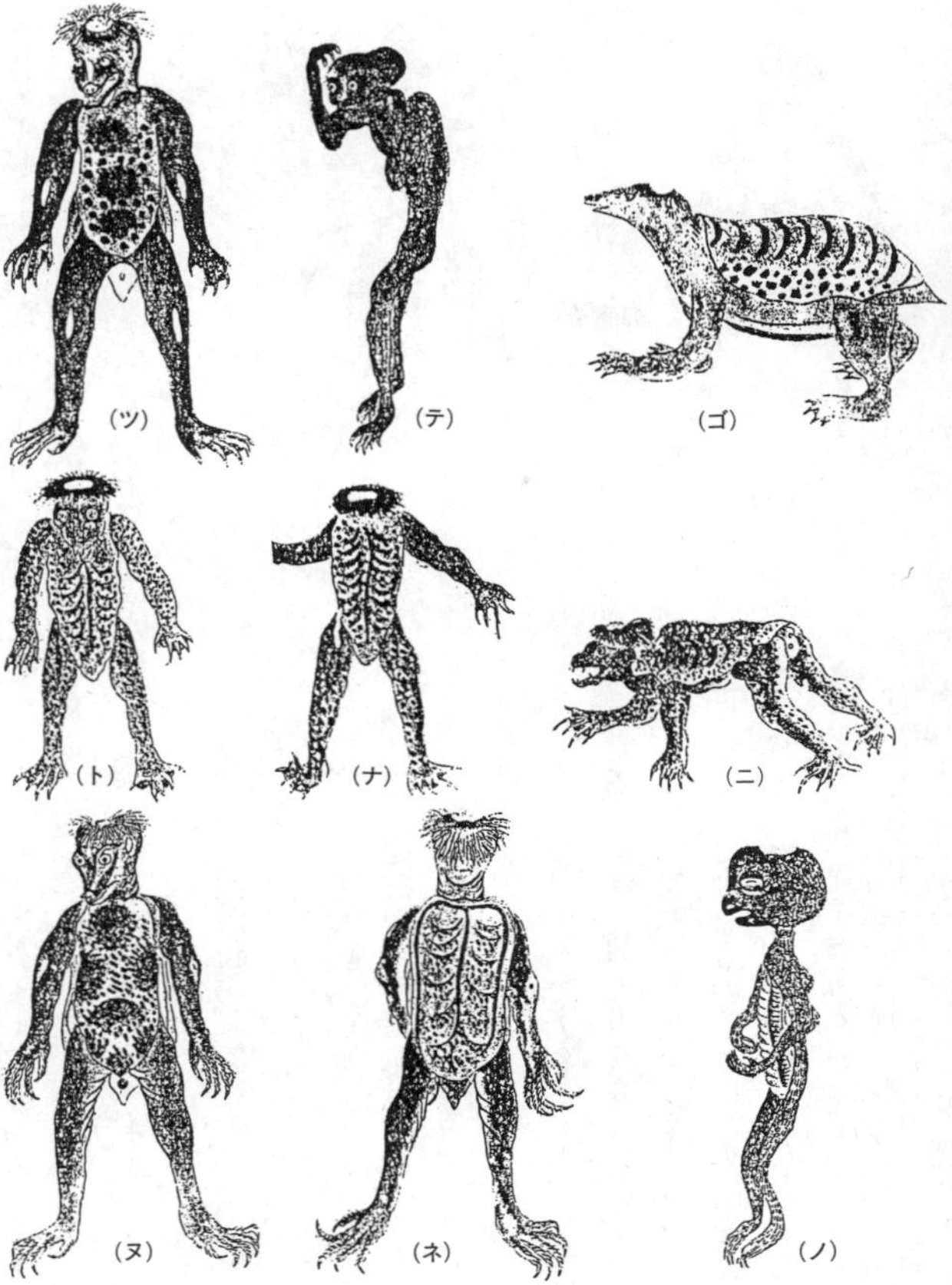

図19　『水虎考略』丹洲増訂本所載河童図のうち「河童聞合」関係以外の図

えによれば、丹洲はそれよりずっと前、一八一一年にはB型図を持っていた。彼の著『千蟲譜』（一八一一年序）に河童の腹面・背面・側面の三点セット図が掲載されており、そのうち腹面図はB型図をもとにして構成された、と推定される。なおこの件については、項をあらためて検討したい。

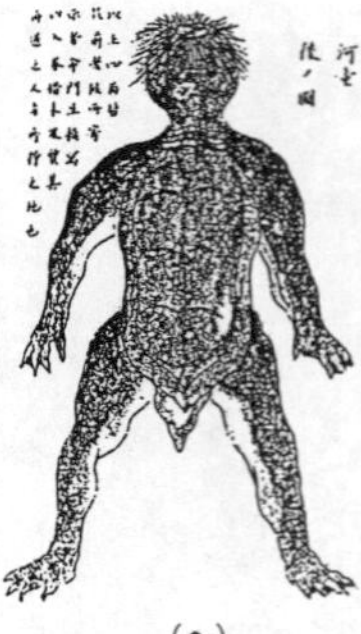

（ヘ）

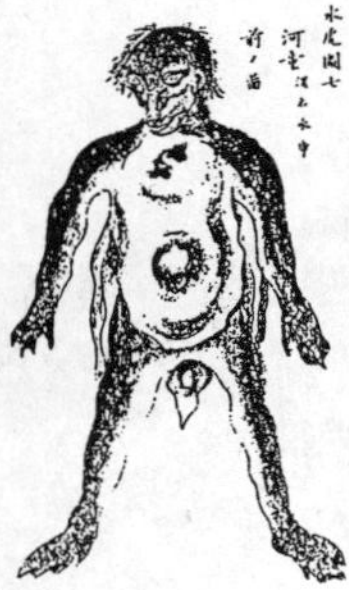

（フ）

そのほか素性が判明しているB型図をいくつかあげる。

『水虎考略後編』において、（セ）と兄弟関係のB型図（図20ぜ）の河童は、（き）とおなじく深川木場で捕獲された、と説明される。

また松浦静山は、その著『甲子夜話』巻三二（一八二三年記）に、「予若年の頃、東都にて捕らへたると云図を見たり。左にしるす」と述べて、B型図（図21あ）を示した。静山が若年のおり、かりに二〇歳のころにこの図を見たとすれば、それは一七八〇年前後ということになろう。『甲子夜話』続編巻八〇によると、その図は一八〇〇年には静山の所蔵になっていた。で

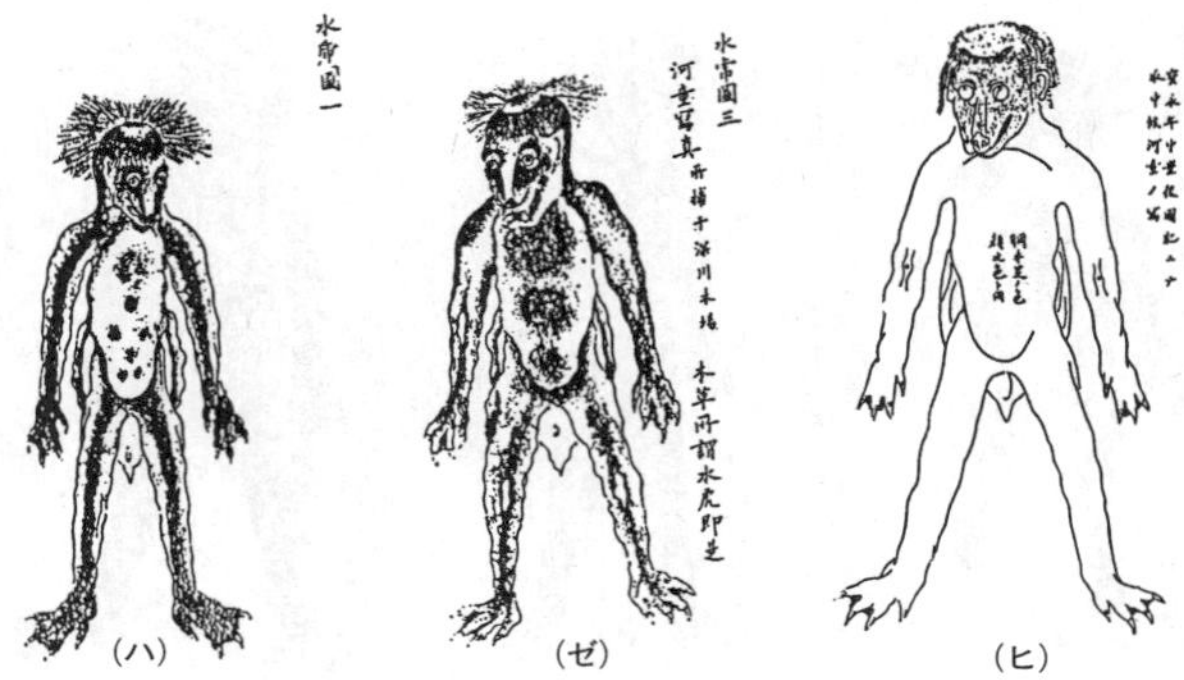

図 20　『水虎考略後編』のＢ型図

は、これを描いたのはだれで、描いた時期はいつか。また描かれた河童は、どこの産か。

　静山は巻三二で、つぎの二説をあげる。第一の説。享保年中（一七一六〜三六年）、本所須奈村の芦葦のなかで発見された河童の子を、澄元の父・岩永玄浩が、水虎と鑑定した。第二の説。本所御材木倉取建のとき（時期は不明）、芦藪のなかから発見した。静山が聞き知っただけでも、この河童の捕獲地・時期の説明は一定せず、『甲子夜話』巻三二が書かれた一八二三年ごろには、すでにB型図の由来について諸説混乱していたのであろう。静山が、B型図をどこから得たかはわからない。

　以上の諸資料を通覧すると、祐香・忠寄・静山の三人がいずれも、一七八〇年ごろにB型図を写していることがわかる。この時期的一致は、たぶん偶然ではない。そして三人が写した図が

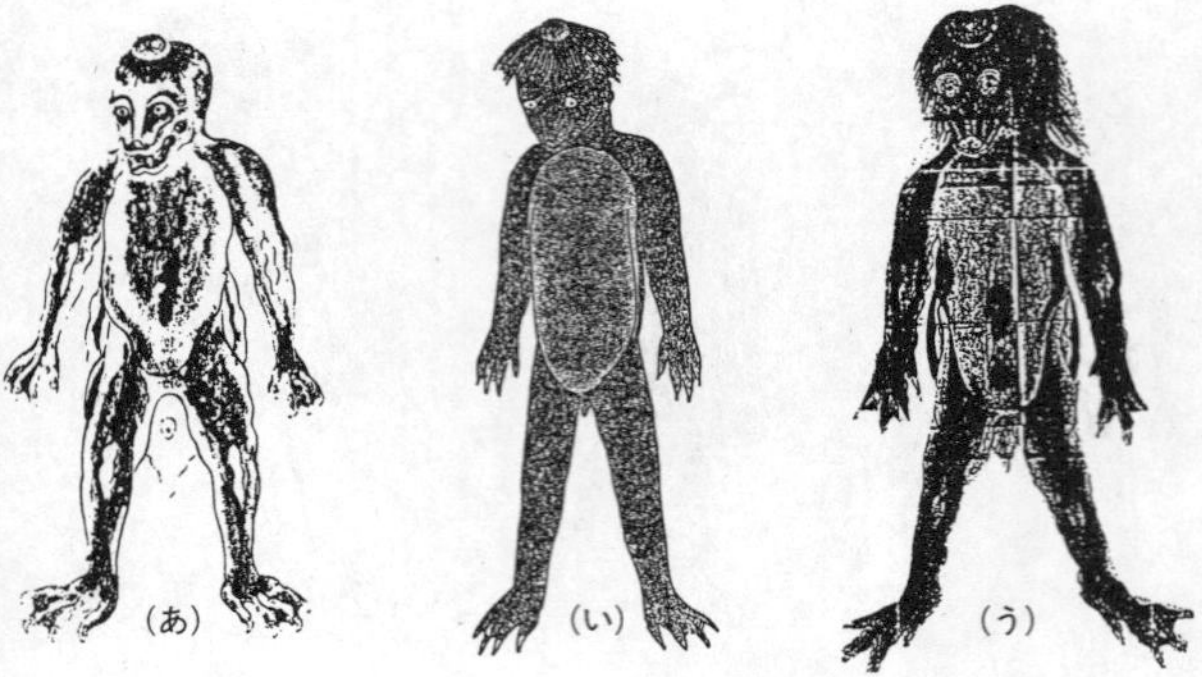

図21　『水虎考略』・『水虎説』・『水虎考略後編』・『水虎譜』系本に含まれない単独B型図

いずれも、もとは澄元に由来することも、容易に想像できる。では澄元はこの図をどこから仕入れたか。

静山の第一説を採用すると、澄元はB型図を父の玄浩からもらい受けたことになる。しかも玄浩が享保年間に発見された河童を実写したのが、B型図だということになろう。けれども、この説を承認することはむずかしい。

享保期から一七七〇～八〇年ごろまでに、B型図が玄浩から流れでた形跡がない。彼はかなり名を知られた医師であるから、その交際圏内には多くの知識人がいた。玄浩がそのような珍しい図を所持していたら、これが周囲で評判にならないはずがない。

玄浩が河童を見た場所と、その子の澄元が河童を見たという場所、そのほか江戸で河童が発見された場所が紛らわしい。『水虎考略』丹洲増訂本における本庄御竹倉と『水虎考略後編』・『水虎譜』系本の深川木場が同類であるだけでなく、『甲子夜話』で述べられている本所須奈村と本所御材木倉も、似たような場所になる。注(3) すなわちすべて、隅田川から東へ掘り進んだ人工水路の近辺に相当する。このことは、B型諸図の出所が一つであるにもかかわらず、それが近隣のあちこちの河童の噂と結びつき、混乱しながら流れていったようすを示唆する。

さて、B型の河童そのものは実在しないのだから、それを見た人がいるはずがない。それゆえ、前記河童捕獲事件とべつに、だれかがB型の河童を作図した、と考えざるをえない。『水虎考略』・『水虎考略』丹洲増訂本・『水虎譜』系本、および『甲子夜話』のいずれにも澄元の名が出ている事実、さらに澄元が書画に巧みであった事実から、この型の河童写真図の最初の作成者として、澄元の名が浮かびあがってくるのは避けられない。彼が本草家であったことも、この想定に有利である。澄元は、本草家として当時の知識を総合し、河童の標準形態を定めたのであろう。この点については、「皿甲型河童定型図の起源」の節であらためて論じる。

B型写真図の作成者が澄元であれば、作成時期についてはとりあえず明和年間、一七七〇年前後とするのが常識的な線だろう。じつは別の推定も成りたつのだが、これについてはのちに検討する。

ここで今まで登場した人物の経歴について略記しよう。

太田澄元[四四]（一七二一～一七九五）。医師・本草家。名は子通、号は大洲または崇広堂。幕府の医学校・躋寿館で本草を講ず。また書画をよくする。

伊東祐香[三・三三・六〇・一六〇・一八九・二六三]（一七五四～一八三〇）。父も幕臣。納戸衆、納戸組頭を経て、一七九六年から納戸頭、一八〇一年より一八〇四年まで目付。一八一三年から短期間佐渡奉行を勤めている。若年時の名は、平次郎。納戸頭に昇進するとともに、長兵衛を名のったようである。

なお「木氏」の正体は不明であるが、「木〇某」であることは間違いない。『袖玉武鑑』[二六三]を見ると、祐香がB型図を写した一七八三年前後、彼の同僚、納戸の組頭に、木村久左衛門の名が見られる。詳細は明らかでないが、澄元の図を借りたのはこの人物かも知れない。

大久保忠寄の名は「寛政呈書」[六〇]に二人登場する。一人は大久保清右衛門忠寄。一七三〇年生まれ。あと一人は、大久保主計忠寄。一七五〇年生まれ。一七九九年における役職は、二人とも小普請。一七八四年にB型図を所持していたのが、どちらの忠寄であったか判定できない。多賀常政についても不明。

松浦静山[九三・二三六]（一七六〇～一八四一）。幼名栄三郎、長じて清。静山は号である。一七七五年から一八〇六年まで平戸藩主。昌平校大学頭・林述斎（一七六八～一八四一）のすすめで、一八二一年から筆をおこした膨大な見聞録が『甲子夜話』である。静山の交際範囲はきわめて広く、同格の大名たちから山伏・力士にまでおよぶ。図22の河童戯画も静山筆とさ

図22　河童戯画（松浦静山筆カ）

れているが、どうか。

つぎに、本書に関連する人物で静山の交際域にはいるものをあげよう。まず羽倉外記は、静山の年下の友人であった。外記の孫娘の名づけ親が静山であった[103]ことからも、二人の親密ぶりがわかるだろう。『甲子夜話』においても、その巻三四（一八二三年記）では、外記が任地の遠州今泉に碑をたてようとしたが許可されなかったと記し、この碑のために外記が侗庵に依頼したが無駄になった文章（一八二三年）を紹介している。『水虎考略』成立のころ、静山は外記や侗庵と交流をもっていたのである。『甲子夜話』三編巻四六（一八三八年記）には、同年伊豆七島巡視に派遣される外記を、静山が岸頭まで見送りにでた、と述べられている。
静山と侗庵との接触は、外記をなかだちとしての道のほか、侗庵の上司である述斎を介してもあったかもしれない。おなじルートで、中神順次との連絡もありえた。すぐ後に説明するように、島津・黒田・鍋島など九州の藩主は、河童写真図の流布に大きな役割をはたしたが、当然ながら彼らも静山の交際圏に入っていただろう。さらに静山は、本章「腹背側面図の三点セット」の節に登場する大田南畝と文化年間から面識があり、静山は、南畝に再度画賛を依頼している[193]。

河童の産地は記されていないが、転写経路が断片的にせよわかっている比較的初期のB型図が他にもある。

『水虎説』に付加された二つのB型図のうち、少なくとも一つ（セ）は、私の推定が正しければ、丹洲から設楽貞丈へ渡された。この図には丹洲の文がついており、また貞丈と丹洲は、本草家仲間として交際の機会があった。

『水虎考略』に採用されたB型図（ク・ケ）は、順次が侗庵に見せ、複写させたものであろう。既述のとおり、『水虎考略』を編集した当時の侗庵は、A型図以外の河童図を順次経由で集めていた。

『水虎考略後編』には、背腹両図が一対になったB型図（図20フ・ヘ）が収められている。説明には「筑前老侯の寄示するところのもの。門生に命じて模写せしめ以て巻に入る」と書かれている。筑前老侯が福岡藩主・黒田家のだれかを指すことに疑いはない。候補にあがるのは黒田斉清[四〇・九三]だが、後編成立の一八三九年には四〇歳代なかば。しかし彼は当時すでに隠居し、島津家からむかえた養子・長溥に藩主の地位を譲っているので、その後は老侯と呼ばれることもあっただろう。斉清の福岡藩主在位は、一七九五年から一八三四年まで。有名な博物好きの大名。本草家としての号は、楽善堂。既述の貞丈らとおなじ本草グループの仲間。丹洲とも交際があった。『鵞経』（一八二五年）・『本草啓蒙補遺』・『珍品草木写真』など本草の著作もある。

では斉清は、だれから河童写真図を入手したのだろうか。斉清とシーボルトの問答を安部龍が記録した『下問雑載』（一八二八年成立）巻下によれば、斉清は、島津重豪（一七四五〜一八三三）所蔵の河童図三点の複写を得た。その三点のなかに、この腹背図（図20フ・へ）が入っている。なおそれ以外の二点は図19の（テ）・図39の（ホ）であるが、これについては第六章「動物モデル」、および第七章「『水虎考略後編』の成立」の両節で述べる。

安部龍[七三・九三・九七]（一七八四〜一八五〇）。蘭学者。名は正能、字は士魚、号は蘭畝など。筑前名島村の農民の子として出生。長崎で蘭学を学び、福岡に帰ったのち斉清にとりたてられ、福岡藩士安部忠内の養子になる。『海寇窃策』・『安倍氏水虎説』の著書がある。

島津重豪[四〇・九三]の鹿児島藩主在位は、一七五五年から一七八七年まで。重豪もまた、斉清に劣らぬ著名な博物好き大名。曾占春（一七五八〜一八三四）・佐藤中陵（一七六二〜一八四八）

のような有能な本草家を招聘し、また藩士を田村藍水(一七一八〜一七七六)・小野蘭山(一七二九〜一八一〇)という当代最高の本草家に入門させ、大いにこの学問を振興した。『鳥名便覧』の著作も知られている。藍水の子・丹洲とも連絡があったと思われる。『水虎考略』丹洲増訂本にも、腹背一対の図19(ヌ)・(ネ)がある。説明には「河太郎写真図。往年或人より借て写せしものこれなり」と記される。その形態は(フ)・(ヘ)とやや異なるが、おなじB型の腹背一対である点からみて、両者は同源。たぶん澄元から発した図に、ある段階で想像上の背面図が付され、また転写の過程でさまざまに変異を重ねて、その一つは重豪に流れ、他の一つが丹洲のもとに達したのであろう。(ヌ)・(ネ)の説明文中の「或人」は不明だが、大名クラスの人物、たとえば重豪だったため、名を伏せたのかもわからない。

以上のほか、豊後肥田で捕獲された河童の図と称する一群のB型図が知られている。現在私が確認しただけでも、『水虎説』(一八二〇年ごろ)に一点(図18ソ)、『水虎考略後編』に二点(図20ハ・ヒ)、『水虎譜』系本(一八二〇年代後半ないし一八三〇年代か)に二点(図23お・か)、『筠庭雑録』(一八三〇—五〇年代)に一点(図21い)のほか、「河童真図」の表題をもつ単独図(図23う)が存在する。『水虎説』・『水虎考略後編』の図には五か条の説明文がつく。そのうち最初の四条は、『本草綱目啓蒙』(一八〇三年刊)巻三八における水虎の項の要約リライトにすぎない。注(4)

豊後肥田の河童図以外のB型図は、すべて顔を左に向けているが、豊後肥田河童図のうち半分は、顔を右に向けた河童を示す。澄元原図とおなじ左向きのほうが早く成立したと推定されるので、こちらのグループをまず取りあげよう。喜多村信節の『筠庭雑録』に、寛永年中豊後肥田で捕らえられたと伝える河童図（い）があり、顔は左向き。[九三・一八五]「原本は鍋島摂津守殿にあり」と記されているのが注目される。喜多村信節（一七八三ごろ～一八五六）は近世の随筆家。江戸町年寄・喜多村彦右衛門の弟。通称は彦助など、号は筠庭・静斉など。

『水虎考略後編』の（ヒ）も、形態は『筠庭雑録』の図とほぼ同じ。顔が左向きである点も等しい。「宝永年中豊後国肥田にて取申候河童の写」と題されている。「宝永年中」は「寛永年中」の誤写であろう。『筠庭雑録』と符合して、「鍋島摂津守より借写」という付記がつく。『水虎考略』後編が成立した一八三九年当時の摂津守は、佐賀藩支藩蓮池藩主鍋島直與[三六]（一七九八～一八六四）である。彼の藩主在位は、一八三〇年から一八四五年まで。『欧羅巴諸国志』などの著書も多い知識人大名であった。

さらにこの類に属すが、多くの問題をはらむのが浪華の絵師・春林斎豊住が文化二（一八〇五）年に写した「河童真図」[注5]（う）である。これの説明はかなり詳しい。

寛永三年甲寅四月より八月迄雨ふらず、諸国大に旱魃す。此時豊後国肥田といえる所にて河童を取得たり。法橋周山翁図之。文化二歳、右周山翁の図画せしを求得たり。予が友春林斎の画工、一点も不違今亦写之。

とある。この説明文の筆者は不明。豊住の経歴も不明。

『筠庭雑録』と『水虎考略後編』の河童の腹部は無紋だが、「河童真図」のほうには特殊な紋様が描かれる。これは次節で述べるように、スッポンの腹部斑の形をまねたのであろう。澄元の図は無紋であったと思われるので、前二者の原図のほうが、後者に先立って描かれた、と推定される。しかし豊住が写した元の図の作者・周山の経歴は、上記の推論に矛盾しかねない。一般に名が知られている周山は、浪華在住の狩野派の画家・吉村探仙[三六]をさす。探仙の名は充興、周山は号、安永五（一七七六）年に没した。

「河童真図」の原図が、周山の没年、一七七六年以前に描かれたことを認めたとしても、それは、澄元のB型原図が一七七〇年前後に作成されたという仮定を採用すれば、時期的なくい違いは生じない。しかしそうだとすると、『筠庭雑録』・『水虎考略後編』の図よりはるかに前に描かれたことになりそうだ。この時期の前後関係をどう解釈すればよいか。

解釈案が二つ考えられる。一つは、問題の周山が吉村周山ではないとする解決案である。じっさい文化のころ浪華に、木村周山という絵師がいた。[四〇]経歴は不明。豊後肥田河童図が、一九世紀に入ってから突然出まわった状況を考えあわせると、同時代人の木村周山が「河童真図」を描いたとするのが穏当かも知れない。この解釈案には弱点がある。「河童真図」を描いた周山は、法橋という肩書きを持っている。絵師としてはかなり大きな肩書きだから、経歴不明は納得しがたい。

あと一つの案は、吉村周山が描いた河童の腹には紋様はなかったが、その後の転写の過程で他の誰かが紋様を書き加え、これが当たって人気を呼び、有紋型の複写が多量に出まわったという仮説である。実際河童図の複写のさい、B型の大枠は別として、細かな特徴にかんしては、自分の解釈にあわせて任意に変更したばあいが少なくない。そのよい例が、『水虎考略』丹洲増訂本のB型図（ツ）である。丹洲は、河童の標準型を決めようとした。その河童は体中にドットの模様を持ち、指は五本でなければならなかったのである。話を前にもどして、紋様書き加え説を採るとすれば、周山の河童図が、無紋の段階で鍋島家に入ったことになる。そして紋様が描きこまれたあと、顔が右向きの図が現われ、『水虎説』・『水虎考略後編』・『水虎譜』系本に採用されたのだろう。

つぎに図に付属する説明についてふれよう。図の作者および作画の時期と、説明の作者およびそれが書かれた時期を、同一だと考える必要はない。つまり「寛永三年……」が、いつだれの手によってつくられたかは、周山の生存期とはべつの問題である。かりに周山が吉村周山であったとしても、説明文は周山以外の人により書かれた、としてもよい。私は、画者と説明文作者は別人と考える。

根拠を二つあげることができる。第一に、説明にある「寛永三年」、ないし「寛永年中」の年付けはB型図にはそぐわない。一七世紀は河童観念の形成期であり、伝承においても定型が誕生していない。現在見ることができるB型写真図すべてのなかで、時期的に孤立しすぎている。寛永三年に、筑後川流域に旱魃があったのは事実である。[亖]しかしこの年は、じつは甲寅ではなく丙寅であった。寛永三年が何を意味するかについては、のちの章で検討する。第二に、九州における民俗的河童イメージは、近世の初期以来一貫してサルに似た形態であり、B型図はこれを代表していない。

B型発生の地である江戸東部の名を消して、産地を豊後肥田としたのは、たぶん九州関係者に違いあるまい。直與か、またはその家臣か。

では河童の産地を肥前とせずに豊後としたのはなぜだろうか。注(6) 日田の広瀬家は、桃秋の兄・月化(一七四七〜一八二二)の代から蓮池藩の用達をしていた。[一六]日田周辺の河童噂話は、容易に蓮池・佐賀藩士に入りえた。もちろん、産地変更作為者が肥前のものと決まったわけではない。豊後の住民が澄元系の図を下敷きにして、自国産の河童図を描きあげたのかも知れない。それが直與のもとに行きついたという道筋を考えたほうが、無理がないとも言える。浪華へ(う)を伝えた媒介者は、九州から大阪へ出た、または大阪から九州に遊んだ文人・絵師・俳諧師のたぐいではないか。

以上考察したB型写真図の成立・転写の経路のうち、比較的確実なものをまとめると、

表7　B型河童写真図の成立

図の番号	産地(伝)	入手者	提供者	入手年	依拠文献
ケ	江戸	太田澄元		1770 ごろ？	水虎考略
く		伊東祐香	太田澄元	1783	水虎譜
		多賀常政	大久保忠寄	1784	河童絵巻
あ	江戸本所	松浦静山		1780 ごろ*	甲子夜話
う	豊後肥田	周山		1805 以前	河童真図
ツ		栗本丹洲	伊東祐香	1823 以前	水虎考略
き	江戸深川	小野職孝*	栗本丹洲	1820	水虎譜
ソ	豊後肥田	設楽貞丈*		1820 以前	水虎説
ヌ		栗本丹洲		1823 以前	水虎考略
フ		黒田斉清	島津重豪	1828 以前	下問雑載
フ		古賀侗庵	黒田斉清	1820〜39	水虎考略後編
ヒ	豊後肥田	古賀侗庵	鍋島直與	1820〜39	水虎考略後編

＊は推定，『水虎考略』はすべて栗本丹洲増訂本．

表7のようになる。

皿甲型河童定型図の変異

一七八〇年ごろから一八五〇年ごろまでに、きわめて多くのB型図が、知識人・本草家・大名・旗本などのあいだに出まわった。前節では、それらを転写した人びとのネットワークを解明しようとした。これとは別に、図そのものの形態を目安にして、B型図の系統を考えることも可能である。本項においては、この問題をあつかう。

B型図のおのおのは、腹部の紋様を基準として、図23のように漸次移行するシリーズに並べることができる。左端はいわゆる写真図が出まわる前に書かれた

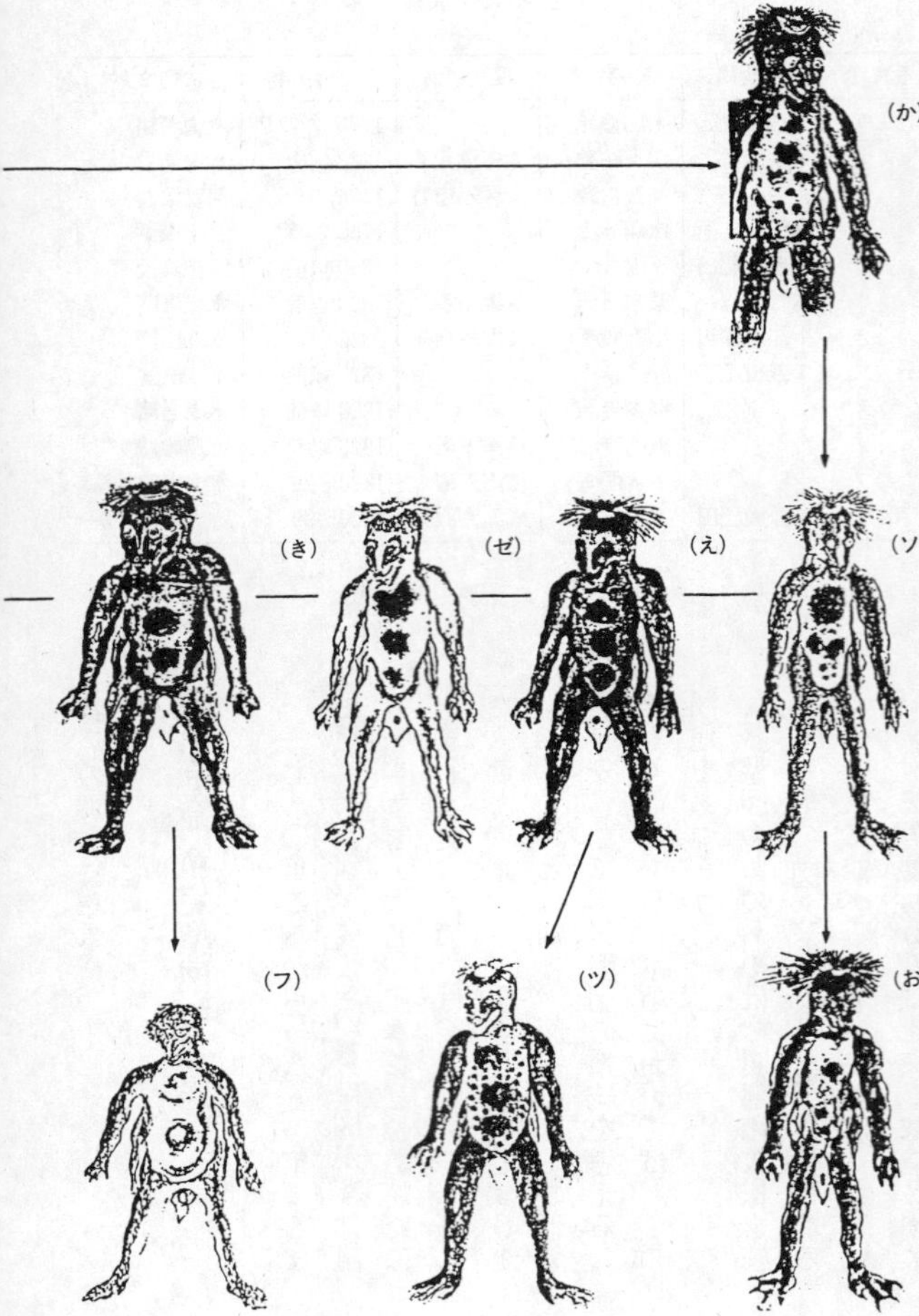
(か)
(き)
(ゼ)
(え)
(ソ)
(フ)
(ツ)
(お)

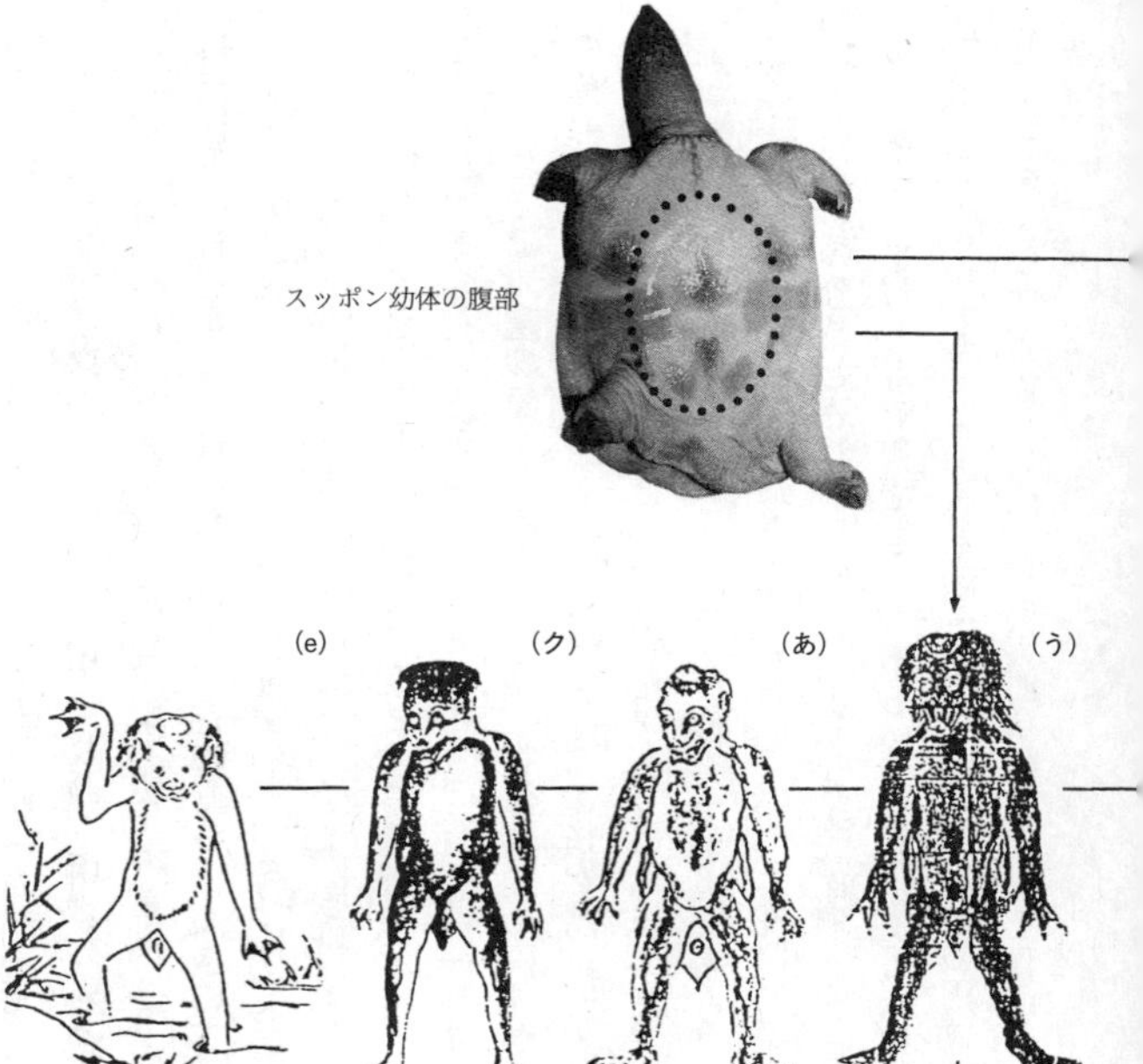

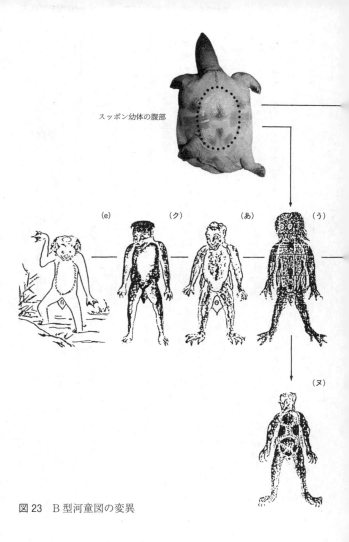

図 23　B 型河童図の変異

『虚実雑談集』（滋野瑞龍軒、一七四九年刊）巻一の河童図（e）、つづいて『水虎考略』の（ク）などの無紋の型。その右は『甲子夜話』所載の（あ）であり、これには不定型のシミのような形が見られる。つぎの周山の肥田河童図（う）は、注目に値する。腹の下部に楕円形の紋様が二つ描かれるほか、首の直下、わきの下に近い腹甲の両はじ、および腹甲下端の両はじにも、不定型の紋が見える。さらにその右の『水虎譜』系本（き）においては、腹部に明瞭な二個の円が現れた。『水虎考略後編』（ゼ）もこれに近いが、首の影が胸に映り、それが三個目の円紋に変貌する過渡を示す。円紋がはっきりと三個に増殖した状態が、その右の（え）である。（え）の右には『水虎説』の肥田の河童図（ソ）がくる。ここでは河童の顔が右向きになり、腹部中央の円紋が二つに分裂し、また最下部の円の輪郭がぼやける。右端上の（か）では、腹部の紋様が図式化され、大小合計七個の円が並ぶ。（ソ）と（か）は、周山の河童から直接生まれたのかも知れない。周山河童の紋様が形式化すれば、（ソ）・（か）の紋様になるだろう。右端下の（お）においては、（ソ）の紋様がくずれた。（お）・（か）とも、『水虎譜』系本で肥田の河童図とされている。（き）からの分枝と思われるのが、『水虎考略後編』の（フ）である。これの紋様は二つの円紋のくずれとも解釈できる。あるいは無紋から二円紋への中間過程かも知れない。『水虎考略』丹洲増訂本のB型図の腹部には、三個の円紋のほか、体全体にドットが打たれている。次節でふれるが、丹洲は河童の標準形を作成しようとした。その結果を描いた

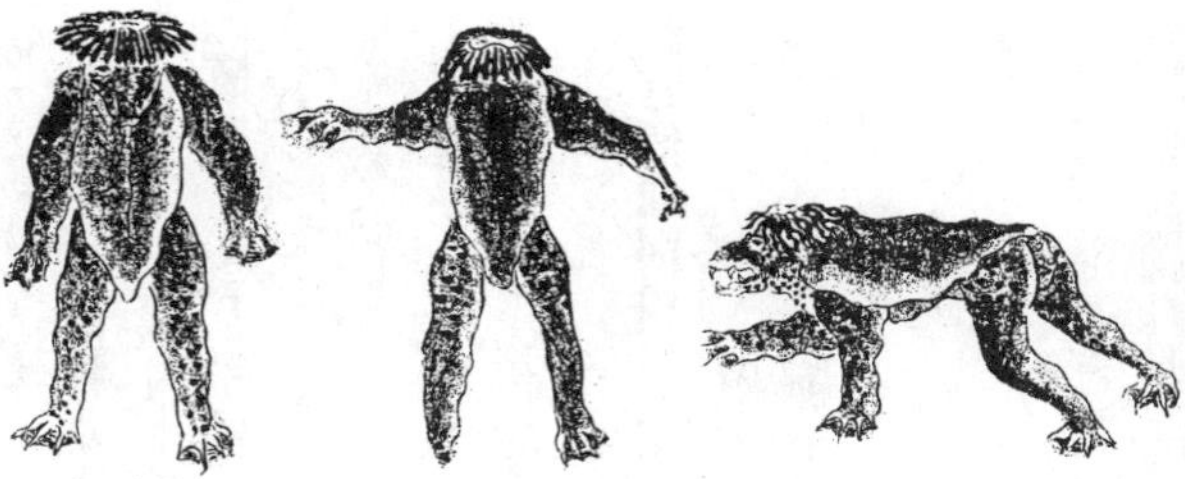

(け)　(こ)　(さ)

図 24　『栗氏千蟲譜』の河童図

のが腹・背・側面図（図24け・こ・さ）の三点セットである。この河童の身体には多数の斑点が見られる。丹洲は、B型単独図にもおなじような斑点が存在しなければならない、と考えたのであろう。『水虎考略』丹洲増訂本の（ヌ）は、周山の河童図（う）からの派生と推定できる。前者は、後者の紋様を大げさに類型化し、さらにドットを打った産物である。おなじように（ツ）は、（え）からの派生と思われる。

ところでB型図は、図23の左から右へ変化していったのであろうか。あるいはその逆だろうか。この点で参考になるのは、スッポンの腹部紋様である。成体には紋様はふつうないらしいが、幼体、ばあいによっては成体にも濃い紋様が見られる。それだけでなく、内部の骨が皮膚を通して浮きでて、薄い紋様に見えることがある。[三七] 図23上にその写真を示した。点線でかこんだ腹部中央の紋と骨の配置は、周山の肥田河童図の紋様と酷似することがわかる。これを類型化すると、

（か）の紋様になる。

左端に『虚実雑談集』の河童図をもってきたのは、これがB型図の起源の一つと推定されるからである。詳しくは「皿甲型河童定型図の起源」の節で論じる。腹部に紋がないこの図（う）がB型図に先行しているので、太田澄元が描いた原初型は無紋だったろう。腹ちなみに（う）のモデルがスッポンであることは、作者の瑞龍軒自身が認めている。腹部無紋の成体を見たのかも知れない。のちに誰かが紋様のある幼体スッポンの腹部を観察して、その紋様をB型の腹部に描きこみ、周山型の河童が誕生したと推定される。そして無紋型、周山型の両方を起点としたさまざまな変異が生じた、というのが真相ではないか。

腹背側面図の三点セット

ちょうどB型図が普及しはじめたころ、栗本丹洲は、その著『千蟲譜』（一八一一年序）に、河童の腹面・背面・側面の三点セット図（図24け・こ・さ）を掲載した。『水虎考略』（一八二〇年成立）にも、三点セット図（サ）・（シ）・（ス）が収録されている。さらにこれと前後して書かれた大田南畝（一七四九〜一八二三）の『一話一言』巻四五（一八二二まには一八二三年記）にも、同系統の図が載せられている。なお『水虎考略』と『一話一言』の河童図には、この河童が水戸浦で獲れたという説明文がついており、『千蟲譜』の図は、上記二者とは別の河童にかんする丹洲のコメントを付す。そこでまず丹洲の河童と古賀侗庵・南畝の河童をくらべると、この三つの図は似てはいるが、前者と後二者のあいだに、甲羅の形態、甲羅と四肢のプロポーション、頭の皿の形態、歯の位置などについて類型上の相違が見られる。三者の原図はおなじだが、転写の過程で両方にわかれたのだろう。

ではどちらが原図に近いだろうか。成立年代を考慮するならば、注(7)『千蟲譜』の河童がオリジナルに近いと見てまず間違いない。この図が他の二者の図に先行し、しかも水戸浦の河童と無関係に作成されたのだろう。そののち『千蟲譜』の図が転写の過程で歪められたものを、誰かが水戸浦の河童図として採用し、両図並行の結果を生んだのだと思われる。

つぎに『水虎考略』の三点セットと『一話一言』の三点セットのどちらが先に成立したか、検討したい。記載年代からいうと、南畝が『水虎考略』の図を借用したとも考えられるが、図に付せられた説明文を点検すると、そうとばかりはいえないことがわかる。この説明文は、一八〇一年に水戸浦で捕獲し殺した河童の形態・性状にかんする報告であり、東浜権平次から浦山金平あてという形式になっている。そして『水虎考略』諸本と『一話一言』の文を比較すると、前者のほうに明白な脱落が検出される。

『一話一言』に「河童の鳴声は赤子の鳴声同様に御座候」とあるところが、『水虎考略』では「河童の鳴声同様にて御座候」となっている。後者において、河童の鳴き声が河童の鳴き声と同様では、意味をなさない。転写のさい「は赤子の鳴声」が脱落したのである。
しかし時期的順序から見て、『水虎考略』が『一話一言』の写しということはありえない。両者とも同源の文書・図を写したか、あるいは『水虎考略』および『一話一言』の該当項が書かれる前に、侗庵と南畝のあいだでこの文書・図のやりとりがあった、と見るべきだろう。

大田南畝の名はあまりにも有名であり、紹介するのも恥ずかしいほどであるが、一応型どおり述べておく。[93] 名は覃、字は子耜、通称直次郎・七左衛門、号は南畝のほかに四方赤良・杏花園・蜀山人などさまざま。父は御家人で、御徒をつとめた。南畝は、一七七〇〜八〇年代に、狂歌・狂詩・洒落本・黄表紙の作者として、盛名をほしいままにしたが、寛政の改革のあおりをうけて作家生活を縮小し、一七九四年に人材登用試験を受け、御目見え以下の部の首席でこれにパスをした。そののちは役人として力量を発揮し、文人生活を楽しみつつ余生を送った。南畝は、一七六五年以後、父とおなじ御徒の役についたが、試験合格後一七九六年から死去するまで支配勘定の地位にあった。途中一八〇一年に大坂銅座、一八〇四年に長崎奉行所に、一八〇八年には多摩巡視に派遣されることもあった。その間一七九九年に、昌平校の「孝行奇篤者取調御用」の役につく。これをふくめて、知識人としての南畝は、公式・非公式に昌平校の人たちと交流をもっていた。一例をあげると、侗庵の父・古賀精里（一七五〇〜一八一七）は、南畝の詩文の友であった。

なかんずく昌平校の勤番組頭・中神順次は一時、南畝とおなじ御徒組にぞくし、同時に人材登用試験をうけ、南畝の下位ではあるが次席で合格。そののち詩文の会などで同席することになる。ようするに南畝にとって、順次は年少の親しい友人であった。そこで、南畝が『一話一言』を書く前に、二人のあいだで（サ）・（シ）・（ス）の図の貸借関係があったとする推定は、あながち的はずれではあるまい。かりにそうだとすれば、収集の機会の多い南畝から順次に図がわたった可能性のほうが大きい[注(8)]。

『水虎考略』後序で、侗庵は、（ア）〜（キ）以外の図は順次から得た、と述べている。侗庵はおそらく順次を介して、南畝の図を入手した。さきに示したとおり、（サ）・（シ）・（ス）の説明文を比較すると、『水虎考略』に脱落があり、『一話一言』にそれがない。この事実も、南畝のほうに元があったことを示唆する。ただし共通同源の図を両者が複写したという推定も、依然として無視できない。

南畝は、出世作の『寝惚先生文集』（一七六七年）の序を、平賀源内（一七二八〜一七七九）に書いてもらった。本草家としての源内の同系後輩に丹洲がいる。だから南畝は、丹洲をはじめ本草の仲間とも多少のつきあいはあったかと推察される。南畝は、丹洲の（け）・（こ）・（さ）を、直接ではないにしても、間接的に転写することができたのではないか。なお、さきに南畝の経歴を、不必要と思われるほど詳しく述べた理由のいくぶんかは、彼が河童図を畿内や九州に持ちこんだ人物の候補の一人とも考えられることにある。

（サ）・（シ）・（ス）の起源をべつの方向から追求しよう。（サ）はB型の特殊の変異型である。（シ）はその背面と見てよいだろう。（ヌ）・（ネ）、（フ）・（ヘ）のような腹背一対の図がすでに存在しており、それに側面図が付加され、腹背側の三点セットが誕生した、と考えられないだろうか。そこで（コ）に注目したい。これについては、「此水虎図越後国新潟郷所出。寛政甲寅［一七九四年］秋奥旅中に観る。越州香具商氏物也」とある。主語が明らかでないが、新潟で香具商がもっていたなにものかを、誰かが写し、それが順次に渡ったのだろう。

この図にスッポンの実物像が映されていることはまちがいない。スッポンを河童と称して、香具商が見せ物に出したのだ。侗庵も（コ）がスッポンの図であると考えていたらしい。『水虎考略』後序で、侗庵いわく。「今主簿図すところを観るに、まことに全然鼈形のものあり」。第七章で説明するように、この図の後肢の部分は木村蒹葭堂（一七三六〜一八〇二）の『蒹葭堂雑録』（死後出版、一八五九年）に掲載された海獣の図を下敷きにして描いた可能性もある。

さてB型の河童図と（コ）のような図（C型とよぶことにしよう）が、特定の人のもとに集まったとする。そのときその人物は、B・C両型の図を折衷・総合して、河童の全体像を推定し、その典型図を作成しようと試みたのではないか。かくて誕生したのが、丹洲の『千蟲譜』、侗庵の『水虎考略』、南畝の『一話一言』の系統の三点セット河童図ではないか。かりにそうだとすると、B・C折衷・総合による典型図作成者は誰だろうか。

上記三書のなかで『千蟲譜』の成立がもっとも早い点からいっても、丹洲その人が候補にあがる。丹洲は本草家である。河童も本草の対象であった。彼は職業がら、河童の形態の決定に関心をいだいただろう。しかし彼は実物を見たわけではないから、その手もとに集められた絵図にもとづいて、作業をおこなうほか方法はなかった。おそらく丹洲は、B・C型の図を基本にして河童典型図を作成した。

丹洲は、『水虎考略』丹洲増訂本を作成した段階で、三点セット図にいちぶ改変をおこなった。まず（ト）・（ナ）・（ニ）は、『千蟲譜』の図（け）・（こ）・（さ）の形態を基本としながらも、甲羅の部分にドットをうつなど、侗庵の『水虎考略』の図（サ）・（シ）・（ス）の形態をいちぶ取りいれ、両者の折衷をはかっている。丹洲は、苦笑しながら、みずからが作った全体像典型図を、流布型に合わせて調整したのではないか。

また『水虎考略』丹洲増訂本においては、（ト）・（ナ）・（ニ）の指の数が、自分の『千蟲譜』、侗庵の『水虎考略』、南畝の『一話一言』の四本と異なり、五本に変化した。この変化も、河童の形態を標準化しようとした丹洲の試みの結果だったろう。

話がずいぶんこみいったが、B型・C型河童写真図の作成・転写・改変・統合の経路にかんする私の仮説は、**図25**のようになる。ただし、心証のみのケースをふくめ、推定による経路もある。なおX_1……X_7のそれぞれは、相互に、また図中における任意の固有名詞と、同一でありえる。

もちろんこれは、目立つ人物にポイントをおいて単純化した図式であり、実際にはこれよりはるかに複雑多岐にわたるネットワークによって、つぎつぎに転写がおこなわれたのであろう。したがって原図から丹洲・順次・倜庵にいたるまでの経路は、ほかに無数に考えられる。一例をあげると、松浦静山の写真図が、おなじ九州大名の島津重豪・黒田斉清・鍋島直與に流れたとも想像されるし、静山から羽倉外記をつうじて倜庵の手もとにたどりついた、という道筋も成立しないわけではない。さらにあと一つ、はじめからは無視できない、ありうべき初期の経路がある。

太田澄元は、幕府の官立医学校・躋寿館で、田村藍水とともに本草を講じた。それゆえ澄元が、藍水の子・丹洲とも知りあいであり、澄元の図が早期に田村家・栗本家の誰かにより写された、と見るのは不自然ではあるまい。そして不自然にも、丹洲は澄元の図を「木氏」と伊東祐香、および多賀常政を経て入手している。この件にかんする説明を、一応用意することはできる。

木氏や常政に貸与したときからあまり遡らない時点で、澄元がB型の図を作成したと考えれば、そしてその原図が丹洲などの目に触れるまえに、木氏・祐香・常政の線で世間に広まってしまったと仮定すれば、さきの不自然さは解消されるのではないか。もしこの仮定があたっているとすると、澄元によるB型河童写真図の作成は一七八〇年ごろ、と結論

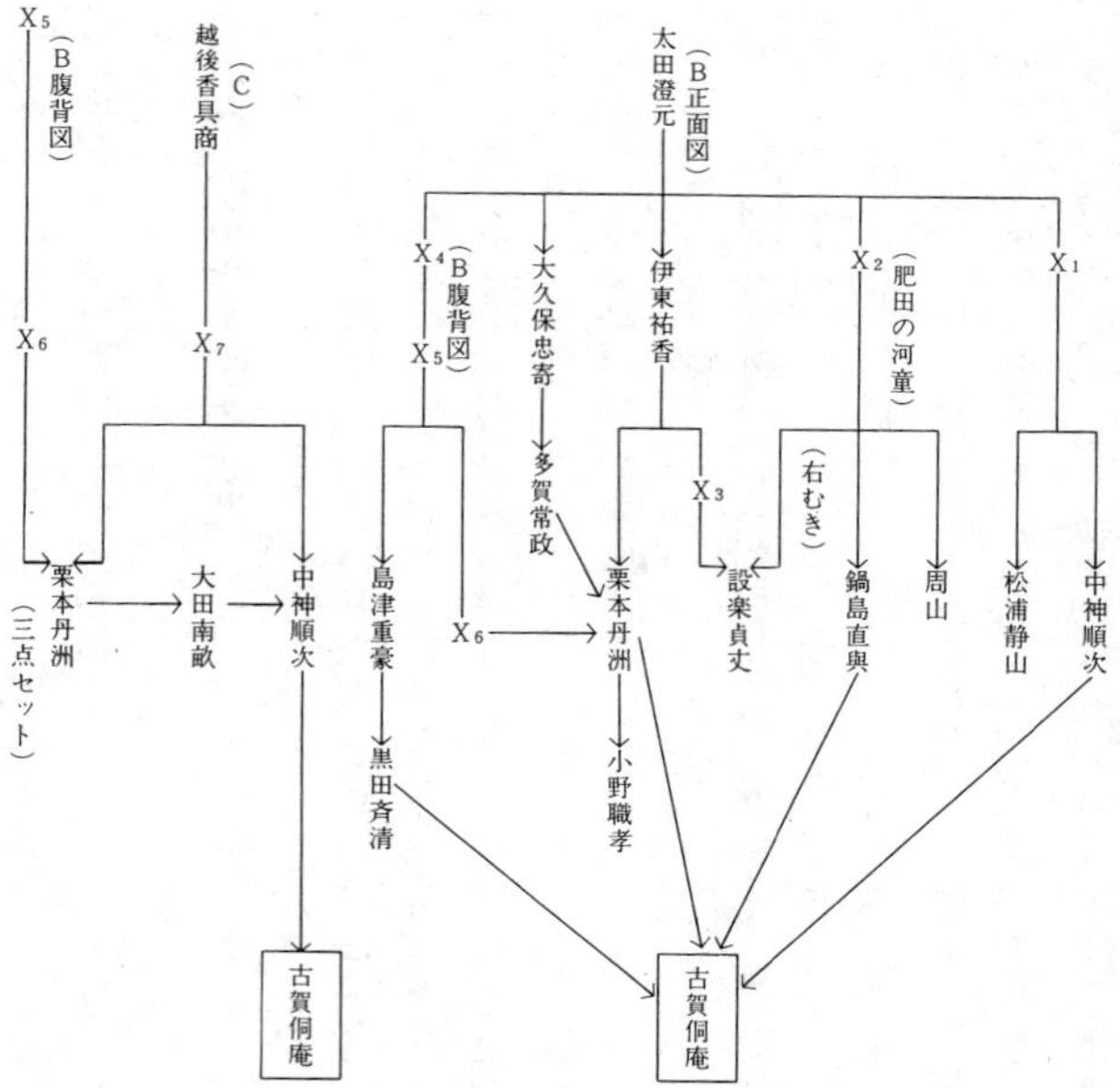

図25　B・C型河童図転写のネットワーク

される。この結論を採用すると、B型河童写真図の一七七〇年前後成立説にもとづく議論は、すべてご破算ということになろう。

皿甲型河童定型図の起源

本節では、B型図の起源に探りを入れることにしよう。最初に、写真図と称するか否かを問わず、河童の絵のうち比較的古いものを順番に並べる。第二章で述べた河童の行動の段階にあわせて時代区分をすると、第一・第二段階に描かれた図は、図26の（a）・（b）・（c）・（d）・（e）である。これを見ると、この時期には河童の形態の定型がまだ成立していなかったことがわかる。ただ一つほぼ共通しているのは、頭上における皿または凹みの存在であろう。

第三段階、つまり一八世紀の後半は、B型定型図の形成期に一致し、図27の（f）・（g）・（h）・（i）・（j）および図4・8などがこの時期に描かれた。そのうち（g）・図4・8の河童の形姿はサルに近く、農民のあいだのサル・イメージを反映しているようだ。これについては次章でふれるので、ここではその指摘のみにとどめたい。

さてB型図の作成者と推定される太田澄元は、単純に空想のうえで河童写真図を作成したのではないだろう。なにかよりどころがあったに違いない。よりどころとして利用しえたのは、栗本丹洲のばあいとおなじく既成の河童図であろう。とりあえずB型図成立過程を推定するにあたって注目されるのは、(j)をめぐる挿話である。

根岸鎮衛の『耳袋』巻一(一七八二年ごろ記)によると、松本秀持が鎮衛のもとに、仙台河岸伊達侯蔵屋敷で[注(9)]獲れた河童の図(j)を持参した。そして同席していた曲淵景漸が、「むかし……河童の図とて見はべりしに、豆州持参の図にも違いなし」と証言した。豆州とは秀持のこと。河童が捕獲された年は、天明元(一七八一)年という。鎮衛が秀持持参の河童図をみたのは、一七八一年か一七八二年。

松本秀持[四八・九二](一七三〇～一七九七)。御家人の家に生まれた。通称は次郎左衛門、十郎兵衛、伊豆守。田沼意次(一七一九～一七八八)のもとで重用され、その経済政策の推進役をつとめた。天守番から出発し、一七六二年に勘定、一七六六年勘定組頭、一七七二年には勘定吟味役、そして一七七九年勘定奉行に昇進。田沼の失脚(一七八六)とともに要職を去る。大田南畝は秀持の恩顧をうけていた。

根岸鎮衛[九三・三三](一七三七～一八一五)。通称銕蔵・九郎左衛門。守臣とも名のる。寛政・文化期の著名な町奉行。一七五八年に勘定、一七七六年には勘定組頭になり、その後関東地方の治水・田地開発にあたる。一七八四年から一七八七年まで佐渡奉行。一七八七年勘定奉行。一七九八年から死去するまで江戸町奉行。好奇心旺盛で、その見聞を『耳袋』に集めた。

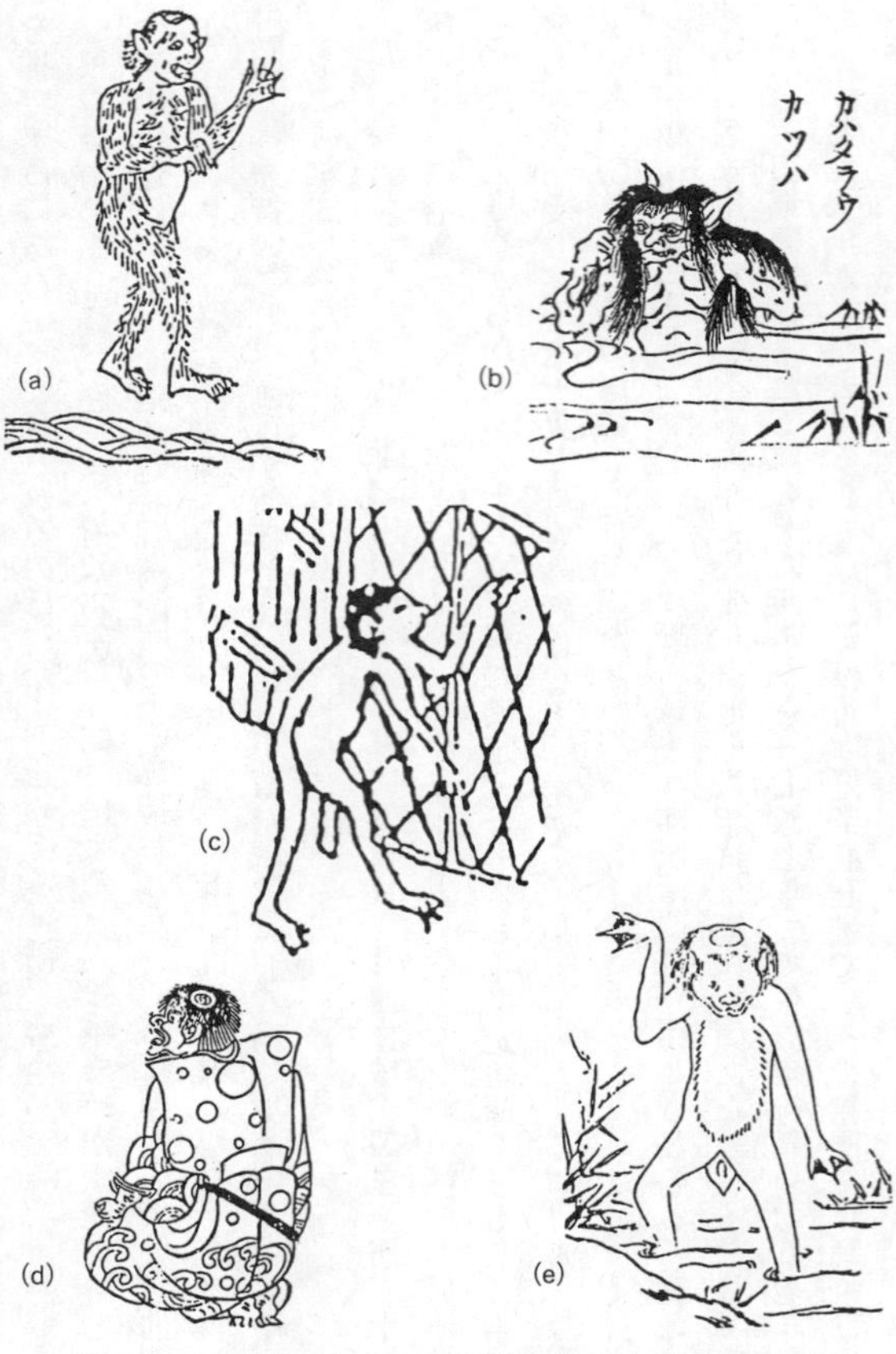

(a) 和漢三才図会(1713)　(b) 本草補苴(1719)　(c) 諸国里人談(1743)　(d) 化物よめ入り(1740代)　(e) 虚実雑談集(1749)

図26　18世紀前半の河童図

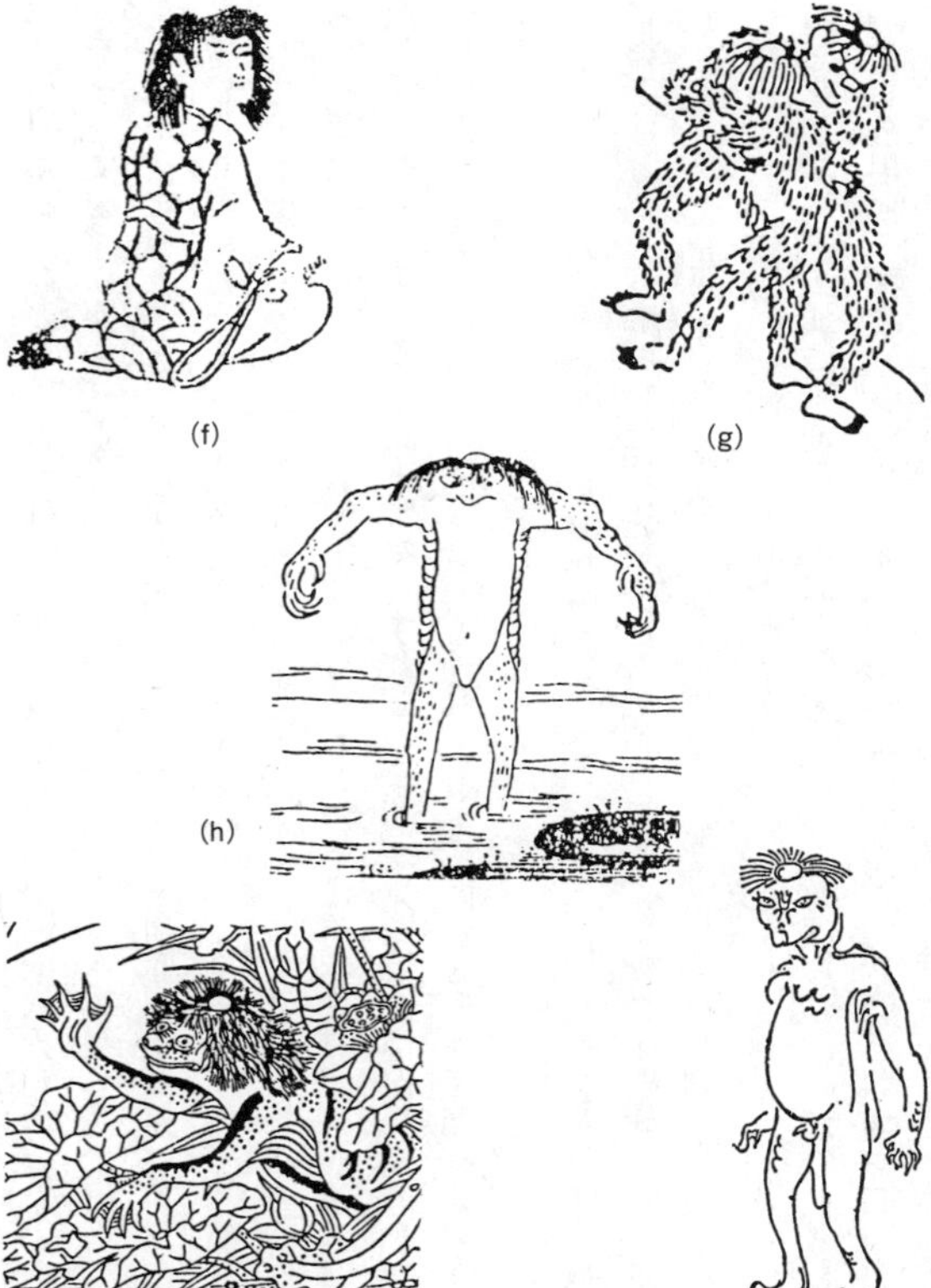

(f) 是は御ぞんじのばけ物にて御座候(18世紀なかば) (g) 日本山海名物図会(1754) (h) 根奈志具佐(1764) (i) 画図百鬼夜行(1778) (j) 耳袋巻1(1782ごろ)

図27　18世紀後半の河童図

曲淵景漸[三六](一七二五〜一七九九以後)は、通称勝次郎。一七六五年大坂町奉行。一七六九年江戸町奉行。しかし秀持同様、田沼失脚にともない一七八六年いったん免職、翌年勘定奉行として要職にかえりさく。

三人が会合したとき、秀持が勘定奉行、鎮衛が勘定組頭、景漸が江戸町奉行。いずれも勘定奉行、町奉行を出世コースとする役人であった。

さて景漸は、むかし(j)とおなじような河童図を見たという。「むかし」とはいつごろか不明だが、たぶん一七五〇年代から一七七〇年代前半までだろう。B型図が澄元に起源し、一七七〇年前後に誕生したとすれば、景漸が見た河童図が澄元のB型図であったとする想定を否定することはできない。けれども、景漸がB型河童図を知らなかった可能性も大いにある。

そこであらためて(j)をB型と比較してみよう。円い皿とそこから放射する頭髪、背の甲など、両者のあいだには共通性も認められる。腕脚のようすもそう違わない。しかし(j)の手足は水かきを欠き、その目つき、顔の形態はB型からはずれ、小さな陰部を露出している点でも、(j)はB型と異なる。(j)は、溺死して揚げられた少年の死体をもとにし、これに河童らしき形を混入して描きあげられたのだろう。だとすれば、円い皿と放射する頭髪、背の甲、腕脚の形態についてさえB型と共通する図があらかじめ存在すれば、(j)に近い図、たとえばB型図を描くことができた。景漸が見たのも、B型と共通点を持つがB型ではない河童図であったのかも知れない。

そこでどうしても考慮しなければならないのが、滋野瑞龍軒(一六八七～一七八四)の『虚実雑談集』巻一の肥前産と称する河童図(e)、および平賀源内(一七二六～一七七九)の『根奈志具佐』巻五(一七六三年刊)における河童図(h)である。

滋野瑞龍軒。[34] 一八世紀の人気講釈師。本名は茂雅、通称は喜内、号は恕翁。この河童の形態について見ると、頭部、円い目、股間からのぞく甲の末端、および水かきのパターンがB型によく似ている。しかし顔面の表情は、B型にくらべどこか滑稽な印象を与える。頭髪のようす、耳鼻の形態も、B型とはだいぶ違う。指数はB型の四本にたいし三本。腹部の毛並みが形成する楕円の輪郭は、B型腹面の甲の形に近いが、カメ・スッポンよりは哺乳類の感じを示す。しかし瑞龍軒自身の説明によれば、この川太郎はスッポンの類である。(e)に類似の図は、ほかにも出まわっていたかも知れない。

平賀源内。[35] この人物について紹介するのも、よけいであることは承知。記載形式の統一のため紙幅を埋める。高松藩蔵番の出身。名は国倫、字は士彝、号は鳩渓、源内は通称である。ペンネームは、風来山人・福内鬼外などさまざま。浄瑠璃・談義本の創作、本草の研究、発明など多方面にわたり、鬼才ぶりを発揮した。本草については、江戸に上った一七五六年に、田村藍水に入門している。したがって若き日の丹洲は、源内を知っていただろう。源内はまた、同世代のおなじ本草家・澄元と話をかわしたことがなかったとは考えられない。源内は、意次の庇護をうけていたので、秀持もたぶん交際圏内。南畝との関係は、さきに述べた。なお源内は、一七五二年と一七七〇～七一年に長崎に遊学し、二回目の長崎行きの帰途、長期間大坂に滞在した。彼は、一七七九年に知人を殺傷し入牢、やがてここで病死した。そのとき源内に切られたもののうち一人は、秀持の用人。また事件を処理したのは景漸。二～三年後河童図に興じた幕僚三人組のなかの二人が、源内の最期に直接間接にかかわった。奇妙な縁であるが、河童がとりもったわけではない。

『根奈志具佐』の河童の容貌は、B型とまったく異なるが、放射する頭髪、甲羅の存在、腕の筋肉のつきかたなどにおいて、B型、とくに（セ）などと共通点をもつ。この絵の作者は、源内自身である。

すこし遅れて、鳥山石燕（一七一二～一七八八）の『画図百鬼夜行』（一七七八年刊）にも河童の図（i）がある。容貌がB型とも（h）とも相違するとはいえ、基本的特徴はB型に非常に近い。あるいは、B型図を参考にして描いたのだろうか。鳥山石燕[三六]。名は豊房、狩野周信に学ぶ。石燕の弟子の一人に、喜多川歌麿（一七五三～一八〇六）がいた。なお歌麿にも河童図がある。水中で二匹の河童が女性を犯そうとしている。この河童の顔はサルに似る。

いずれにせよ一八世紀の半ばには、B型ほど整備されていないがB型の先駆になった絵が、すでに生まれていた。しかしそれらは、写真図とは銘をうたれていなかったのである。

景漸が見た（j）に近い図は、このような先駆的な戯画のようなものであったかも知れない。これを整備し、類型化したのが、本草家としての澄元の役割だった、というのが私の想定である。

　河童写真図類型化の過程を考えるさい、参考になるのが『水虎図』東京国立博物館本（一八四一年以後成立、東博本と略称する）および『合類水虎説』無窮会神習文庫本の図（図28k・l）である。江守某が河童捕獲の年、すなわち天明元（一七八一）年に写したと記されているが、複写源は不明。江守某の図をさらに複写したのは、越智直澄である。越智の複写の年は、文政庚寅、つまり一八三〇年。（k）は、（j）を類型化してB型に近づけるとともに、他の先行諸図の特徴をも選択的にとりいれている。

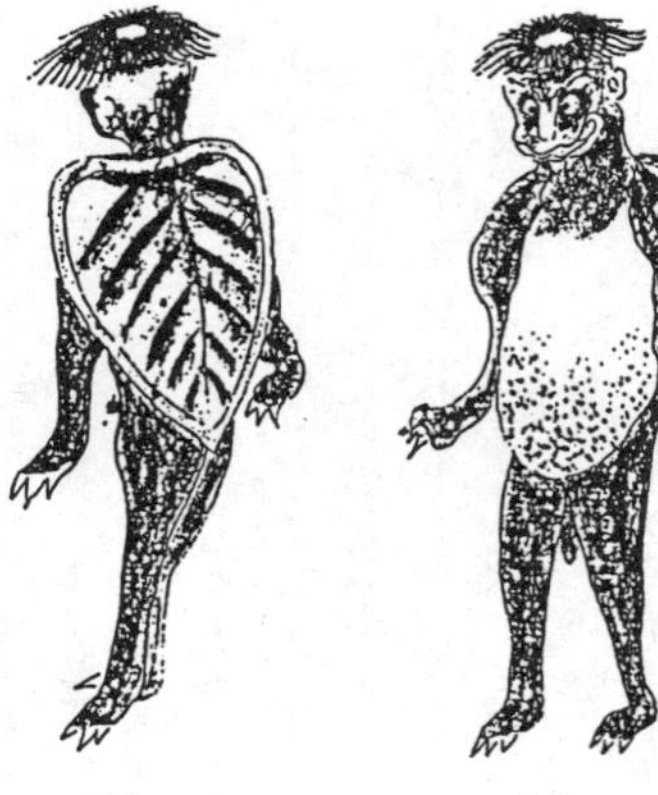

(k)　(l)

図28『水虎図』（東博本）の河童腹背図

　まず滑稽な印象、耳の形状、三本の指、股間の突起は（e）を受けつぎ、水かきの欠如、腕筋のもりあがりは（h）にも近い。放射状の頭髪は

（i）を継承する。放射状の頭髪、腕筋のつきかた、腹部のたるみ、左肩に背甲の上端が見えるなど両肩のつくり、水かき欠如については（j）の同類である。（k）が（j）に似るのは当然であった。なぜなら『合類水虎説』によれば、（k）も（j）とおなじく、一七八一年に伊達侯屋敷から出た河童図にほかならない。ようするに、（k）の作者は（j）を基本とし、これに既存の河童図を参考にして、独自の図を完成したのだろう。

しかもなお、これらの特徴のうち、頭髪、股間・肩上に見える甲羅、筋のもりあがった上腕のようすは、B型と共通している。背甲の形態こそ異なるが、背腹一対図である点では、（ヌ）・（ネ）、（フ）・（ヘ）に先駆する。ここでB型に近い河童図の一覧を表8に示そう。

本節の終わりに、B型図成立の時期について、あらたな、しかし危うい仮説を提示したい。さきに「江戸の河童写真図」の節において、澄元は一七七〇年前後にB型図を作成した、と一応の推定を述べておいた。けれども、これは松浦静山がきいた風聞にもとづく推定であり、確たる証拠があるわけではない。むしろ一七八〇年あたりに、B型図が出まわり始めた事実（表7参照）に着目すべきかも知れない。伊東祐香・多賀常政がB型図を入手したのは、それぞれ一七八三、八四年。静山がB型図を所持したのも一七八〇年前後。他方、仙台河岸で河童が捕獲されたのは、一七八一年である。このタイミングが偶然ではないとすれば、澄元もまた（k）の作者とおなじく、仙台河岸の（j）の出現を機に、

表８　Ｂ型に近い河童図の成立

図の番号	本文筆者	画　　者	成立年	掲載文献
e	滋野瑞龍軒		1749	虚実雑談集
h	平賀源内	平賀源内	1763	根奈志具佐
i	鳥山石燕	鳥山石燕	1778	画図百鬼夜行
j*	根岸鎮衛		1781+	耳　袋
k* l*	越智直澄	江守某	1781#	水虎図
け*	栗本丹洲		1811	千蟲譜

＊は写真図と称す，＋は現物捕獲と称する年，＃は複写年．

これをもとにして先行諸図をも参考にし、Ｂ型図を作成した、という想定も充分成り立つ。

もしここで提起した仮説が正しければ、Ｂ型図成立期は、一七八一年以後、一七八三年以前ということになる。そして豊後肥田河童図の作成者候補から、吉村周山は除外されるだろう。ただしこれは一つの可能な仮説にすぎない。いずれにせよ、澄元は、一七七〇年ごろから一七八三年までのあいだに、先行諸図を勘案しつつ、河童の標準形態としてＢ型図を作成したことに、間違いはあるまい。

本草書・考証書のなかの河童

本草家・考証家は、日本産の動物・植物を、中国古典に記載された動物・植物の名称と比定することを、重要な職分とした。河童にかんする考証においても、彼らの基本的態度はこれと変わらない。本草家・考証家が、なんとかして河童の中国名を見いだそうとした努力のようすを跡づけてみよう。

林羅山（一五八三〜一六五七）は、『梅村載筆』（一七世紀なかば）人巻において、「封は小児の形のごとくあれば、河童の類にや」と推定する。『本草綱目』（李時珍、一五九六年刊）巻五一は、『江隣幾雑志』を引いて、「盧州の川次に一小児を得る。手に指なく血なし。おそれてこれを埋む」と記しているが、これが封である。河童＝封説の後継者は少ないが、『諸州奇事談』（山本好阿、一七五〇年序）巻四の河童にかんする話では、封と書いてカッパまたはガハタロウと訓ませている。

つづいて貝原益軒（一六三〇〜一七一四）は、『大和本草』（一七〇九年刊）巻一六「河童」（和品）の項で、「本草綱目虫部・湿生類・渓鬼虫の付録に水虎あり。これとあい似て同じからず。ただし同類別種なるべし。中夏［中国の意］の書において、予いまだこの物あるを見ず」と評した。『本草綱目』巻四二の「渓鬼虫」は『襄沔記』を引き、「中盧県に漬水あり。沔にそそぐ。なかにものあり、三・四歳の小児の如し。甲は鯪鯉のごとく、射ても入るあたわず。秋に沙上に曝す。膝頭は虎に似、掌爪はつねに水に没し、膝を出して人に示す。小児これを弄すれば、すなわち人を咬む。人、生得するもの、その鼻をつまめば少々これを使うべし。名を水虎という」と記す。鯪鯉はおそらくセンザンコウ。

益軒は、『本草綱目』など中国本草書の解釈学から脱出することを志して、その著書に

『大和本草』の名を与えた。水虎を河童と同一物とせず、同類異物としたのは、彼のこのような立場にもとづく見識を示すものだろう。益軒の立場は、寺島良安の『和漢三才図会』（一七一三年刊）巻四〇における「水虎」の項においても踏襲されている。しかしそののち、河童＝水虎（または川虎）とする考えがしだいに定着した。比較的初期のもののみをあげると、『雲陽誌』（黒沢長尚、一七一七年序）巻一で「川虎」、『怪談老の杖』（平秩東作、一七五四年？序）巻一で「水虎」（訓はカッパ）、『西播怪談実記』（春名忠成、一七五四年刊）巻三で「河虎」（訓はカハロウ）、『越後名寄』（丸山元純、一七五六年序）巻二八で「水虎」（訓はカハタロウ）、『市井雑談集』（林自見、一七六三年刊）巻上で「水虎」などである。小野蘭山の『本草綱目啓蒙』（一八〇三年刊）巻三八、栗本丹洲の『千蟲譜』（一八一一年序）のような一九世紀初期の本草書も、河童が『本草綱目』の「水虎」に対応するとした。

神田玄泉は『本草補苴』（一七一九年序）巻一〇において『淮南子』（劉安、前二世紀）の魍魎の和名が河童（訓はカワッハ）であると述べている。谷川士清も『日本書紀通證』（一七五一年成立）巻二七において、『淮南子』を引き「魍魎三歳の小児の如く、赤黒色・赤目・長耳・美髪」とし、またこの霊物を川神とする『春秋左伝疏』の文を引用し、水虎のほかに魍魎をも河童中国名の候補にあげた。『淮南子』巻一二に罔両は出てくるが、「三歳の小児の如く」云々のくだりはない。『説文解字』（許慎、一〇〇年ごろ）巻一三における「蝄蜽は山川の精物なり。淮南王説く。蝄蜽は状三歳の小児の如く、赤黒色・赤目・長耳・美髪」の出典誤認だろう。魍魎を河童名としてもちいた別の例としては、『濃陽志略』（松平君山、一七五六年序）巻一の記事がある。丹洲も『水虎説』所収の文（一八一一年以後一八二三年以前）で河童＝水虎としながらも、「蝄蜽もし此かはたろふなるべきか。しばらく記して後日の攷を俟つのみ」とした。

つぎに石上宣続（一七八〇～一八一〇）は『卯花園漫録』（一八〇〇年ごろ）巻二において、江鄰幾『雑志』が記す川辺にあった小児、『酉陽雑俎』（段成式、八六〇年ごろ）巻一七のサルに似て人の妻を盗む身長七尺の猳玃、さらに『本草綱目』巻五一狒狒の項付録が『神異記』・『文字指帰』を引いていう旱母は、いずれも和俗にいう河童だろう、と主張する。旱母は、身長二～三尺、裸形、目は頂上にある。

以上のように本草家・考証家たちは、河童の中国名をさまざまに探索し、博捜につとめた結果、それらしき名を探しあてた。けれどもこうして見いだした中国の妖怪は、特徴を部分的に河童と共有するにすぎない。封と河童の共通点は小児型という特徴のみ。水虎は川中に現われ、小児の姿をしている点ではたしかに河童に近いが、甲はスッポンやカメの甲ではなく、鱗状の外皮であった。そのほかの点でも、水虎と河童の形態と行動は異なる。蝄蜽も、水との縁、および小児型において河童に近似する。とはいえ、河童の耳は長くはないし、美髪ともいいがたい。『雑志』の小児は、その身長の短小と出現場所において、それぞれ猳玃はサルとの類似、女性との密通行為について、旱母は小児型・裸形にかんし、それぞれ河童と共通点を有するが、そのほかの河童の特徴を欠く。

にもかかわらず近世の知識人は、河童の中国名を必要とした。そして上記の名称のうち水虎がしだいに優位をしめて定着し、本草学におけるいわば標準学名として採用されるにいたった。

それでは、本草家・考証家は、河童の形態について、どのような理解をもっていたのだろうか。『梅村載筆』人巻においては、河童の大きさは三歳の小児ぐらい、面はサルに似て異毛あり、頭頂には凹みが存在する、とされる。『本朝食鑑』（人見必大、一六九七年刊）巻一〇は、河童について、面貌醜く、童のような形姿を見せ、肌は青黄色で瘤が多く、頭頂には凹みあり、と述べる。『大和本草』巻六には、河童は五〜六歳の小児のごとしと書かれている。『和漢三才図会』巻四〇によれば、一〇歳ほどの小児のようで裸形。髪の毛は短く、頭頂に凹みが存在する。『日本山海名物図会』（平瀬徹斎、一七五四年刊）巻三の説明は、形五〜六歳の小児のごとく、総身に毛あり、サルに似る、となっている。『和訓栞後編』（谷川士清、一七七〇年代成立）いわく。面体トラに似る。大きさはたぬきほど。頭頂に凹みあり、手の肱は左右に通る。そして『物類称呼』（越谷吾山、一七七五年刊）は、河童の姿は四〜五歳の童のごとく、頭髪赤く、頭頂に凹皿、手の肱が左右に通る、と説く。

こうしてみると、一八世紀中ごろまでの知識人の河童イメージは、かならずしも一定ではなく、ただ子供ぐらいのサイズと、頭の凹みの存在の二点のみを共通とすることがわかるだろう。そのことは、図26に示した図像を見ても明らかである。頭に皿が存在するとともに、背中に甲がつく河童イメージは、B型定型図が普及しはじめた一八世紀末から優勢になった。そのようすを『本草綱目啓蒙』と『千蟲譜』に代表させ、これを表9にまとめる。

一八世紀中ごろまでの知識人たちに共有された河童イメージのうち、少童形の由来については第一章でふれた。では頭の凹みはどこからきたのだろうか。結論を言えば、その起源は不明である。

『広大和本草』(直海龍、一七五九年刊)巻一〇における水蝹の項に「和名カハロ、一名ガハタロウ。幽明録云水蝹一名蝹童、一名水精……頭上一盆を戴く」とある。『幽明録』は、中国南北朝時代の劉義慶(四〇三~四四四)の著だから、五世紀の中国には皿を持った水怪譚があり、これが日本に伝わったと考えたくなる。実際小宮豊隆[四]は、小さな水精を信じる素地があらかじめ存在した状態で、『幽明録』の水蝹が中国から輸入され、日本の河童の具体的イメージが発生した、と推測した。そして河童が西国・九州に多いのは、中国に近いこの地域にまず水蝹が入ったためだろう、と言う。

ところが石田英一郎[六]は、「『幽明録』中に遺憾ながらこのような文字を見出しえない」と述べている。私も念のために『琳琅秘宝叢書』第三集、および平凡社・東洋文庫版の『幽明録』を調べてみたが、やはり頭上に盆をいただく水蝹の話はない。白井光太郎[三]は、『広

表9　近世後期・本草家の河童イメージ

著　者	小野蘭山	栗本丹洲
書　名	本草綱目啓蒙	千蟲譜
成立年	1803刊	1811序
身　長		4〜5歳の子供くらい
頭　髪	赤色短髪	［図によれば赤黒色短髪］
頭　頂	額上に孔　上に蓋あり	［図によれば凹みではなく不定型円盤状の皿色は薄赤］
面　貌	鼻突きだしサルのごとし　色は青黒	［図によれば鼻づらが突きだしているがサルには似ない　色は黄緑を基調とし黒がはいる］
眼	円黄	［図によれば横に楕円　黄色］
口	大にしてイヌのごとし　歯はカメのごとく上下4牙とがる	［図によれば口大きく歯は牙でとがり，上下各2本］
体　幹	背部の形態・色彩カメのごとし　腹部は黄色カメの腹板のごとし	背腹に甲あり［図によれば背腹とも黄緑に黒がはいる］
手　足	人のごとく，青黒にして微黄を帯びる　指4本爪長く水かきあり　縮めれば甲板に入る	手足首縮めれば甲中に入る［図によれば人のごとく，黄緑に黒がはいる　指は4本で水かきあり　水かきの色は薄赤］
皮　膚	粘滑	粘滑

大和本草』が、「実は荒誕無稽の臆説を妄作したるものにして、漢名・和名・引用書名等は、大抵皆偽作にして、真に其実あるに非ず。故に学術上には毫も参考の価値なきものにして、天下後世を過まるの罪、小少に非ず」ときびしく批判している。この批判は、たぶん水蝹の記述についてもあてはまるだろう。近世の士清より、現代の小宮にいたるまで、多くの真摯な研究者が、水蝹の頭の皿にだまされてきた。

河童の頭上の皿または凹みのイメージが日本産であることは、ほぼ間違いない。管見初出は、前出『梅村載筆』人巻の記載である。しかし、羅山の情報源にかんする手がかりはない。凹みではなく、皿という表現はこれよりおくれ、『物類称呼』の「頂に凹皿あり」あたりが、はやい例だろう。

現代の歴史学・民俗学の研究においても、河童の皿・凹みの意味にかんする検討は、あまりなされておらず、わずかに折口信夫の説[七]が知られているにすぎない。折口の主張を要約すればつぎのようになるだろう。河童の前身は水神であった。そしてその水神は、富と生命力を秘匿する皿を持っていた。このような皿の信仰があらかじめ存在し、のちになって皿が水に結びついた。

水と皿の因縁をめぐる折口の説は、いくぶんまわりくどい。水神はもともと生命の水の確保を必要とし、その末裔である河童は、水を保存する場所を頭上と定めていた、とするほうが自然であろう。

第一章「摩竭魚と竜」の節ですこしふれた『今昔物語集』（一一一〇年ごろ成立）巻二〇―一一の説話を詳しく紹介する。

讃岐国の満濃の池の竜が、日光浴をするため小へビの形に姿を変えて、人里はなれた堤のあたりにとぐろを巻いていた。そのとき近江国比良山の天狗がトビに化してこれを摑み、山の狭い洞に閉じこめてしまう。竜は一滴の水もないので空を翔けて逃げることもできず、死を待つのみという事態に追いこまれた。そこに、水瓶を携えた比叡山の僧が攫《さら》われてきて、竜とおなじ洞に放置される。僧が瓶の水を竜に与えると、竜は少童の形に姿を変えて僧を背負い、洞を蹴やぶり、空を翔けて僧を比叡山の僧坊に送りとどけて去った。

竜はもちろん、水神の古形。小へビに縮小した竜が、がんらいの形に戻る中間状態で、少童の姿を示した点にも留意すべきであろう。第一章「河童の誕生」の節で指摘したとおり、水神は少童の形姿で現われる傾向をもち、その延長線上に河童が出現した。それはそれとして、水神が本来の威力を発揮するために、水の保有が不可欠であるとする解釈が、河童誕生以前にすでに生まれていた。水神が弱力化・妖怪化した結果出現したその末裔である河童も、弱力化のていどに応じ、また妖怪化の方向にふさわしい態度において、陸上

図 29 「田園風俗図屏風」の水浴する男児

で活動するさいには、やはりいささかの水を必要としたのである。

河童が、その必要な水を、なぜほかならぬ頭上に貯えたかという疑問に答えるのはむずかしい。物理的には、水は下方に落ちるので、身体の垂直面や斜面には留まらない。直立する動物においては、頭部か両肩あたり以外には、水を保つ場所はないだろう。

河童のモデルに採用された動物についていうと、カワウソの頭部は平たい。[吉・二八] スッポンなど爬虫類の後頭部は、平ら、または少し凹んでいる。そのような特徴が、河童頭部の凹みを連想させたのではないか。これが少童の髪型、つまりオカッパ髪の中ぞりの外見と結びつき、河童すなわち川の少童の皿が誕生したのではないだろうか。放射状のヘア・スタイルも、この脈絡において考えるべきだろう。参考のため、住吉具慶（一六三一〜一七〇五）が、『田園風俗図屏風』（一六七〇年ごろか）に描いた図29を示す。なお髪型と皿の関係にかんして、あと一つの案があるが、それは後章で述べる。

第五章　九州土着の河童イメージ

「河童聞合」の河童

第四章冒頭で述べたとおり、古賀侗庵は、「河童聞合」注(1)の入手をきっかけとして、『水虎考略』の編集に取りかかった。

まずこの聞き取りがおこなわれた年を推定しよう。聞き書きの対象にえらばれた勝平という名の農民は、天明巳(一七八五)年、三六歳のとき河童と相撲をとっている。そして聞き取りの年は「丑五十六歳」と記録されているので、この年は一八〇五年と判明する。そのほかの聞き取り報告書にも丑二月の年月記があるので、「河童聞合」に収録された聞き書きのすべてが、一八〇五年に作成されたことは間違いない。さらに報告書に出てくる地名を検討すると、調査地域は福岡県吉井町とその周辺、および大分県日田市とその周辺であることも明らかである。いずれも筑後川または山国川中流域に位置する(図30・31)。

調査の発起者は、日田代官の羽倉秘救。これを受けて調査を取りしきったのは、日田の著名な用達商人・広瀬桃秋と森春樹であることも、前章で述べた。そのことを証明する根拠はいくつかあるが、一つだけあげよう。春樹が著した『蓬生談』(一八三二年成立)巻三のなかに、つぎのように明記されている。

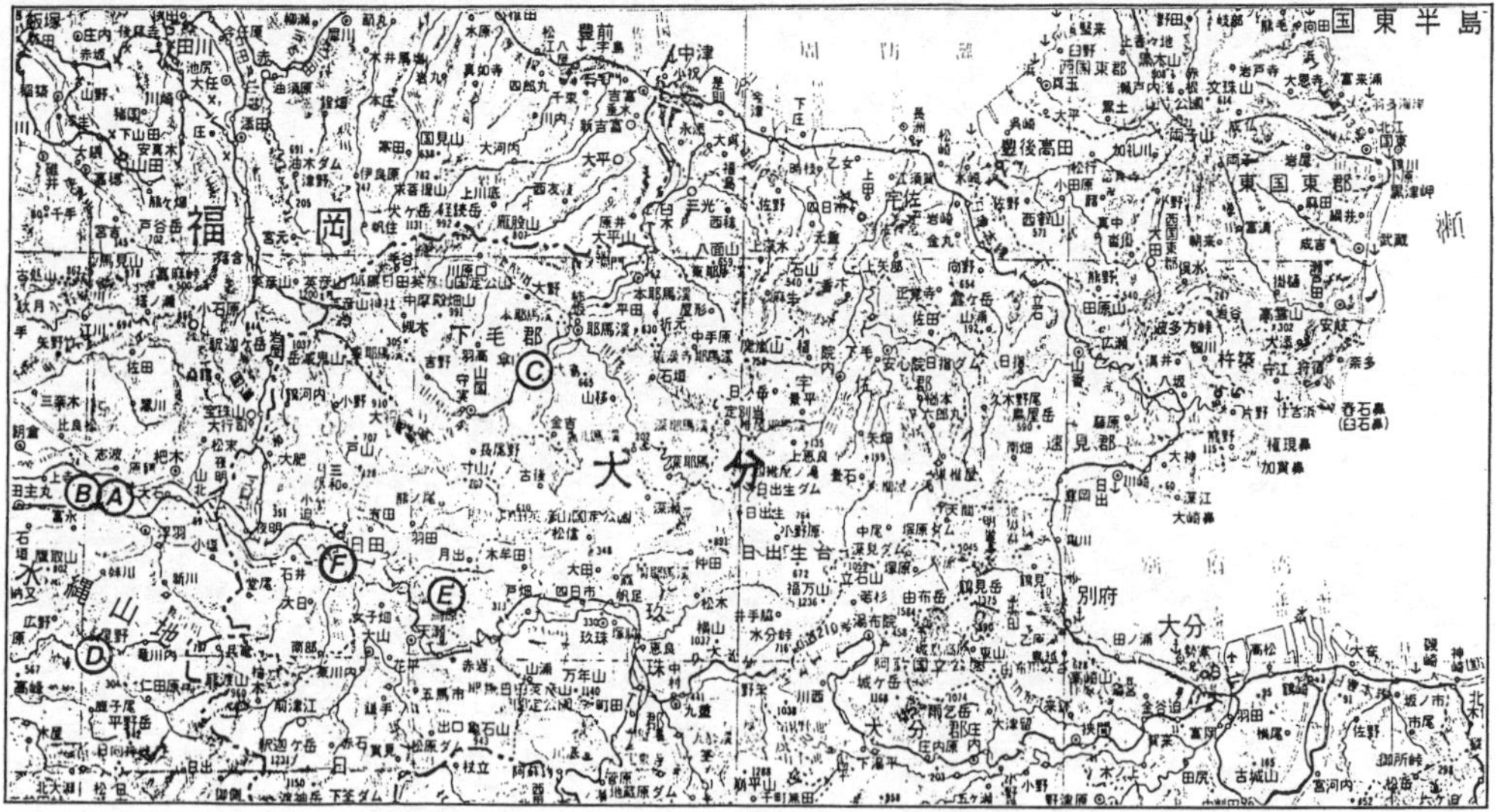

Ⓐ：小市現場　Ⓑ：勝平現場　Ⓒ：治右衛門現場　Ⓓ：嘉吉現場　Ⓔ：善吉現場　Ⓕ：正市現場

図 30　「河童聞合」における河童出現地点

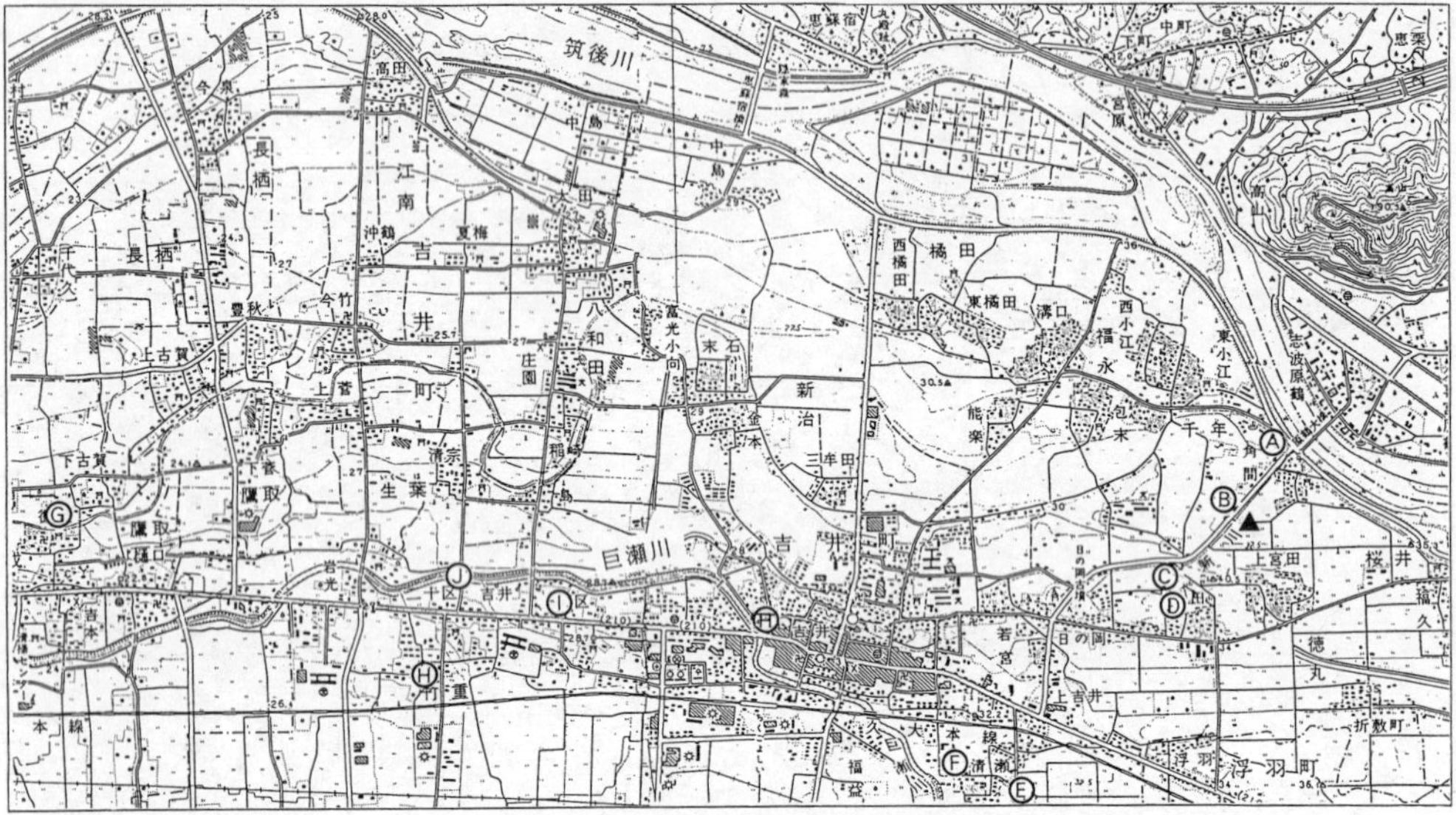

Ⓐ：角間村　Ⓑ：小市相撲第一現場　Ⓒ：小市相撲第二現場　Ⓓ：四太郎村　Ⓔ：大村
Ⓕ：三角村　Ⓖ：徳堂村　Ⓗ：竹重村　Ⓘ：おこげ島？　Ⓙ：清宗渡瀬　⛩：高橋神社　△：塚山

図31　小市・勝平河童体験関係地点

豊前下毛郡の御料山国谷の宮園村の荘官次右衛門［河伯＝河童を］しかと見すましたるを、羽倉君永山御在勤中、注(2)江戸親族の御方よりたのみ来たれるとて、河伯に逢しものの事を委細に聞糺すべしと広瀬先生の父桃秋翁と予に命ぜられて、即次右衛門を呼寄せ、予糺し、其図は予父五石翁注(3)画きて奉れり。

これは、「河童聞合」、とくに下記（3）の報告書の作成経過にかんする記述である。なお広瀬先生とは、著名な儒学者・広瀬淡窓（一七八二〜一八五六）。

かくて企画された日田およびその近辺の河童体験者からの聞き取りには、桃秋自身と春樹があたり、吉井とその周辺の調査については、嗽石なる人物に依頼した。それにたいする回答は、長崎御廻米海川船請負人・筑後国吉井町・佐々木源吾の署名入りで桃秋のもとに届いている。長崎御廻米海川船請負人とは、天領の年貢米を長崎に転送する業者である。当時日田周辺の年貢米は、筑後川をくだり有明海に出て、長崎に送られていた。この仕事を請け負っていたのは、久留米藩内、とくに吉井の三〜四人の商人であった。六三・一六四

桃秋が調査を依頼した嗽石とは、源吾の俳号と推定される。桃秋がその兄・月化の俳文・俳諧を集めた『秋風庵月化集』（一八三二年凡例）には、桃秋などの句とともに嗽石の句も掲載されている。この書の巻末にある「作者列名」によれば、嗽石は、筑後生葉の人であった。注(4)吉井は近世において生葉郡に属す。「河童聞合」の嗽石は、『秋風庵月化集』の

嗽石と推定してよいだろう。

『水虎考略』諸本のうち、基準になるのは古賀家旧蔵の宮内庁書陵部古賀本である。そのほか古賀本に先立つ先駆型の『水虎説』(国会図書館本など)、古賀本系原本の成立後、本草家・栗本丹洲が独自に改訂増補した『水虎考略』西尾市立図書館岩瀬文庫本系の存在が注目される。古賀本系・岩瀬文庫本系の諸本には、現存古賀本清書のさいの脱落と推定される部分が認められるので、「河童聞合」にかんしては、清書以前の状態をとどめる『水虎説』の参照が不可欠である。

まず「河童聞合」の構成を示す(数字・アルファベットを付したのは中村)。

(1) 嗽石あて桃秋の質問状
(2) 佐々木源吾署名の聞き書き報告書
(2a) 筑後国生葉郡角間村小市の体験
(2b) 筑後国竹野郡徳堂村勝平の体験
(3) 豊前国下毛郡宮園村治右衛門の自体験報告書
(4) 豊後国日田郡豆田町嘉吉の自体験報告書
(5) 豊後国日田郡豆田町善吉の自体験報告書
(6) 豊後国日田郡隈町鍋屋伊左衛門署名の聞き書き報告書

豊後国日田郡竹田村正市の体験

以上、源吾・治右衛門・嘉吉・善吉・伊左衛門の五名の手になる、計六名の河童体験記録が「河童聞合」に集成された。なお（6）の署名者・伊左衛門とは、春樹の通称である。

つぎにまず「河童聞合」の冒頭部分を紹介しよう。この部分は、九項目の問答と、追加質問からなる。回答文をのぞいて、その全部を以下に示す（①などの数字は、中村の挿入）。

河童聞合

一、丈凡何歳位の子供程有之候哉①。
一、言語人の通物語請答致し、此方より申義聞分け弁じ候哉②。
一、面の容ち目鼻等人の通に候哉。目ざしの色等如何③。
一、身の廻り着用はいか体成るもの身にまとひ居候哉④。
一、相撲取候事好み候由、ちから何歳の子供の力程有之候哉。又は力強く候哉⑤。
一、頭に皿体のもの有之、夫に水有之うちは力強く、水こぼし候えば力無の由、世上に申候其通に候哉⑥。
一、かたち絵図に御知らせ可被下候。尤彩色に被成被下度候⑦。

一、又つたへの咄にて聞候事は間違有たがり候ものに候間、何とぞかの者に出あひて角力など取候て能々容体見留候ものへ直咄御聞御書付被遣可被下候。尤出合候ものの郡村名、其者名前も承度候。相成候はば両三人も承合せ度候。勿論両三人の者河童に出合、形貌の様子違ひ候ても宜候。まま違ひ候はば違ひ候通りに御認被遣可被下候。勿論手足の様子迄も委敷御聞被下度候⑧。

一、河童惣身の毛いかが、毛などはへ有之候哉。面体も承度候。惣身すべり候もののよし及承候。是は身油にてすべり候哉。此辺にては鯰などにさはり候様に有之と申候如何哉⑨。

右の外とかくくわしく御申越可被下候。不思議の御問合せ事と可被思召候えども、物は博く相ただし置度候。疎に被成被下間敷候。くれぐれ奉頼候。以上。

二月十八日　　桃秋

嗽石尊者

尚々御地にて高橋六谷一瀬馬場の瀬などの神社有之候事も承居申候。社にはかたちを刻み有之とも承候間、くわしく御吟味可被下候。乳母むすこ小市先年角力取候よし、是等くわしく可存候。幾人にても御聞合可被下候。定て大同小異可有之候。其違ひ候は違ひ候まま御申越可被下候。我意を御用ひ不被下、其ものの申通りを御書き可被下候。画は彩色ならでは相分まじく候。此段奉頼候。

以上とくに傍線の部分を読んで、調査にのぞむ桃秋の態度の客観性には、感心せざるを得ない。彼は嗽石に、複数のインフォーマントに直接会って聞き書きをし、調査者の先入観を排除して、インフォーマントが提供した情報を正確に伝えるようにもとめている。質問項目の選択も、妥当といえよう。結果として桃秋の意図に充分そった調査がなされたかどうかはべつとして、彼の主観的意図が、上記のとおりであったことは疑いない。小泉丹[21]も、嗽石宛の桃秋の質問について、「桃秋、嘲石《ママ》両人の注意深さと、仕事の誠実さに敬服する」とたかく評価している。

六個の報告書の内容は、次節で紹介する。ここでは追記にある「高橋六谷一瀬馬場の瀬」について、かんたんに説明しておこう。高橋神社は、現在のＪＲ筑後吉井駅近く、筑後川水系巨瀬川に沿う位置にある。享保年間に水害があり、この時期から水難除け・雨乞いなどが祈願されるようになった。また寛政期に江戸相撲の力士・岩井川がここで万年願いの相撲を奉納し、そののち放生会の出世相撲がこの神社でおこなわれることになった。[25]なお岩井川は、吉井出身、寛政二（一七九〇）年一一月に新入幕、寛政八年まで幕内をつとめた。岩井川新入幕の場所には、雷電為右衛門が関脇に付け出されている。[16・96]

六谷水分神社は、現在の浮羽町、ＪＲ浮羽駅の南東、巨瀬川の北岸にある。地元ではロッコクさんという。寛政二年の献燈、文化六年の鳥居がある。立派な屋根を四本柱が支える土俵が目立つ。一の瀬神社は、やはり浮羽町に所在。JR浮羽駅からかなり南へ行き、山に入った地点にある。筑後川支流の隈上川に面し、上流にダムができている。また神社のすぐ下から用水の支流が流れ出る。文久年間の献燈があった。

馬場の瀬神社は、田主丸町の月読神社の境内に祀られる。知られているかぎりでは、その創建は明和までは遡る。堂内には数個の神像が安置され、それぞれ九千坊・川の殿・二位の尼・巨瀬（平清盛と称す）とされる。[25] この神社の位置は、巨瀬川と美津留川にはさまれた場所。以上の諸社は、いずれもがんらいは筑後川水系の水神信仰に発し、やがて近世の後期にいたり、河童伝承と結びついたのだろう。

河童は、基本的には川淵や人工的な用水・堀に閉じこめられて矮小化した水妖である。この点については、すでに私見を述べた。それを前提としつつ、本章および次章では、つぎの二つの問題をいくらかでも解明したい。

第一に、筑後川・山国川流域の農民・職人などにとって、河童とはどのような存在だったのか。そのイメージと、本草家流・考証家流の河童イメージとはどの点で等しく、どの点で異なるのか。第二に筑後川・山国川流域の人びとがいだいていた河童イメージの広がりのなかに、人的な要素が含まれていなかったかどうか。もしそれに肯定的な答が得られるとすれば、河童イメージの構成要素となったのは、どのような来歴をもち、どのような生活をしていた人たちだったのだろうか。

河童と格闘した人たち

本節では、前節で提起した問題を解く最初の糸口として、「河童聞合」における聞き書きの内容を要約しよう。ただしかなり長大な報告も含まれているので、河童にかんする私見に無関係な部分は省略した。また体験者たちが遭遇した河童の形態・習性の細目は、「筑後川・山国川流域の河童写真図」の節の表10にまとめたので、これについてもふれない。なお聞き書きに出てくる地名は、図30・31に示す。

（2a）角間村小市の体験

寛政一一（一七九九）年一〇月一九日のこと、角間村の小市のもとに四太郎村に住む従兄弟の惣吉が訪れ、「久留米地主より下作年貢取りたてのため、三角村に人参りおり候間、早々同所に罷り出で候様」と告げた。小市はただちに惣吉とともに三角村にむかった。途中の塚山という観音堂のある丘の北、南西に流れる用水を少しくだったところ、堤下の田に四本柱が立ち、大勢のものが集まって相撲をとっている。惣吉が小市に相撲に加わるよう勧めた。小市が応じないので惣吉が土俵にあがったが、たちまち投げすてられてしまった。小市のほうは相撲にはいささかの自信があるから、惣吉を見すててはおけないと、裸になって飛びだす。あいては橋田村の小汐川というしこ名の、小市の師匠にあたる力士であったが、今日は意外に弱い。「不審なることなり」と思って見れば、なにか生臭い臭いがするので、あいてが河童だと気づいた。あらためてよく観察すると、それまで大きく見えた力士や観客たちは、すべて子供ほどの身丈になっている。そこで小市が「三角村に参らずては相成りがたく候間、もはや取らず」と相撲を断ると、河童は、「三角村に参るには及ばず。三角村に地主参り下り……と申すは、その方を呼び出さんがためなり」と説く。すでに惣吉はいない。惣吉の姿をしていたのも、河童だったらしい。小市は、引きつづき数十番相撲を取った。取り疲れた彼は、隙をみて四太郎村の方向に逃げだし、用水の橋を越え、水辺を離れて少し安心していると、河童は先回りをして待ちぶせし、小市をはなさない。そこでふたたび数十番相撲を取らされ、また逃げだしたくなった。小市は、「明日は稲打ち手勢の約束にて……余計相撲取り候えば翌日惣身にこわり、仕事に差支え候に付き、止むべし」と訴えた。河童は「それは差支えざるよう致しやるべく間、取り候様、是非に」と応じる。つぎに小市が、「大村仁三郎、拙者方に先日参り候節、腰提を落とし置き候に付き、今日三角村に参るついでに持ち行き、あい届け候つもりに持参致しおり……」と事情を語っても、河童は許さない。そして「筑後川の水のみ候程ありて力強く、我々ばかりにては勝ち得ず候間、島渡瀬の荒波を呼び参るべく、そのついでに腰提も届けやるべし」と言う。小市が腰提を河童に投げ渡したとき、中から小針と珠数がこぼれ出てきた。河童は怒り「早く捨てよ」と要求し、針と珠数を捨てた腰提を持ち去った。そこへ荒波が来て、小市と手合わせをしたが、小市はほとんど歯が立たない。彼は大いに疲労困憊し、体も傷み耐えがたく、やっと逃亡に成功し、惣吉の家に逃げこんだ。その日は惣吉方に泊まり、翌日家に帰って稲打ちをこなした。夕方から翌々日まで前後不覚に寝ていた。

現在の福岡県吉井町の北東部、角間から南西に用水が流れており、「危険注意」の立札がところどころに立っている。鉄網の柵にかこまれた用水の流れにそって歩くと、その南に塚堂とよばれる五世紀の古墳がある。これが小市調書にある塚山と同定してよい。[一五] 小市が最初に相撲を取ったのは、塚堂古墳から見て、用水をはさんで向うがわの田地（図31Ⓑ）だろう。現大字千年、小字ハスワ北・ハスワ南に相当する。一帯は広大な水田地であるが、小市が河童と出会ったあたりは、現在では田の数枚分はコイの養殖池に変えられ、水を湛えている。小市の第二現場は、現大字宮田、小字西または四太郎（図31Ⓒ）と推定される。なお広瀬桃秋は嗽石宛調査依頼状のなかで、小市について「乳母むすこ」と書いている。源吾の報告によれば、一八〇五年における小市の年齢は三二歳であった。してみると桃秋のいう「乳母」とは、彼の子・淡窓の乳母を指す。桃秋夫人・ユイの縁で、吉井から連れてきたのだろう。

（2b）徳堂村勝平の体験

天明五（一七八五）年のこと、徳堂村の勝平は、奉公先の同村・三郎右衛門の依頼により、吉井町の歯細工人・次右衛門のもとに歯の細工を頼みに遣わされた。勝平は、竹重村に請作をもっていたので、吉井町の用件が終わったのち、自分の請作地を見まわりに寄ろうとした。その途中河童と出あい、相撲を取った。場所は、吉井から竹重村に入った地点、この村の小字・おこげ島の西側、南北に流れる用水の水をたたえた堰の端である。勝平は、一〇番ほど相撲を取ったあと、「請作を見まわり……帰らず候ては相成り難し」と相撲の取りやめを申してたが、河童は「この下に相待ち居おるべし」と執着する。勝平が請作を見おわり、巨瀬川の清宗渡瀬へ渡りかけたところ、その河原に河童が十数人《ママ》集まって待っており、つぎつぎに勝平に相撲を挑み、日の入りにまでおよんだ。相撲を終えたあと、彼は河童二人《ママ》に送られて、徳堂村まで帰った。以後二日半ほど、前後不覚に寝ていた。

勝平が河童と遭遇した第二現場は、ほぼ的確に推定できる。JR久大線の筑後吉井駅から少し北に行くと国道二一〇号線にであう。そのすぐ東の巨瀬川岸に高橋神社がある。ここから巨瀬川沿いに西にむかって三つ目の橋が清宗橋である。清宗渡瀬とは、この辺の瀬

（図31Ⓙ）であろう。ところどころの岸辺や川中に洲があり、草が生い茂っている。このような洲で、勝平は複数の河童と相撲を取ったと思われる。一方、第一現場のおこげ島の同定はむずかしい。清宗橋の東がわに江南橋が渡されている。そのすぐ東、巨瀬川から南方に引かれた用水が現存する。これが国道二一〇号線と交叉する扇島橋（現吉井町小字安免・飛瀬・池添）あたり（図31Ⓘ）が、有力な候補地であろう。[注(5)] いずれにせよ第一現場・第二現場ともに、豊かな水田地帯。小市の現場付近の用水、勝平の現場近くの用水は、ともに筑後川から誘導されている。堰・水門・溝などの工事は、寛文四（一六六四）年に第一期を終え、寛文七年に最終的に完成した。この地域の水田耕作は、寛文水道開鑿に負うところが大きい。[一七]

（3）宮園村治右衛門の体験

寛政四（一七九二）年六月二四日、宮園村の庄屋・治右衛門が四つ半ごろでかけて夜半帰る途中、閉めきった堰が崩れ水が流れでたところで、河童に出あった。四〜五間ほどむこうから寄ってきて、治右衛門の左の手に取りつき、これを払うとつぎは右の手に取りつく。両手を捉え何度も投げつけたが、そのたびに倒れず飛びかかってくる。半時ほどこの状態がつづき、治右衛門が大いに困労したとき、たまたま河童の肩骨に両手がかかり、押し伏せることができた。治右衛門が「以来災いを仕らざるよう」と説諭をして放してやると、河童は返事もせずに逃げ去った。その翌日より治右衛門の気分がすぐれず、耳聾になったが、一四日目にようやく治癒した。その間、治右衛門は五穀を食せず、真桑瓜のみを食べた。

宮園村は山国川に沿い、現大分県耶馬渓町大字宮園（図30Ⓒ）に相当する。後述の「筑後楽」で有名な雲八幡宮の所在地である。森春樹の『蓬生談』巻三には、治右衛門が川向こうの配下の家に行った帰り、瀬を渡るとき河童に出あった、と書いてある。もちろんこの川は、山国川であろう。治右衛門の屋敷跡は、雲八幡から東へ歩いて数分の距離にあるが、子孫は現住しない。治右衛門の孫は明治大正期の著名な実業家・朝吹英二、英二の孫がフランス文学者・翻訳家の朝吹三吉・登水子の兄妹である。[二・四五・二五〇] 山国川は、宮園のあたりでは川幅十数メートルぐらい。洲や石が多く、流れは浅くて透明。治右衛門家の南側の対岸には、掛地の村落が見え、少し西に行くと江淵の村落が存在する。渡渉地点は、掛地か、ここと江淵のあいだだろう。江淵には名のとおり小さな淵があるが、あまり深くはない。一九九三年の雲八幡奉納風流踊りの禊は、この淵でおこなわれた。[四五] 山国川の両岸は山地だが、川沿いの広からぬ土地に水田が営まれている。

（4）豆田町嘉吉の体験

豆田町の嘉吉は、八重谷村に相撲を取りにいった帰り、夜四つ過ぎ、星野村の星野川蛇淵に渡りかかったところ、何となくぞっとした。その夜は、大瀬村甚平というものの家に泊まった。九つ過ぎのころ、五～六人《ママ》のものが窓ぎわに来て、「相撲取り申すべし」と誘う。嘉吉が断ったので、彼らは去ったと思ったが、しばらくすると窓の格子を引きたてる音、サルの鳴き声のような「キイキイ」という声が聞こえた。のぞいてみると、二間ほど隔たった木部屋のわきに、河童が二疋《ママ》いた。嘉吉は、その後二～三日臥していたが、とくに障害はなかった。

現在の浮羽町から八女香春線を南下し、合瀬耳納峠を越え長尾を経、福岡県星野村下長尾にでると、ほぼ東西に流れる星野川に蛇淵橋（図30Ⓓ）がかかっている。もちろん近世には、橋はなかった。この橋の下、北岸に沿い暗い蒼緑の水澱む淵がある。これが蛇淵である。南岸には県が小さな川岸公園をつくっており、ベンチが人待ち風情。蛇淵の東側の長尾には家並みが続く。一時はここに村役場があった。西側にも人家が点在する。谷あいに、水田も見られる。これらの水田の多くは、延宝八（一六八〇）年に完成した農業用の井出に依存するという[二七]。星野川は、矢部川の支流。

（5）豆田町善吉の体験

寛政七（一七九五）年七月二〇日の深更、善吉は中城村の又吉と、玖珠郡森の町へ綿打ちに出かけた。夜も明けかかるころ、馬原村大清水という場所にさしかかり、大通りの下、家が一～二軒あるそばの湧泉に水を飲みに行こうとした。すると、水のなかに物音が聞こえる。見ればサルのようなものが二つ《ママ》、なにかを拾い食い、また水中に入っている。そっと立ちのき、又吉に告げたところ、又吉が礫を投げようとして騒いでいるうちに、姿を消した。

現場は、現大分県天瀬町大字馬原小字大清水、日田・戸畑道に沿った一地点（図30Ⓔ）である。[五] 道から南側の湧水地に降りる斜面は、現在は椎茸の栽培地になり、湧水に接した場所は水田になっている。善吉のころは、泉のすぐ北にたぶん粗末な家が建っていたのだろう。天瀬町役場所蔵の明治二一年の地図にも、その位置に家一軒の存在が記録される。今は一軒もない。問題の湧泉は、この狭い谷あいの水田の水源でもあった。水田をはさみ湧水のさらに南側の山沿いに、幅一メートルたらずの小川が流れる。

（6）竹田村正市の体験

竹田村の正市の父は、白糸と名のる相撲取りであった。正市が川原町の吉武屋某に奉公していたとき、安永六（一七七七）年六月一二日、藪入りの日におきた事件である。当時一五歳の正市は、弟と主家の子をつれて、夕方七つごろ、町裏の川の銭淵という場所に水浴にでかけた。二人の年少の子たちが岸にあがり、さらに正市もあがろうとしたとき、水中で彼の足を引くものがある。正市は「河童の所為なり」と察し、ここぞと思うところをぐっと摑み、仕返しをしたつもりで帰った。ときはすでに、薄暮になっていた。食事後、正市が門口に出ると、河童らしい小僧体のものが多く来たり、口ぐちに「正市、相撲取るべし」と言う。正市はこれに応じ、さきに水浴した近くの砂地に行くと、おびただしい数の河童が前後左右から飛びかかってきて、正市の背中をたたいたり、尻を踏んだりするが、相撲にはなっていない。正市が河童を捉えようとしても、動きがすばやくてうまくいかない。彼は一計を案じ、砂上にひれ伏し、たたかれても蹴られても動かずに我慢していると、河童は正市が降参したかと誤解し、大喜びして「キイキイ」と笑い跳びめぐる。そのとき川中から一個《ママ》の河童が現れ、他の河童どもを押しわけて正市に近より、その髪を摑む。正市がこれに抵抗しもみあううちに、彼は河童の手をたぐり、背負い投げで河童を石垣の角に打ちつけると、河童は「ギャッ」と叫んで即死した。そして他の河童たちはその死骸を引きずって水中に入り、姿を消した。正市が主家へ帰りつくと、背戸道から門口まで大勢の河童が謂集し、「正市来たれ、勝負せん。敵討ちせん」と呼ばわる。正市は「心得たり」ととびだし、親元の家に包丁を取りに行くが、河童が手足にまといついて何度も倒れころぶ。やっと家にたどりつき、包丁をもって走りでようとするのを、近所の相撲仲間などが取りおさえた。それから義弘の名刀をもって正市を威かしたのが効き、狂乱状態がいったんは収まった。しかしその後も「河童来たる」と口走り、妄想の発作が再発したので、久留米瀬の下の水天宮に祈禱をたのみ、守りを授かった。以後は災いも失せた。

日田市の中心部近く、南東のほうから大川（筑後川主流）・玖珠川・高瀬川が合流して三隈川になる。このあたりで川幅が大きく広がり、流れは速度をおとし、深い碧色をみせて水が静まる淵となる。銭淵とはこの辺（図30Ⓕ）をさす。現在では、その北岸・隈町沿いは、遊船をつけるために人工的な川岸を造成しており、河原はない。しかし少し川上の三隈大橋の辺りには、砂地に雑草が茂った場所がある。正市が相撲を取ったのも、隈町沿岸のこのような場所であったろう。銭淵では、かつて水死者がとても多かったといわれる。[一九]

河童伝承における幻想的要素

「河童聞合」に記録された河童体験について、小泉丹[二九]は、幻覚・妄想的要素とそれを触発した動物的要素について考察をおこなっている。ただ小市の報告については、べつの著書でわずかにふれた[二九]のみで、詳しい紹介も論評もなされていない。以下、小泉の見解を略記する。

（2b）勝平：勝平の現場は、河童が人に相撲を挑むと土地の人びとから信じられていた場所だろう。彼が第一現場のおこげ島を通ったのは正午ごろであり、おそらく勝平はそこで弁当を使い、その後仮睡した。その夢幻状態のなかで、彼は相撲を取ったと妄想した。目が覚めてふたたび歩きはじめたが、妄想の遺像が執着して強迫観念になったまま、午後二時ごろ、用事をすませたという安心感もあり、清宗渡瀬近くの木陰で休息をとり、また仮睡し、河童妄想が明瞭に復活した。帰宅したのち二日半ほど前後不覚に寝たのは、精神的疲労と虚脱の結果である。

（3）治右衛門：治右衛門にとびついたのは、野イヌまたはキツネだったろう。河童の肩骨の形状は、俗信の復唱と思われる。河童にかんする俗念が頭にはっきりあったため、感応的な違和が生じ、本人はこれが河童との格闘の結果と思いこんだ。帰宅後瓜だけを食用したのも、憑いている河童を優遇して退散してもらう意図によると解される。

（4）嘉吉：蛇淵も河童が出ると噂された場所だったろう。そこを夜八時ころ嘉吉が通りかかりぞっとしたとき、河童のことが彼の念頭にあった。大瀬村甚平の家で、彼は河童にたいする恐怖感から、河童の声を幻聴したのだと思われる。ここで河童憑症が成立し、河童幻視などが誘導された。

（5）善吉：実際には善吉がサルのようなものを薄明に見て、これに河童にかんする知識を当てはめたのだろう。

（6）正市：銭淵にも河童が出るという噂があったと思われる。最初に正市が、自分の足を引っぱったと感じたものが何であったか不明だが、本人にとっては異常な感覚と意識された。薄暮に戻って門口に立った正市の頭には、恐怖感・報復不満の感が残存継続しており、彼は妄想状態に陥っていた。正市はその状態のまま河岸におもむき、幻想境に迷没した。主家に帰ったのち同輩の質問をきっかけに、凶暴状態の発作が生じた。河童を殺したという妄想によって恐怖感を著増したのが、発作における凶暴な行動の原因である。名刀の威力で平静になったことは、狐憑症との類似性を示す。

小泉の精神医学的説明は、簡潔に要点をとらえ、じつに行きとどいた考察である。私が付加すべき別の解釈の余地はあまりない。ただ小泉の時代以後における精神医学の発達にもとづいて、いくらかの注釈をつけることはできる。

全般に「河童聞合」の各症例には、心身の疲労、ストレスの蓄積という前提があったと思われる。このような状態で、河童出現の噂のある場所を通過し、心因性反応・反応精神病の症状を発したのだろう。

これらの病症に祈禱性精神病の名をあたえた森田正馬[三五]自身が述べた類例を示す。時代は二〇世紀。以下に引用するほかの報告もすべて今世紀のものである。

一九歳の農民の男性が、大ヘビが住むという伝承のある淵の上に毎日木を伐りに行き、そのたびに恐怖を感じていたが、一〇日経ちついに我慢が限界に達し、身体に違和が生じて目が見えなくなった。その夜飲酒後、家を出て帰らなかった。捜索の結果、藪のなかに頭を突っ込んで伏していたところを発見された。彼の言うところによれば、大ヘビが化けた美人に招かれてここに来た。意識混濁状態で周囲の見境もなく苦悶し、言語を発することもできないので、祈禱を依頼し、刀を彼に近づけると、たちまち激しい全身痙攣を発するにいたった。意識混濁は、三日後回復した。

このような症状は、広い意味では憑依妄想の範疇にはいる。憑依妄想にさいして現われる幻覚のうち主なものは幻聴であるが、幻視が生じることもないわけではない。たとえば西川修[一八〇]の報告があげる四六歳の男性は、「俺はキツネだ」という声を幻聴したほか、キツネの姿を幻視した。彼は、神棚の下にキツネがいると主張し、日本刀であたりを突き刺したりする妄想行動を示した。発病四〇余日後にも、幻視と幻聴にたいする攻撃行為が再発したが、発病後二か月ほどで全治退院した。このばあい、幻覚・妄想の誘因は、過労と偏執的性格だったと西川は結論する。ブラウンは、一般に心因性精神病の素因のうち環境的要素として、精神的に不利な状況、外囲の事情にたいする無益な闘争、恒常的な精神的圧迫、強烈な期待・願望、長く続く不眠、反復する興奮をあげている。[一〇〇]「河童聞合」における河童体験者たちの過去の生活状態・性格・病歴についてはほとんど不明であるから、確実な判断はできない。しかし善吉のばあいを除いては、どこか上記二例に類する幻覚・妄想を見いだすことができる。それゆえ、これらの河童体験は、心因反応・反応精神病、とくに憑依妄想として説明できそうである。とくに嘉吉の体験した幻覚は、幻視・幻聴のみで幻触を含まないので、心因反応と判断すべきだろう。

彼らは河童が憑いたという自覚をもっていないが、同様の原因で発する心因反応にさいし、女性は憑依妄想に入る傾向が強く、男性は外部に憑依源を投影しがちである。[一六・一七]すなわち、外部からの攻撃を受けるという妄想が生じ、それにともなう幻視・幻聴が顕著に現われる。

河童体験だけでなく、体験後の長期にわたる睡眠の継続も、ブラウンがあげた環境素因によって説明できるかも知れない。河童妄想の発作をきっかけにして、睡眠抑制が解除され、心身の疲労が回復して行く経過をここに見ることも可能である。

「河童聞合」における河童体験は、おそらくこのような心的要因を素地とし、さらに森田が指摘するような伝説・風聞による恐怖感を直接の誘因として形成された。

伝説・風聞に迫真性をあたえる雰囲気は、場所だけに起因するのではない。季節もまた関係しているだろう。治右衛門の例をまず検討したい。彼が六月二四日の夜半に河童の出そうな堰近くの瀬を渡ったとき、心身とも困憊の状態にあったと仮定する。すぐそばの雲八幡神社では、旧暦六月三〇日に大祓いの儀式と、これに付属する水神祭をおこなっている。[二] 治右衛門が河童と出会った日は、水神祭の寸前であるが、河童の災いを抑えるこの祭りはまだなされていない。彼はそのような状況を、少なくとも無意識には思慮していた。このタイミングも、心因反応の誘導を強化したのではないか。さらに言うならば、その後しばらく瓜しか食しなかったのも、河童退散の意図だけでなく、じっさい消化器が水気の多いものしか受けつけないほど、心身が疲労していたのではないだろうか。

正市の体験についても、季節が関係しているかも知れない。水神祭は、どの地方でも旧暦六月におこなうのが通例である。八坂神社（祇園社）の祭りが、この役割を兼ねることが少なくない。正市の時代、日田の八坂神社の祇園会は、旧暦六月一〇・一一日におこなわれた。八坂神社は、正市が河童と出会った銭淵の北岸近くにある。また六月七日には、銭淵より少し南に行った竹田河原で、神輿洗いがなされた。[三] 正市の事件は、祭りが終わった翌日発生した。『蓬生談』巻三によれば、水天宮の社司は、正市の相手になった河童たちが筑後川の下流から日田まで来て、祇園会を見物していた、と関係者に告げたそうである。ただし少なくとも現在では、日田の祇園会が、水神や河童との連想を誘うようすはない。

勝平および嘉吉については、事件のときの季節が語られていない。また善吉の体験は、幻覚症状というほどのものではない。小市の体験は、一〇月一九日と明記されているが、旧暦一〇月に水神祭をおこなう神社が近隣にあったという証拠はない。「河童聞合」の河童体験に祈禱性精神病ないしは心因反応・反応精神病以外の原因が、関係した例はないだろうか。

「河童聞合」の河童体験には、幻触と平衡感覚の失調が多く含まれる。相撲はもちろん、河童との接触なしにはおこなわれない。小市・勝平・正市のばあいもそうであるが、河童が左右から間断なくとびついてきたという治右衛門の体験は、いっそう単純な触覚に近い。また相撲を取っているあいだは、体が動揺するので、平衡感覚の失調にも無縁ではない。

そこで問題になるのは、ナルコレプシーの幻覚・妄想である。ナルコレプシー[一四・一六]とは、突然眠けに襲われたり、驚きなどの情動によって脱力発作が誘発される症候群である。脱力発作の結果、腰がぬけるように倒れることがある。また入眠時に特異な幻覚を生じる。福間悦夫[一九九]によれば、この幻覚の特徴はつぎのとおりである。第一に視覚・触覚・平衡覚の順に多い。これにたいし、精神分裂症・てんかん・心因反応においては、幻聴が多く、幻触・平衡覚の異常は少ない。第二に、幻覚のなかでの情動体験は、恐怖・不安が多い。第三に、攻撃的要素、とくに攻撃される内容のものが多い。なおナルコレプシーが慢性化したり、これに非定型分裂病が合併したりすると、妄想が体系化してくる。ちなみに、前記のとおり小泉は、勝平の体験を睡眠にともなう妄想とみなしている。

ナルコレプシー妄想の事例をあげよう。

（1）一一歳の男性：黒いマントを着た魔女、黒服の男、一〇～三〇センチくらいの小人などが現われ、彼の首を絞めたり、殴ったりする。学校にいるとき、鋏を持って逆襲しようとしたところ、先生に鋏を取りあげられた。[35]

（2）二二歳男性：脱力症状におちいり、ネコが現われ、ヘビが体に巻きつく。また透明人間から手術をされた。[34]

（3）二二歳男性：化けものが出現し、追いはらっても追いはらってもまたやって来る。なお他のものの証言によると、本人は出刃包丁を持ったり、ある家にヘビを退治に来たと訪ねてきたりした。[36]

以上のような幻想体験や、他人が観察した行動は、正市の症状によく似ている。正市は、年下の少年二人を先に帰したあと、ナルコレプシーの発作を生じたのかも知れない。それよりは、正市が眠ってしまったので、残りの二人が帰ってしまったと考えたほうがよさそうである。正市体験の前半、すなわち倒れた正市の身体を多数の河童が蹴ったり叩いたりし、彼がそのなすままにしておいた場面は、脱力症状と幻触によく符合する。事件の後半、つまり正市がいったん引きあげたのち、包丁を持って河童を迎撃しようとしたときには、目撃者がいた。そして目撃者には河童は見えず、河童の声も聞こえない。この段階での正市の妄想は、入眠時幻覚そのものではなく、妄想に誘発された客観的行動であり、前記(1)・(3)の患者の行動に似ている。他人から見れば、正市はただ叫びながら包丁を振りまわし、よろめいていただけなのだろう。

治右衛門・勝平の妄想も、ナルコレプシーの幻覚をもとにして生まれた可能性は否定できない。これらのばあい、恐怖などの情動が引きおこした心因反応、あるいはナルコレプシー妄想、または両者の併発とするのが穏当だろうか。

説明がむずかしいのは、小市の例である。彼の物語は起伏にとみ、かつ長大である。単純な幻覚・妄想として理解するのは困難だろう。しかし体系化したナルコレプシー妄想の極端な例とみなされないこともない。アイレンバークらは、分裂病と対比したナルコレプシーの弁別特徴として、経験の病的再現、映画フィルム様体験、爬虫類の強調をあげている。[三六] 小市の報告は、この特徴に適合する。ただし正常な意識のときの小市が、他人に問われるままにくりかえしくりかえし河童体験を語っているうちに、意識的・無意識的に自分の妄想体験をしだいに加工・修飾し、ストーリーを造作していったとも判断できる。その可能性についても、おそらく肯定しなければならない。

もとより私は、迷信を打破するためにこの項を書いたのではない。私は、河童のイメージが「比較的近代の日本人の頭のなかに出来上がったものであろう」という小泉の立場[62]にたつ。そしてその「出来上がったもの」の内容が河童体験者の幻覚・妄想に現われた、と考える。

したがって、河童体験の幻覚・妄想を生んだ精神医学的原因は、じつはどうでもよい。重要なのは、河童体験に幻覚・妄想的要素が存在するという事実であり、また文化形成におけるその幻想の役割である。実在する動物的・人的要素にかんする人びとの経験・噂話の記憶・累重と、彼らが属する文化圏の内外に発する文化特性のあいだの往復運動を通じて、河童のイメージは出現し、固定した。幻覚・妄想は、両者を無意識のうちに統合する。たとえば幻触が、相撲妄想と結びつく必然性はない。草相撲が盛んなこの地方の農民の文化特性が、幻触を相撲妄想に展開させた。また一般論として、相撲の相手が、**表10**に示すようなサル的・山人的存在である必然性もない。小市・勝平・嘉吉・正市が、山中の川辺で遭遇した山人やサルの印象が、ここで河童伝承と結びついたのだろう。彼らの河童妄想は、山人・サルの経験と、河童にかんし広くおこなわれている伝承と、地元の相撲文化の三者を取り結び、リアルなイメージを担って誕生した。かくて編集されなおして再生した噂話は、ふたたび拡散し、ときには新たな文化枠の形成に寄与することもあったろう。

筑後川・山国川流域の河童写真図

本節では、『水虎考略』冒頭におさめられた河童写真図（図32ア〜キ）の成立過程を、できるかぎり念入りに解明したい。なお（ア）〜（カ）は、容貌・体格などについて、相互に類似点が見られるので、今後まとめてA型図とよぶ。

まずこれらの図と「河童聞合」の各報告の対応を見きわめていこう。「河童聞合」に報告された河童の形態・習性を、表10に整理した。

佐々木源吾は、小市聞き書きにおいて「小市申候通絵図別紙にかかせ候」、勝平聞き書きにおいて「別紙かっぱの図御上覧入れ申候」と述べている。善吉聞き書きには、「其形画かせ差上候」とある。善吉のばあいは広瀬桃秋の文かも知れない。いずれにせよ、小市・勝平・善吉が目撃した河童について、絵図が提出されていた。また『蓬生談』巻三を参考にすると、治右衛門の聞き書きのさいにも絵図が描かれたことが確実である。これらの事実から推測すると、のこりの嘉吉・正市の報告も、絵図つきでなされた可能性がある。

体験報告は六件。一方『水虎考略』冒頭の図は、全身図が六点、ほかに足の図が一点であり、足の図をべつにすれば、報告件数と図の数もあう。

六点の全身図を、報告文と対応するようにふりわけてみよう。まず手足の指の数が目安になる。小市が見た河童の指は三本であった。これに合致するのは（カ）のみ。腰にまわしをつけ、頭上の凹みが目だたない点でも、小市報告とちがわない。図の色彩については、諸本によって多少異なるので、『水虎考略』古賀本、および『水虎説』国会図書館本を参考にする。第七章で説明するが、これらの「河童聞合」写本は、羽倉外記が古賀侗庵に見せた原本にもっとも近いと思われるから、それを優先することにした。『水虎考略』で体色赤黒、『水虎説』で赤、これも体色赤黒とする報告とほぼみあう。

勝平体験はどうか。足は人のとおり、とされているので、指は五本だろう。すると候補になるのは、（エ）と（オ）である。身長にくらべ首からうえが比較的大きく、下半身が小さいという報告も、（エ）・（オ）に相応する。では勝平が見たのは（エ）・（オ）のいずれだろうか。彼が目撃した河童の髪は赤、体色は栗色である。『水虎説』・『水虎考略』いずれにおいても（エ）・（オ）両者の髪は赤黒、体色についていうと（オ）の体幹部は赤黒であり、（エ）は赤の部分と青黒の部分にわかれる。したがって勝平の河童が、（エ）・（オ）のいずれであったか、なんとも言えない。あるいは、一方が勝平の河童図の微修正途上のものであったのかも知れない。

つぎに善吉が報告した河童の足指は四本である。図では足指四本の（ア）・（イ）・（ウ）がこの河童の候補になる。肉少なく痩せがた、肩に横棒のような腕骨がとおっている、という特徴についても善吉が見た河童の図として適切だ。頭頂の凹みが確認されているので、

足	体毛	皮膚	体色	着用物	言語	相撲
人より長い 指は3本で人より長い	ネコ毛のような毛が生える	ぬめるが油や水でぬれているのではない	赤黒	まわし	人の言葉をはなすが問いなおすとキキと言う	好む
人のとおり	惣身に毛が生えているとも見えず	ぬめる ぬれてはいない	栗色		人のように語り言語を聞き分ける	好む
	惣身にまだら毛が生える	それほどぬめらず	うす黒			
			赤黒		人の言語を語ることもありキイキイ言うこともある	好む
足裏は人のよう 指は4本	まばらに毛が生える		赤黒			
		ナマズの肌のよう	うす黒		言語人のごとし キイキイとも言う	好む

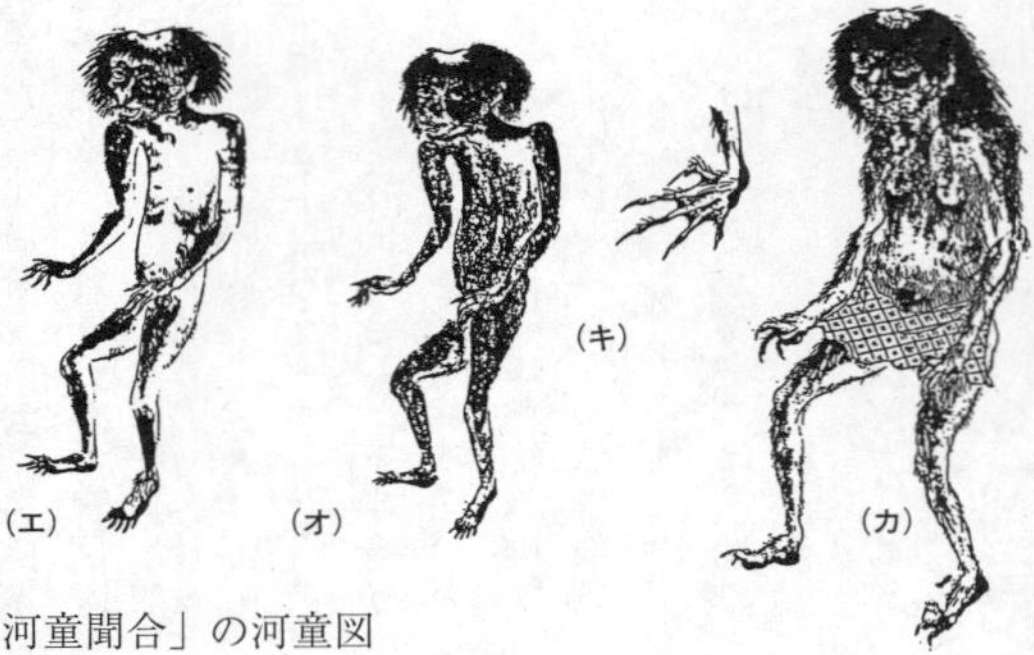

図32 「河童聞合」の河童図

表10 「河童聞合」における河童の形態と習性

体験者	身長	頭髪	頭頂	面貌	眼	体幹	手
小市	12〜16歳の子供くらい	頭頂以外には頭髪あり	皿なし	面短い	まるい	サルに似る 胴短く足長い	人に似る 指は3本
勝平	7〜8歳の子供くらい	赤毛四方にたれる	皿は見えず	サルに似る	短い	頭の方は大きく下半身は小さい	
治右衛門	6〜7歳の子供くらい	肩までたれる	凹みの有無は不明	眼鼻など人に似る		きわめて痩せている	肩の骨が横に通る
嘉吉	5〜6歳の子供くらい	髪長く頭にかぶる		眼鼻口など人に似る			
善吉	3〜4歳の子供くらい	肩までたれる	凹みあり	サルに似る 眼より上は短い	まるい	サルに似る 肉少なく痩せている	腕は細い 肩に横棒のような骨あり
正市	4〜5歳の子供くらい	面にたれる				はなはだ痩せている	伸び縮みする

(ア)

(イ)

(ウ)

その点からいえば、凹みがもっとも顕著な（ア）がいちばんふさわしい。体色は渋紙のようとされているから赤黒であろう。『水虎説』・『水虎考略』ともに、（ア）・（イ）・（ウ）の体色はそれほど異ならず、青黒にいちぶ赤みがかる。総合的に考えると、（ア）の可能性がつよい。

「河童聞合」に付せられた図のうちに治右衛門の河童が含まれているとしたら、どれだろうか。「河童聞合」・『蓬生談』の両方で、河童が痩身であることが強調されているほか、『蓬生談』においては、肩骨が一本になっていて左右に出る、とある。そうしてみると、治右衛門の河童は、善吉の河童の系統と思われる。嘉吉・正市の河童図が描かれた証拠はないが、正市の河童の形態は、やはり善吉型のようである。それゆえ（ア）・（イ）・（ウ）が順不同で、善吉・治右衛門・正市の河童に対応している可能性は棄てられない。さらにかりに嘉吉の河童図があったとすれば、消去法で勝平型、（エ）・（オ）のいずれかということになろう。

最後に図（キ）が、どの報告に関連するかを考察しよう。小市体験報告に、足の形態は絵図のとおり、と述べられていることから、（キ）がこれにあたる、と推定したくなる。けれども報告では指三本、図の指は五本である。このくいちがいをどのように説明したらよいか。小市体験にかんする源吾の報告には、つぎのように書かれている。

足はあとは御座候えども、人間の足より長く御座候段申し候に付、別紙絵図を見せ候処、別絵図の通御座候……段申候。

つまり調査にあたった源吾が、小市に図（キ）を示し、「足はこんなぐあいではないか」と訊ねた。源吾はもともと指五本の図を用意していたが、小市は指の数ではなく形態を訊かれたと判断して、源吾の質問に肯定的に答え、けっきょく源吾の示した原図が訂正されないまま、桃秋のもとに届けられた。このように私は推測する。

すなわち源吾は、小市に既成の図を提示して小市にその正否を問うた、と推定できる。それは他の図についても妥当するだろうか。

治右衛門目撃の河童は、（ア）・（イ）・（ウ）のどれかである可能性がつよいが、『蓬生談』によれば、それをじっさいに描いたのは治右衛門ではなく、調査者の一人である森五石であった。また善吉の河童として桃秋にさしだされたのも、（ア）・（イ）・（ウ）のいずれかだったと思われる。そして聞き書きの対象になったとき彼は、「猶以私儀自身画き得不申候に付、少々不行届も御座候」と言っている。注(6) このばあいも、善吉自身が作画したのではない。やはり調査にあたった誰かが書いたのだろう。

さらに（ア）〜（カ）の河童の形態が、たがいに似ていることも無視できない。だからすぐあとで述べるように、『水虎考略』丹洲増訂本では、これらが同じ類属にぞくすると解釈された。おそらく桃秋は、複数の類似図をあらかじめ作成し、それをインフォーマントたちに見せた。直接絵筆をとった人たちは、これらの図を下敷きにし、インフォーマントの話を聞きながら、持参した図をモディファイして最終図を作成した。このとき下敷きの図は、相当の誘導効果を発揮しただろう。(ア)~(カ)の河童の形態がたがいに類似しているのは、このような作画方法の結果だと思われる。

では桃秋が配布した図は、どのようなものだったろうか。いまのところの私の推測が正しければ、『和漢三才図会』(寺島良安、一七一三年刊)巻四〇の山𤢖(図33)および川太郎の図(図26a)をモデルにしたものであった。

『和漢三才図会』の山𤢖の項には

按ずるに、九州の深山中に山童というものあり。①貌十歳ばかりの童子のごとく、⑨遍身細毛、柿褐色。長髪面をおおい、腹は短く脚長く立って行く。②人言をなしてはやくちなり。……川太郎を川童といい、これを山童という。山川の異なりて同類別物なり。

とある(①などの数字は、中村の挿入)。

また川太郎の項の説明はつぎのようである(①などの数字は、中村の挿入)。

深山に山童と同類異物あり。……按ずるに川太郎は西国・九州の渓澗・池川に多くこれあり。①十歳ばかりの小児のごとく裸形にて能く立ち行きて②人語をなす。髪毛は短く少なし。⑥頭のいただきに凹あり、一掬の水を盛るべかり。……⑤性相撲を好み、人を見て則ち招きてこれを比べんと請う。……手肱はよく左右に通り、肌は滑らかなり。

……

図33 『和漢三才図会』の山繰

山童・川太郎ともに九州に多いとされている。その九州日田に住む知識人の桃秋は、当然『和漢三才図会』を知っていただろう。彼の質問内容に、その影響を読みとることができる。とくに本章「「河童聞合」の河童」の節で示した質問の①・②・⑤・⑥・⑨にかんして、そのことがいえる。上記引用文のなかの数字は、これに対応する部分を示す。ただし質問内容が、『和漢三才図会』のような書物の知識によってのみ定められた、とみなすことはできない。桃秋は、日田を中心とした地方の河童伝承・河童噂話を熟知していたはずである。それもまた質問内容に反映されたに違いない。

さてこのように、桃秋の質問内容が『和漢三才図会』の影響をうけていたとすれば、彼が作成・提示した図についても同様の事情を予想しなければならない。長髪、長い脚、肌毛の生えぐあい、胸腹部の輪郭などについて、(ア)・(イ)・(ウ)各図は、山獴の図に似ている。また皿の存在、胸腹部の輪郭、足脚の形態などについて、(エ)・(オ)は川太郎の図に相似する。桃秋はこれをもとにし、日田で噂されている河童の形態をも考慮にいれてモディファイし、さらに調査者がインフォーマントの口述にもとづき調整・改変し、仕上げたのが、(ア)〜(カ)の図ではないだろうか。

では(キ)の原図のモデルはなにか。私見によれば、これは現実の動物の足掌の誇張した写生である。動物の種類としては、カワウソ・イタチ・カメ・スッポン・タヌキ、および水鳥が候補にあがる。足跡から復元したのであれば、水鳥が有力であろう。また桃秋が実物写生の図をあらかじめ所有していたのだとすると、その実物はスッポンの干物の足掌だったと、私は憶測する。薬店の店先で写生したスッポンの干物の足掌のスケッチが図37αである。

河童の指三本は誤りで五本が正しいという『水虎考略』丹洲増訂本の指摘も、丹洲が河童の手と称するもの、たぶんカワウソかサルの手を実見したところから来たのかも知れない。ただし指三本説にも根拠がある。水鳥の足指のうち第一指は、しばしば小さくて後方に向いているので、一見三本に見える。またスッポンの爪は三本である。[42]

これまでの結論をまとめよう。(1)『水虎考略』冒頭「河童聞合」の前におかれた七点の図は、「河童聞合」に収められた報告書の付図である。(2)小市の報告と(カ)、勝平の報告と(エ)・(オ)のいずれか、善吉の報告と(ア)・(イ)・(ウ)のいずれか、の対応が推定される。(3)治右衛門・嘉吉・正市の報告にも、(ア)~(オ)のいずれかが付せられた可能性があるが、そうとも断定はできない。(4)(キ)は、質問者が小市に提示した図だろう。(5)河童体験者と会って、彼らの体験を聴取した桃秋などは、あらかじめ河童の絵を用意し、それをインフォーマントの話に合わせて書き換えながら、最終的に絵を仕上げていったと思われる。そして事前に用意した河童図は、『和漢三才図会』の山獠と川太郎の図、および九州の噂話で想像されていた河童の絵を参考にして作成されたものだろう。

以上の経過で成立したA型図は、そののち複写の過程でさまざまに変形していく。まず『水虎考略』栗本丹洲増訂本における「河童聞合」の図(図34)の編集について考えておく。この系統の諸本では、三点のA型図が欠落している。丹洲は、類似図がたんなる重複と解釈して、重複とおぼしい図はそれぞれ一点のみ残すという処置をとったのだろう。た

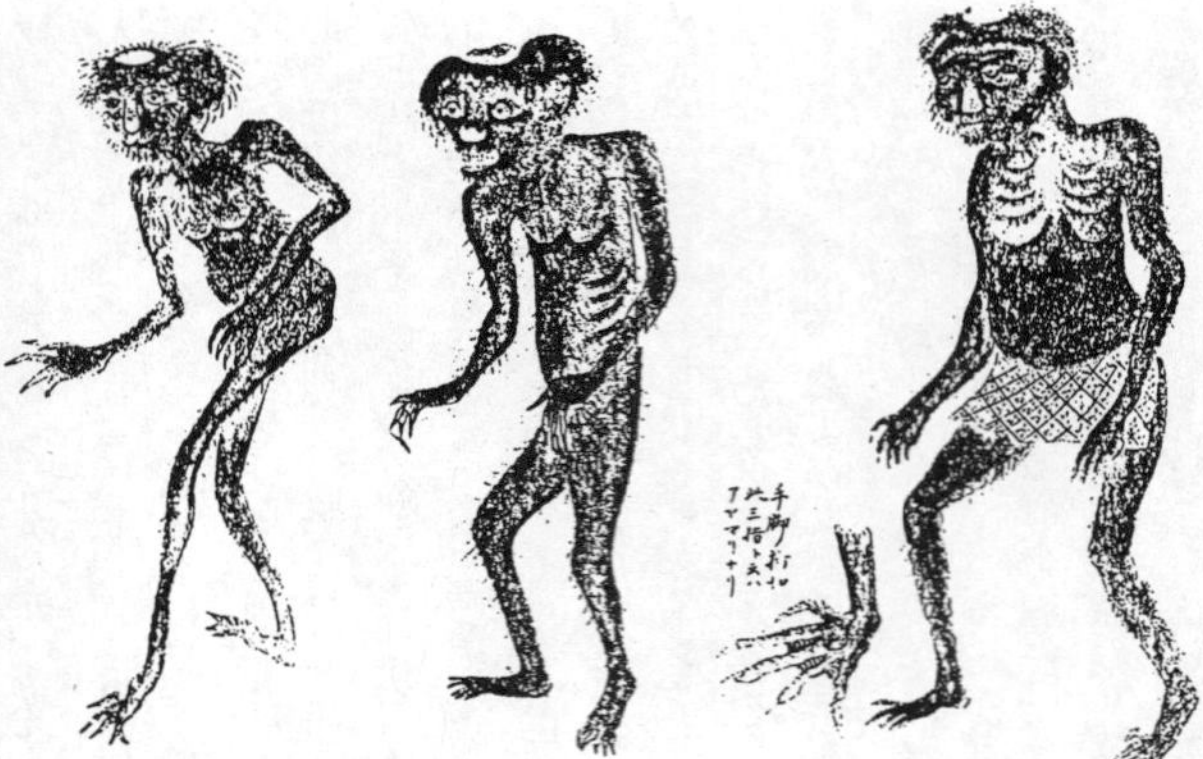

(タ)　(チ)　(ギ)　(ガ)

図 34　『水虎考略』丹洲増訂本の A 型河童図

だしそれが、すべての報告文を精細に検討したのちの処置であったとは思えない。このことは残された(ガ)にかんする丹洲の説明、および諸図の指の数を検討することにより、傍証される。(ガ)の説明はつぎのようである。

其属の内にても年を経し為功労を経しもの。其類属の内にても殊の外尊敬いたし候よし。形いかめしく格別長大にて、力つよく候よし。左に図したるもの則是なり。

小市体験報告を読めば容易にわかるとおり、(カ)は彼の相撲の対手となった荒波と称する河童を描いたものである。たしかに荒波の体はひときわ大きく、力も強かった。しかし功労を経たものだとは書いていない。このような余分の解釈がどこからでてきたかは不明である。丹洲が、小市自身、あるいは源吾・桃秋から聞いたとも思われない。丹洲と彼らのあいだに交際があったとは考えがたい。丹洲自身または彼に転写を委嘱されたものが、本文の記述との対応を充分には考察しないまま、（ア）・（イ）・（ウ）・（エ）・（オ）および（カ）が同属で、そのうち（カ）が「功労を経た」親玉だ、と判断したのだろう。

また丹洲は「河童間合」の説明を無視し、「手脚の指……三指と云はあやまりなり」と主張する。そして『水虎説』国会図書館本および『水虎考略』古賀本のような先駆型本・初期型本では、（ア）の河童の足指は四本、（カ）の河童の足指は三本であったが、丹洲はすべて五本に変更してしまった。

ついでに付言すると、丹洲は（ア）・（イ）・（ウ）は同種と見て（ア）のみを残した。（エ）・（オ）の区別は一見しただけではわかりにくいが、仔細に観察すれば、（エ）の上歯は四本、（オ）の上歯は二本であると判明する。丹洲は両者を折衷し、上歯三本の図一点（チ）にまとめた。

以上の状況は、河童写真図にたいする侗庵の態度と丹洲の態度の違いをはっきり示す。侗庵は、資料を集めたまま自己の解釈をくわえず、整理せず、ただすべてを網羅する立場に終始し、丹洲は、彼の解釈にもとづいて資料を選択整理し、それらのあいだの関連をつけた。そこに本草家としての丹洲の特徴が現われている。

丹洲による改変をふくめ、A型図の転写変形のおよそのようすを図35に示す。左端の『和漢三才図会』の河童図（a）から右上に、『水虎説』国会図書館本の（オ）、『水虎考略』丹洲増訂本の（チ）、『虫類図説』（飯室楽圃、一八五六年成立）巻一一の相当図を並べた。この系列と別に、（a）から始まり右下の（ウ）を経て『利根川図志』（赤松宗旦、一八五五年刊）巻二のネネコの図に帰結する系列があったと考えられる。

（a）の影響のもとで（ウ）・（オ）を含め「河童聞合」の図が成立したことは、先述のとおり。また、もともとの（オ）の頭頂には凹みがあったが、（チ）では、その形状が凹みよりは皿に近づく。頭髪はいくらか少なめになる。さらに『虫類図説』の相当図においては、皿・頭髪・鼻先がB型図に接近し、足が短縮した。（チ）までは、体表の毛はまばらだったが、『虫類図説』では総身に体毛が生えている。『利根川図志』のネネコの形態・姿勢が（ウ）に類似することは否定できないだろう。（ウ）と大いに異なるのは、重おもしげな頭髪が肩まで垂れ下がっている状態である。頭頂の凹みは見えず、顔面の表情もずいぶん変わった。

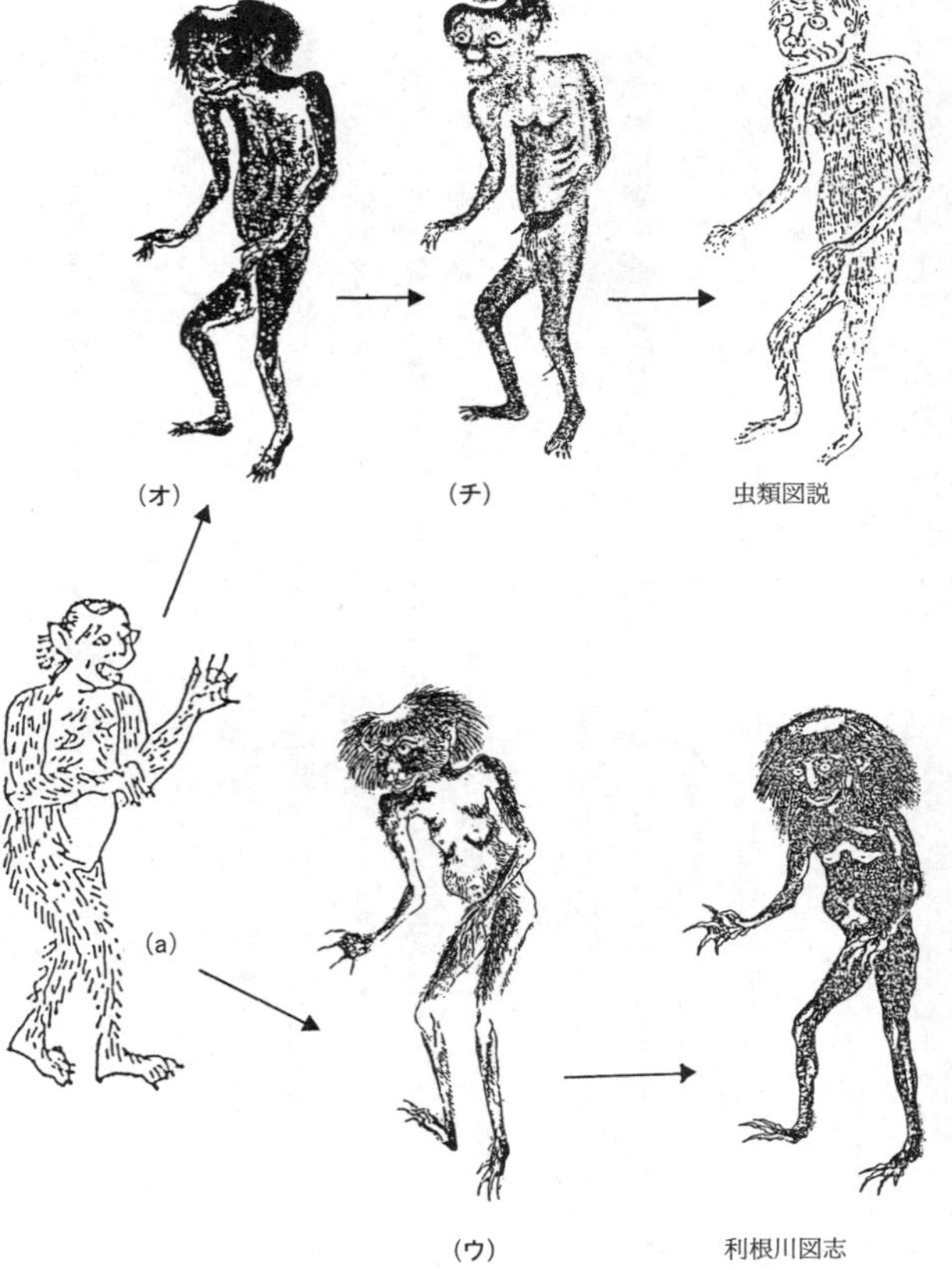

図 35　A 型河童図の変異

本草家と一般人の河童イメージの比較

既往の諸節において、本草家など日本を代表する知識人、および筑後川・山国川流域の人びとの河童イメージを明らかにした。そこで、広瀬桃秋らによる河童体験聞き取りがおこなわれた一八〇五年前後、本草書に記載された河童の様態と筑後川・山国川流域の人びとがいだいた河童イメージを比較しよう。比較対象は、(1) 頭髪、(2) 頭頂の状態、(3) 面貌、(4) 体幹の形態、(5) 手足の形態、(6) 体表のぬめり、(7) 体色、の七項とし、各項目について、つぎのⅠ・Ⅱ・Ⅲ・Ⅳの四種類のイメージを比較する。

Ⅰ　本草家の河童イメージ。小野蘭山の『本草綱目啓蒙』巻三八と栗本丹洲の『千蟲譜』に依拠する(表9)。前者は、河童の形状を文字でもっとも詳しく記した本草書。後者には、知識人のあいだに出まわったB型河童定型図とC型河童図をまとめた標準図が掲載されている。優先的に参照したのは、国会図書館曲直瀬愛旧蔵本と無窮会神習文庫本である。

Ⅱ　筑後川流域の知識人における河童イメージ。これは、桃秋の河童イメージにより代表させる。そして彼の河童イメージは、嗽石にたいする質問文にもとづき判断する。

Ⅲ「河童聞合」の付図における河童イメージ。(ア)~(カ)の図の成立にさいしては、調査した桃秋など地元の知識人の予断がかなりの役割を担ったと思われる。したがってこれらの図は、農民・職人など河童直接体験者の河童イメージと、桃秋などの知識人の河童イメージの合成であろう。

Ⅳ 筑後川・山国川流域の農民・職人などの河童イメージ。「河童聞合」の体験記録による。このばあいも、調査者による誘導はなされたに違いない。しかし付図と異なり、あらかじめ用意された下書きがあったとは考えられない。それゆえ、Ⅲにくらべると地元農民・職人などの河童イメージが率直に反映されているだろう。

(1) 頭髪

Ⅰ 短髪とみなしている。色は赤または赤黒。

Ⅱ 予断されていない。

Ⅲ かなり長髪。色彩は赤色の傾向。

Ⅳ 全般に長髪の印象。色彩の記載は少ないが、勝平は赤色と明言。

(2) 頭頂の状態

Ⅰ 蓋のある凹み、または茶托状の皿の存在を想定。

Ⅱ 凹みの存在を予想していた(と思われる)。

Ⅲ 本草家が信じている茶托状の皿ではなく、単純な凹みの存在を想定。

Ⅳ　皿状構造の観念を欠くばかりでなく、善吉をのぞくと凹みにかんする認識も弱い。

（3）面貌

Ⅰ　鼻づらはつきでている。口はイヌのようで大きく、歯はカメのようで上下各二本の牙がでている。

Ⅱ　人に似ているか否かに関心あり。

Ⅲ　人とサルの中間。どちらかといえば人に近い。鼻・口も人とサルの中間。人に近いばあいもある（エとオ）。歯並びはさまざまだが、（ウ）は上下各二本の尖り歯がある点でⅠに似る。

Ⅳ　人に似るとするもの、サルに似るとするものにわかれる。

（4）体幹の形態

Ⅰ　背部に甲あり。腹部もカメに近い。体表の毛にはふれず。

Ⅱ　甲についてはふれず。体表の毛のようすに関心を示す。

Ⅲ　胴短・足長（ア）・（イ）・（ウ）と比較的胴長（エ）・（オ）・（カ）にわかれる。体表には細毛が生える部分と、細毛のない部分がある。

Ⅳ　胴短・足長（小市）と下半身小（勝平）に意見がわかれる。体表にまだらに毛がはえていると認めるもの（治右衛門・善吉）と毛が生えているとも見えないと主張するもの（勝平）にわかれる。ネコ毛のようだという印象（小市）も述べられている。

（5）手足の形態

Ⅰ　四指。水かきあり。縮まれば甲のなかへ入る。

Ⅱ　（関連質問事項なし）

Ⅲ　形態は人に似るが、細く長い。指および爪も長い。また指の数は三―五本とさまざま。水かきについては、その存在が認識されるばあい（イ）・（ウ）とそうでないばあい（ア）・（エ）・（オ）・（カ）の両方あり。

Ⅳ　形態は人に近い。水かきの存在の証言はない。

（6）体表のぬめり

Ⅰ　粘滑。

Ⅱ　ぬめると予期。

Ⅲ　不明。

Ⅳ　ぬめるという主張（小市・勝平・正市）が多いが、ぬめらないという意見（治右衛門）もある。

（7）体色

Ⅰ　黄色または黄緑が主調。

Ⅱ　関心を示すが、予断はしていない。
Ⅲ　赤黒（または赤）の部分と青の部分が混在し、青優越（ア）・（イ）・（ウ）の図と、赤黒（または赤）優越（エ）の図がある。全体が赤黒のもの（オ）・（カ）もある。
Ⅳ　赤黒（小市・嘉吉・善吉）・黒系（治右衛門・正市）・栗色（勝平）等多様。

上記の比較にもとづいて考察すると、筑後川・山国川流域の人びとの念頭においては、河童の背の甲羅は存在しない。水かきについても然り。それゆえ、本草学標準型の河童イメージのうち、筑後川・山国川流域の人びとにあまり影響をあたえなかった部分があることは、疑いえない。

おなじ地域の知識人と農民・職人などのあいだで、河童イメージの違いは存在しただろうか。両者の大きな差は検出されない。しかし注目すべき点もある。桃秋は、河童の頭頂の凹みと体表の細毛の存在を予期していたようであるが、農民・職人などの反応は一様でなく、とくに頭頂の凹みについては関心が乏しかった。頭頂の凹みの認識は、九州地元の知識人にまでは浸透していたが、農民・職人などにはそれほどでもなかった、と判定するべきではないだろうか。

話を筑後川・山国川流域の人びとに共通の認識に移すと、彼らの関心のうちで印象ぶかいのは、河童と人との類似にかんする興味である。本草家・考証家は、河童が人とまったく異なる独特の形態を持った水妖であることを前提にして議論している。しかし九州地元の人びとは、河童を人的、または人とサルとの中間的な存在とみなしていたようだ。そのことは、「河童聞合」の調書において、河童の個体数の表現方法が、x人・x疋・x個・xつなどと動揺している点にも現われている。

一七世紀にすでに、九州ではサルに似た川中の動物の存在が信じられていた証拠がある。『日葡辞書』(一六〇三年刊)のcauaroの項は、「サルに似た一種の獣で、川の中に棲み、人間とおなじような手足をもっているもの」と解説されている。イエズス会の活動根拠地は九州であったから、彼らが作成したこの辞書のカワロウの観念が、九州の日本人の観念と矛盾することはありえない。それはおそらく中世末の九州における河童のイメージを反映しているだろう。

ようするに、筑後川・山国川流域の土着の河童イメージは、基本的には中世末から一九世紀のはじめまで、ほとんど変化していない。放射状の短髪、背中の甲など、現在では九州地方にも流通している河童の形態は、他の文化からの移入である。頭頂の皿または凹み、指間の水かきにしてもそうかも知れない。これらの性質が、筑後川・山国川流域の民話に同化されたのは、一九世紀中期以後のことではないか。

一般に、社会の底に沈澱し、不動ではないが容易に動かない基層的な文化と、社会の上澄みにあって比較的簡単に流れ去る表層的文化を区別することができる。基層信仰と動物観にかんする塚本学の報告[一四]に触発され、教唆を得て、二つの文化を傾向的に弁別するいくつかの指標[注(7)]を取りだしてみよう。

第一に、伝統的なものか、移入されたものか。第二に、下層階級、上層階級のいずれに担われたか。第三に、自然と人との相互作用から紆余をあまり経ないで形成された結果か、それともそれから相当はなれた観念形態に近いものか。第四に、口承・書承のどちらで伝えられたか。第五に、おのずと習得されやすいか、それとも習得に相当の意志を必要とするか。第六に、比較的広い地域に共有されるか、あるいは比較的狭い地域に局在するか。

これらの諸指標は、完全には重ならない。しかし外部の文化は、上層の階級をつうじて移入されることが多い。移入文化は、移入先の自然産ではない。上層階級による文化の移入にさいしては、書物が有力な手段になった。口承で移入される文化もあるが、移入先における伝統文化のフィルターの働きで変形されやすいので、単純な移入といえないばあいが多い。書承のばあいはそれが少ない。伝統の文化が移入文化にくらべて、意図的努力少なく習得されるのは自明であろう。さらに移入された文化は、少なくとも原産域と移入先の両方でおこなわれるのだから、それがより広域に流布するという命題は、同義反復に近い。これにくわえ、移入主体が上層階級であり、移入媒体が文字であれば、移入先においても、普及地域は広くなりやすい。

伝統か移入かの違いを、論理的な出発点にもちいれば、他の諸指標における二分差異は以上のようにして導きだされる。誤解を避けるために一言ついやすと、私が言う移入文化とは、外国から輸入された舶来文化のみを指すのではない。文化または文化複合が多少とも異なる地域・階層・職業などから移入された文化を指す。また伝統文化、移入文化の違いは、当然のことながら時代とともに変遷する。したがって特定の文化が移入文化であるか否かの判定結果は、考察の対象となる地域・社会集団の単位、および時代に応じて相違してくる。たとえば一九世紀初期の日本を単位にとれば、甲羅を背負う河童のイメージは土着であるが、同時期の筑後川・山国川流域に住む農民・職人などにとっては、外から移入されたものである。二〇世紀の日本文化のなかでは、この型の河童イメージは完全に伝統化してしまった。

「河童聞合」の河童について、上記いくつかの指標にもとづき、それが帰属する文化の位置を定めよう。

第一に、すでに述べたとおり、この河童イメージは、基本的には筑後川・山国川流域の農民・職人などの土着産物であるが、時代の雰囲気、とくに桃秋たちによる聞き取りの過程の誘導のために、いちぶ移入の要素も紛れているだろう。

第二に、地域内諸階層と河童イメージのかかわりあいを検討する。筑後川・山国川流域のように比較的狭い地域においても、文化の形態と階層の関係は、かなり複雑だったと思われる。杉仁は、[二八・二九・三〇]在村文化の比較的上層を「漢学・漢詩文層」と名づけ、その下の文化層として村役人・豪農商・在方商人層にもっとも一般的な「俳諧層」を想定して、両者の社会的視野と行動形態の相違を指摘した。杉は、地域から発して地域を乗りこえる視点を問題にしたのだが、逆に、文化がその地域の狭隘を越えた場所（世界・日本・中央など）から発して、地域に入りこむ動きにおいても、漢詩文層と俳諧層はべつの役割を演じえた。桃秋は、俳諧層に属する商人兼文人であったが、羽倉秘救・外記父子のような漢詩文層とも交流をもった。ちなみに桃秋の長子の広瀬淡窓は、儒学者として名をあげた。

ところが私見によれば、在村文化には俳諧層よりも一段下の文化層が存在する。私はそれに相撲層の名をあたえたい[注(8)]。桃秋は、漢詩文層とつきあう一方、相撲層とも接触する機会をもっていた。「河童聞合」においては、俳諧層が、相撲層の河童体験と漢詩文層の河童知識のあいだを取りもった。幻想または錯覚のなかで河童と相撲を取ったのは、主として相撲層に属する人たちだった。農民の小市は、相撲の腕にいささかの自負の思いをいだいていた。嘉吉は、相撲のために他村に遠征するほどの力量の持ち主だった。ただし彼の職業は不明。商家に奉公していた正市は、地方の有力な相撲取りの息子であり、本人も若者の相撲仲間に入っていた。これに農民の勝平をくわえた四人が、河童と相撲を取った。ところが庄屋の治右衛門は、河童の攻撃をうけたが、相撲を取ったという自覚はもたない。綿打ち職人の善吉は、河童を見ただけで、これとの格闘にはおよんでいない。

ここで話を本筋からはずし、第二章で述べた相撲の歴史の補足をおこなう。平安時代においてすでに、地方の相撲人が上京するなど中央―地方間の相撲の交流がなかったわけではない。しかし三都の職業力士と地方の半職業力士・素人を密につなぐ交流ルートが完成したのは、近世の後半になってからのことである。全国の相撲集団が、安永二（一七七三）年に吉田家の統制のもとにおかれるようになると、地方の相撲においても、吉田家が定めた様式・ルールが浸透し、このシステムによって各地の半職業的相撲集団は、中央の職業相撲と結びつくようになった。[一五・一八三] そしてここから優れた力士が中央に送りこまれ、また中央の力士が巡業にさいし、地方の半職業力士・素人を指導する仕組みができあがる。信州長瀬の上原源五右衛門、[九六] 美作津山の浜風岩右衛門、[一八四] 阿波北島の末広万治 [九六・一六六]（一七八六～一八五九）などは、一八世紀末、一九世紀初期に地方で半職業的な力士を数多く養成したことで知られているが、おなじようなセンターは各地に存在したと思われる。

「河童聞合」は、筑後川流域における地方相撲のようすを示す好資料でもある。相撲においても、俳諧とおなじように在地の小師匠を中心とした師弟関係・仲間関係が成立していたことは、角間村小市が近くの橘田村の小汐川の弟子であったこと、竹田村正市が同世代の相撲仲間に助けられたことからもわかる。正市・勝平・小市が河童と相撲を取ったのは、それぞれ一七七七年、一七八五年、一七九九年であり、中央と地方の相撲交流システムができたのちの事件であった。

近世後期の地方の相撲集会には、あと一つ別の形態があった。それは辻相撲である。[一八三]辻相撲は、はやくも一三世紀に記録され、近世においてもさかんに催された。町や村の辻で農事の合間や夕食後に農民の若者などが取り組みをはじめ、これに集まってきた群衆、通りかかった者が飛び入りをする、という方式の相撲集会を意味する。しかししばしば喧嘩などの騒ぎを引きおこし、また吉田家の支配に収まりきれないため、慶安元（一六四八）年以来、何度も禁制が出されたが、けっして止むことはなかった。

本章があつかう地域においても、『石原家記』によれば、吉井町を支配する久留米藩は、享保一五（一七三〇）年に、辻相撲の禁止令を出した。『御仕置五人組帳』において日田代官も、寛政六（一七九四）年に見世物の相撲を禁止している。辻相撲も禁令の対象だったに違いない。にもかかわらず、『秋風庵月化集』秋の部には

辻相撲　火かきあげよと　わめくなり

とある。

村や町の処どころにある数多い相撲の辻のうちいちぶは、より広い地域から強豪素人力士を集めて人気をよび、あるいは相撲の恒常的な練習場になることもあった。さきに述べた信濃上原家の相撲場は、石尊大権現内にあり、石尊の辻と称せられていた。したがって

中央の相撲の下に系列化された地方相撲のシステムと、辻相撲の流れがまったく無関係だったわけではない。

奉納・勧進の相撲は、いわばハレの相撲だが、その稽古を兼ねた遊びの辻相撲・土相撲・草相撲などケの相撲は、日常的におこなわれていただろう。「河童聞合」において河童を相手とした相撲は、ケの相撲に相当する。

これら地方の相撲層に属する半職業力士・素人たちの日常生活や幻想を織りこんだ河童相撲の噂話は、さきに記した交流ルートに乗って、まず口承で広まり、やがて文字の世界に吸収された。

『和漢三才図会』巻四〇の記事は、その早い例である。これらの書物を介して、河童の相撲は漢学層にまで認知された、と思われる。柳田國男[二五・二六]は、河童の相撲の体験談は九州にはじまり、これが他の地方に及んだときは説話化してしまった、と説く。管見の範囲内でも、柳田の主張はあたっているようだ。階層・地域の両指標をあわせ考えると、河童の相撲幻想の主要部分は、九州の相撲層文化から上流し、地方・中央の漢学文化をへて、九州以外の地域の相撲文化へ下流したことになる。『和漢三才図会』の河童の記事が九州の伝承から採録されたらしいのも、偶然ではあるまい。ただし九州以外の土地の相撲層において独自に、河童の相撲幻想がまったく現われなかったとは言わない。

いずれにせよ甲羅を背負った河童イメージは、一次生産の現場からはなれた所で、知識人が作成した細工物らしい。「河童聞合」の河童は、農民・職人などの体験によるものであり、そのかなりの部分が、田や用水の近く、すなわち農業の現場に出没したことは、注目してよい。

「河童聞合」に示された河童イメージの伝承媒体・習得形式については、実質的にはすでに述べ終わっている。筑後川・山国川流域の相撲層文化に属する人たちは、彼らの文化のひだに沈澱していた河童イメージを、世代間口頭伝承により、おのずと一人ひとりの心の奥底まで浸透させていただろう。だからこそ、錯覚・幻想のなかでそれがたちまち出現したのである。この河童イメージは、書承ではあまり移入されず、口承・書承の両方によって別の文化に移出された。いうまでもなく「河童聞合」は、書承移出の一つの機会であった。

さいごに、「河童聞合」の河童イメージの分布範囲について、手みじかに考察したい。『大和本草』(一七〇九年刊)巻一六から『水虎考略』(一八二〇年成立)にいたるまでの書物を媒体にした全国拡布がなされる前、この人・サル的河童イメージがどのていどの地理的な分布を示していたのか、不明である。

私は、甲羅を持たず、人とサルの中間のようすの河童イメージは、日本のかなり広い地域に分布したのではないか、と推定する。その根拠は、表6で示したとおり、近世の民話における河童の形態の大多数はサルに似る、という事実にある。また河童図のうち相当部分が、サルに似た形態を見せることも、念頭におくべきだろう。

ただしこのイメージ分布の中心部、おそらく発生の地は、河童の相撲とおなじく九州だったのではないか。山童と河童が同一存在の二面だとする伝承は、九州に集中する。そして山童は、サルに通じるであろう。類人猿的あるいは類猿人的河童のこの広い分布は、文字の力を借りてのことではないと思われる。日本のかなり広い地域、少なくとも九州の相撲層を構成する人びとに共通の体験がその根底にあった、と推定するのが自然だろう。ではその共通体験はなにか。

第六章　河童伝承における動物的・人的要素

動物モデル

前章で述べたように、河童のモデル動物は、河童体験者の妄想のなかで河童の既成イメージと統合された。もっと広く、人びとの想像力の働く場において河童イメージを構成されたときにも、動物的要素が応分の役割を果たしたことは否定できない。河童伝承における動物的要素を推定する手がかりは、いくつかある。つぎの動物をマークしなければならない。

（1）民話において、河童と類似した役割を演じる動物。このばあい第一章において紹介したとおり、カワウソとカメ類、とくにスッポンが候補にあがる。

（2）河童民話・噂話のなかで、河童が特定の動物に似ているとされる例がある。第二章で代表例をいくらかあげたが、これをまとめると表6のようになり、サルのイメージが濃厚であることがわかる。図像的にも『日本山海名物図会』（平瀬徹斎、一七五四年刊）巻三（図27g）、『西播怪談実記』（春名忠成、一七五四年刊）巻三（図6）、『龍門の滝続編』（一七七九年序）（図11）、『諸国便覧』（夾撞散人、一八〇二年刊）巻五（図12）などの河童は、明らかにサルに似る。もちろんスッポン・カワウソの面影を宿すばあいもあるが、これらは比較的少数であった。
（3）近世本草家・考証家が河童に関係ありとみなした動物。第一章の「河童の誕生」の節で、彼らが指摘したモデル動物が、カワウソ・スッポンおよびサルであることを明らかにした。この事実も、表6に示されている。
（4）河童体験の報告における錯覚・幻覚または妄想を触発した動物。前章の「河童聞合」の例について小泉丹[2]は、治右衛門に跳びかかってきたのは野イヌかキツネであり、また善吉が見たのはサルであったろう、と推定する。さらに彼は、河童錯覚のもとになり得た動物、河童幻覚・妄想を誘発した動物として、イヌ・キツネ・サルのほか、ネコ・タヌキをあげた。まず穏当な判断といえるだろう。
（5）河童写真図の作成にヒントをあたえた動物。第四章・五章で、江戸知識人起源のB型写真図についてはスッポンが、九州の「河童聞合」の付図においてはサルが、モデルになったであろうと、指摘しておいた。
（6）河童と称する動物の遺体、あるいはその加工品。
（7）河童の手と称する遺物。
（8）河童の異称とされる動物名。
最後の三つの点については、まだ検討を終えていないので、本項における考察の主たる対象としたい。

近世後期、医師が主催する薬品展示会に、河童と称する標本が出品された事実が知られている。『水虎図』(一八四一年以後成立)・『合類水虎説』(一九世紀なかば?)のなかに、「岡田寒泉(清助なり)宮城利兵衛[に?]語りて云わく。多紀安元薬品会の折節、河童の頭の切落としたるとて、カシラの干固りて毛のある物を出す」という記述がある。

岡田寒泉[九三・三八・三九](一七三七〜一八〇七)は儒学者。小普請をへて昌平校に登用され、古賀精里と入れかわりでこれから退き、一七九四年に常陸の代官職についた。名は恕、字は子強、通称清助、号は寒泉のほか泰斎とも。本草関係においても『秋虫考』の著がある[四〇]。

多紀氏は歴代幕府の医官の家柄で、安元を名のったものは少なくとも三名いるが、この薬品会を開いた安元は多紀元徳[三六・四七](一七三二〜一八〇一)だろう。元徳の通称は安元。字は仲明、号は藍渓または永寿院。躋寿館はもともと多紀家の家塾であったが、一七九一年に幕府の官立医学校に改組された。躋寿館では、第一回の薬品会を一七八一年に開催している[三・四〇]。したがって寒泉が河童の頭を見た薬品会は、それ以後ということになる。

河童の見せものは、一七世紀に早くも世に出ていた。『梨本書』(戸田茂睡、一六九八年成立)の、秘仏の模品の開帳について論評したくだりに
今さかい町に山姥のいけどり、河童の塩漬、かやうなる生まれそこなひとて、ぜにとり

に似せ物はすれ、世にたうとき御仏に似せ物は大きなる僻言なり。

と書かれている。この河童の正体は不明だが、おそらくカワウソか鰭脚類（アシカ・アザラシなど）だろう。戸田茂睡[九三・三六・一六五]（一六二九～一七〇六）は、武士出身の歌人。通称は茂睡のほか茂右衛門、号は梨本など多様。

新潟の香具師の図（図17コ）のようなスッポンが河童の名で、見せものに出ていた可能性がある。ただし飯田道夫[三]は、『蒹葭堂雑録』（木村巽斎、一八五九年刊）巻三掲載のアシカ科の動物の図（図36）に甲羅を書きそえたのが（コ）だろう、と言う。図36は寛政四（一七九二）年、道頓堀で見せ物に出た。一方（コ）は、その二年後、新潟の香具商が見せびらかしていたらしい。図36が実際に描かれたのがいつのことか不明だが、（コ）の作画者がこの海獺の図を知っていたことは充分あり得る。

図36　『蒹葭堂雑録』の海獺

　しかし（コ）と図36の類似点は、後脚の形態と配置のみであり、前者のそれ以外の部分は後者とはずいぶん違う。『蒹葭堂雑録』の図に甲羅を付加したのが

（コ）だ、と断定するのは無理だろう。諸般の状況を勘案するに、（コ）の作画者は、新潟で河童と称するスッポンを見たが、そのままでは河童らしくないので、蒹葭堂のもとにあったアシカ科の動物の絵をも参考にして、（コ）を描きあげたのではないか。木村巽斎[九七・三六・一六五]（一七三六～一八〇二）は、本草・絵画・詩文など多方面で活躍した大阪の文人。名は孔恭、号は巽斎または蒹葭堂。

時期的にはずっとあとになるが、『見世物雑志』（小寺玉晁、一八三六年序）巻四に、一八三五年に名古屋の見せもの小屋に出た「河太郎干もの」（図45m）が掲載されている。これの正体は明らかにサル。さらに『さへづり草』（加藤雀庵、一八四六年記）によれば、一八四六年江戸芝口橋のたもとの商家に、細川藩士内田某が所持した河童の陰干しが並べてあった。これもサルのようだ。

展示会や見せもので公開されたものの他にも、河童と称する動物またはその加工品が存在したらしい。第四章で、黒田斉清とシーボルトとの問答の記録『下問雑載』（一八二八年成立）巻下における河童図についてふれた。そのなかには、シーボルトがサルの類だとした図が二点収録されており、そのうち（テ）は『水虎考略』丹洲増訂本にも転載された。これについて、千石正一[三七]は、テナガザルの胎児または幼体ではないかと指摘する。根拠としては、全体のプロポーション、尾の欠如、足の親指の他の指が対向している状態、をあげている。顔・体幹・四肢の色、サイズ、および頭部の凹みを勘案すると、シロマユテナガザルの可能性が大きい。そうだとすると、たぶんオランダ人が東南アジアから運んできたのだろう。あと一つの（ホ）も、サルの類であることは確実である。尾が見えないので、やはりテナガザルかニホンザルの胎児または幼体ではないか。なおこの図は、水虎図三として『水虎考略後編』に採用された。

『水虎考略』丹洲増訂本に（ノ）が収められている。これには「水虎乾腊の図　長さ三尺余」という見だしのもとに

右は珍しき物とて薩州太守より紀伊中将殿へ御目に掛られたる者なり。寛政元年五月廿六日、侍医養徳写図す。其日、紀州御守殿に於、鐐瘍科津軽意伯手自再模す。意伯云。其頭骨凹而如皿。口吻堅黒如鉄。爪甲鷹の如く、全身毛あり。恰も大腹皮毛に似たりと。

と記される。やはり霊長類のミイラだろう。「頭骨凹」とされているから、胎児または幼体である可能性が強い。薩州太守は島津重豪、紀伊中将は徳川治宝（一七七一〜一八五三）か。栗本丹洲は、意伯からこの図を入手したと思われる。

河童と称するミイラの実物も残っていないわけではない。佐賀県伊万里のもの[二・五三・八四]は有名だが、正体は不明。ライデンには日本から舶来された河童のミイラが保存されている[二六四]。一見B型と思わせるが甲羅はついていない。髪の毛は乱髪、頭頂部のようすはわからない。手

指の水かきもないようだ。来日経歴のあるヨーロッパ人が持ち込んだものだろう。時期はたぶん幕末。正体は人体に細工をほどこしたものと推定される。

以上述べた河童の偽造品が河童写真図に取りこまれたばあい、河童イメージの特定化に大きな影響をおよぼし得たはずである。しかし河童写真図のなかで、圧倒的普及力を示したのは、B型図であった。(コ)・(m)・(テ)・(ホ)・(ノ)のような形態の標本は、B型図と類型を異にするので、B型図の成立に直接貢献したとは思えない。河童と称する現存のミイラについても、おなじことが言える。

では、B型の偽造標本は存在しただろうか。その可能性は否定できない。『下問雑載』のなかで、斉清からB型の図(フ)・(ヘ)を提示されたシーボルトは、それらが実在する動物を写生したのではないと主張した。斉清はこれに答え

此甲あるもの……の乾物は、中津の家臣神谷源内、老公[重豪]より得たるものなり。これを借得て寄示さんと欲すれども、源内江戸にあれば、道路循遠にして蘭舶の開洋に先んじてこれを転致せん事甚難し。これが為に悵然たり。

と残念がっている。もし斉清の弁明の内容が事実ならば、一八二〇年代にはB型の偽造品が存在したことになる。類似のものが、一八世紀なかば過ぎに作られていなかったとは言

いきれない。なお神谷源内は実在の人物である。ファン・デル・ストルプという蘭名までもつ蘭学者らしい[47]。

以上検討した結果、薬品会・見せものなどで陳列された河童と称するものが、河童のイメージの形成にどのていど寄与したか、だいたいの見当はつく。さきに述べたとおり、それらがB型河童写真図に取りこまれたか否かが問題であろう。もし斉清がシーボルトに語ったことが嘘でなければ、B型の河童細工物が一九世紀の初期には実在したはずである。かりにそうだとしたら、そのような細工物はいつごろ誕生したのだろうか。太田澄元が一七七〇年前後にB型図を作成する前に、その種のものが作られていたのだろうか。澄元は、多紀安元の薬品会に出た河童を見ることはできなかったろう。

しかしこの種の展示会は、一七五七年に物産会と称して田村藍水・平賀源内の発起で開かれており、その後さまざまなグループが、類似の会を開催した。これらの会のいずれかに、河童の標本が出品されていた可能性は否定できない。そして源内から澄元にいたるまでの本草家の誰かが、それをもとにして河童の図を描いた可能性もまた、否定できない。

つぎに河童の手の鑑定にとりかかる。日本各地、とくに九州には、河童の手と称するものが数多く遺されている。丸山学[3]によれば、熊本県下だけで、少なくとも一〇か所に河童の手の骨が保存されているという。私も何点か、その類のものを見ることができた。ただし、現在個人または寺院で所蔵されている特定の河童の手の本体について、私見を述べる

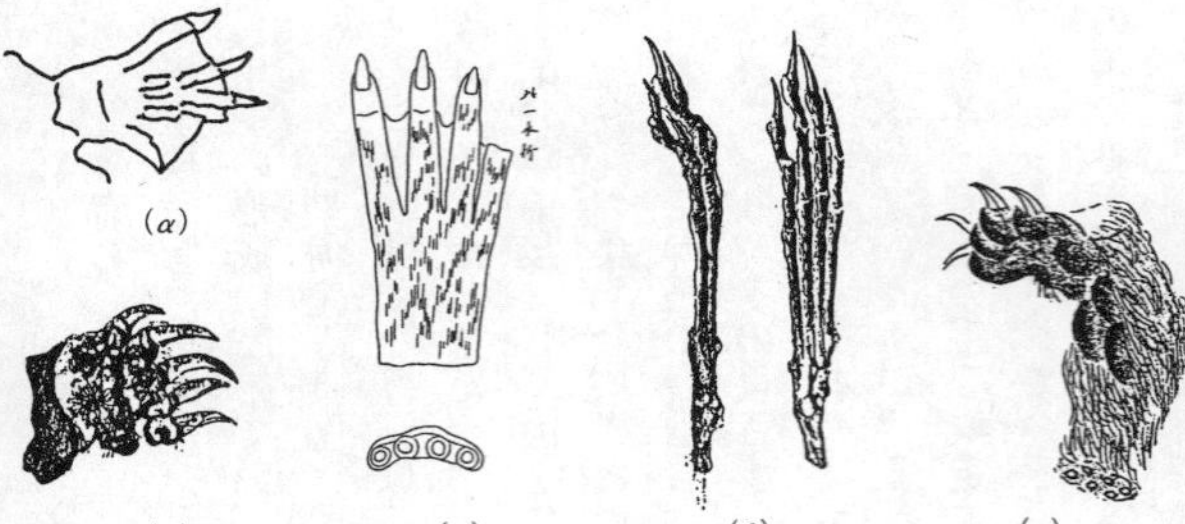

(α)　(β)　(γ)　(δ)　(ε)

図37　河童の手？

のは原則としてさしひかえたい。幸いにして、近世の写本に河童の手と説明された図（図37β～ε）が残っているので、これについて考察する。

『水虎考略後編』（古賀侗庵、一八三九年成立）所載、水虎腕図一（β）の由来については、つぎに要約する説明が書かれている。

文化一三（一八一六）年六月、福岡藩の足軽・木村軍右衛門が、城下より一里ほど西の橋本（現福岡市西区橋本）に用事があって出かけ、帰りに室見川の土手で一二～三歳の童子に相撲を挑まれた。軍右衛門は、その童子が河童であるとさとり、組み伏せて腕を切り落とした。

この報告と図は、天保六（一八三五）年一一月に、福岡藩士古川七之進から侗庵に示された。

いくらか脱線になるが、侗庵は七之進の報告を受け、「水虎腕歌」と称する漢詩を創作し、これを七之進に贈った。その長詩は、『水虎考略後編』の軍右衛門体験報告のあとに記載されている。坂口筑母[三〇]によれば、「水虎腕歌」は、昌平校の学生のあいだで大いに人気を博し、彼らはこの詩をしきりに口ずさんだ。なお坂口は、「水虎腕歌」の古い写しを向山黄村（一八二六〜一八九七）の子孫・田沢家で発見した。このほうの題は「水虎断腕歌」となっている。黄村の養父にあたる向山誠斉は、天保九（一八三八）年に昌平校及第。「水虎腕歌」を吟じた学生の一人かと想像される。

『下問雑載』には、斉清がシーボルトに示した「川童の手」が収められている。そして「御作事方木村軍右衛門所蔵」と記されているので、これは（β）と同一物の写しだろう。そこに記されたサイズをも勘案した結果、この手はアナグマのものだという判定に動物学者の見解は傾いている[四・六九・一三七・一九二・二八六]。他方、軍右衛門の報告にいくらかでも真実が含まれているとするならば、河童の出現状態から見て、この手はアナグマよりカワウソにふさわしい。けれどもカワウソの手にしては、水かきの存在が明瞭ではないし、爪が長すぎる。

水虎腕図二（γ）は、旗本の宮崎某が伝える水虎の断腕とされ、倜庵は（β）と絶異であると認めている。この手の正体について五人の動物学者[四・六九・一三七・一八四・二八六]に鑑定を依頼したところ、結論はニホンザル説とイタチ科の動物（おそらくカワウソ）とする説に分かれた。平爪らしい特徴はサルのものだが、指のあいだに水かきが張っている。かりにサルの手だとしたら、この図はサルの手を加工した偽造品の写生か、または水かきを書き加えた偽写か、どちらかであろう。

『水虎考略後編』所載の河童の手の図があと一つある。それは（δ）である。これにかんしては「天保三年壬辰六月幾島指上」とあるだけで、出所の詳細は不明。ただしこのうち右がわの図は、『下問雑載』の「大野氏所蔵の分差上に相成」と書かれた図と酷似する。『水虎考略後編』の「水虎新聞雑記」において、侗庵に肥前の河童噂話三個を提供している大野五郎左衛門が、この「大野氏」に相当するのかも知れない。彼が語った「水虎新聞雑記」第三に、蓮池藩士・高木新右衛門が河童の腕を切りとって家に蔵し、ときどき人に誇示した、とある。なお大野五郎左衛門[一四二]（一七九八～一八七五）は、蓮池藩の儒学者。字は衡卿、梁村と号し、平一とも名のる。一八二四年から三年間江戸に出て、侗庵に学んだ。安部龍と交際があったのだろうか。当該者が五郎左衛門であったか否かにかかわらず、大野某と幾島某との関係はわからない。動物学者によれば、この手の正体はたぶんイヌの後肢[六九・二五八]。

『水虎考略』関係は以上で終わりだが、山崎美成の『耽奇漫録』第七集（一八二四年成立）に、関思亮（一七九六～一八三〇）出品の「水虎手」（ε）がある。動物学者の鑑定によれば、これは指丘の形状から見てイタチの手である[二五八]。

そのほか図は示されていないが、松浦静山は『甲子夜話続篇』巻八〇で、一八〇〇年ころ肥前で河童の手の骨を見たという。大きなサルの手のようで、指四本、爪はイヌの爪に似ていた。イヌ科の動物の手と推定される。また安部龍は『安倍氏水虎説』（一八四六年成立）において、河童の手を二～三種類見たと述べている。茶褐色の毛が生え、サルの手に似て五指、爪は太く長いという。おそらくサルの手だろう。そのほか彼は、人の指のように太短く黄色のものも見た。これは人の手だと思われる。

現代の目撃例だが、奥野広隆[6]が見た河童の手は、カワウソの手そっくりだそうである。九州河童の会編『九州河童紀行』[4]には河童の手の写真が、六点掲載されている。そのうち一点には指紋があるそうだから、霊長類のものであることは疑い得ない。いずれにせよ、近世・現代の人びとの目にふれた河童の手のかつての所属者は、分類学的には、イヌ科・イタチ科、または霊長類の範囲を出ないだろう。これらの手が、どのような経緯で河童の手と見なされるようになったかは、かならずしも明らかではない。『水虎考略後編』および『下問雑載』の図の一部については、入手の由来が述べられているが、それがどこまで信用できるのかおぼつかない。（β）はどうやらアナグマの手らしいが、アナグマは川の土手を通る人に跳びついたりしそうもない。

夜に川岸を歩いているときイヌに跳びつかれて怪物と錯誤した例には、『徒然草』（吉田兼好、一三三〇年ごろ）第八九段の有名なネコマタの話がある。「河童聞合」の治右衛門のばあいも含めて、跳びついてきたイヌを河童と誤認したケースが少なくなかったのではないか。私が河童の手と称する実物を見た経験では、イヌの手と判断できるものが多い。

そのほか、香具師などが河童の手と偽って売りつけたものが、そのまま信じられ、保存されていたり、あるいは第二章で説いた状況でサルの手が河童の手と誤伝されるようになったこともあったに違いない。

どちらにせよ、暗闇で人に跳びついたイヌの姿や、最初から本体と切り離されて渡された野生動物の手が、河童イメージの基本的部分の形成に貢献したとは思われない。しかし河童の行動については、人に跳びかかってくるイヌの存在が、また河童の四肢の形態にかんしては、河童の手と称せられた動物の手または細工物が、なにがしかの根拠を人びとに与えた可能性は否定できない。ほかにも気になる点がある。B型の河童の口吻がイヌ・キツネに似ているという事実である。確からしいことは何も言えないので、印象を述べるにとどめておく。

河童の方言についてはすでに、第三章の「先祖がえり」の項で別の視点から取りあげたが、本節の最後に、これを手がかりにして、河童の動物モデルを探りたい。

柳田國男[二四]は、河童の方言を比較しいくつかの系統に分類し、つぎのようにその類縁動物を比定した。

(1) カッパ・カワタロウなど。人に比べて形態が小さいことを意味する。

(2) スイジン・ヒョウスベなど。水神を意味する。

（3）ガメなど。カメ・スッポンの類に属する。

（4）カワッソウなど。カワウソの類と考えられた。

（5）エンコウなど。サルに似た動物とされた。

地方によりさまざまであるが、スッポン・カワウソ・サルは、方言以外の手がかりにもとづき明らかになった動物モデルと一致する。このうちエンコウについては、注釈が必要だろう。なぜならサルを日常語でエンコウとよぶ地方は、おそらくない。これについて柳田は、[25]エンコウの名称が近世文人画の「猿猴月を取る図」から出た、と推測している。この解釈は妥当と思われるが、知識人が河童に猿猴の名を与え、これがエンコウとして広がるまえに、原地で河童は何とよばれていたのだろうか。『三河雀』（林花翁、一七〇七年序）巻三では、河童を河猿とよび、『老媼茶話』（三坂大弥太、一七四二年序）巻一では淵猿と称している。このようにカワザル・フチザルの名がその地方であらかじめ知られていたので、知識人がこれにエンコウの名をあてがう結果になったのではないか。

河童の噂話・民話、本草書・考証随筆に書かれた記事、および河童写真図から探りだされたそのモデル動物は、主としてサル・カワウソ・スッポンであった。ではこれらの動物は、河童のイメージに何をもたらしただろうか。

サルは人に似て、これより小さい。形態だけでなく動作も、少童と見まがいやすい。河童が畑で胡瓜や茄子を盗むという話についても、少なくともいちぶは、サルの実際の習性に由来するのかも知れない。またサルは、次節で述べる山人のイメージにつながる。キキという鳴き声も、九州の河童の声に近い。

カワウソの前頭骨・頭頂骨は、ほかの哺乳類と異なり隆起していない。そのため頭部が平たくなっている。この特徴は、河童の頭の凹みのアイデアを誘発した可能性がある。また尾を支えとして後足でほとんど垂直に立つことができる。手の使い方も器用で、靴の紐や鎖をほどいた例が知られている。もちろん水かきを持つ。好奇心に富み、よく遊ぶ。そして独り言のように、意味の取れない人の話しのような声を出す[七〇・二八]。魚類の捕獲に熟達していることは言うまでもない。

スッポンが河童イメージ形成に貢献した主たる形態は、甲羅である。『本朝食鑑』（人見必大、一六九七年刊）巻一〇における「肌膚にこぶが多くあり、青黄色」の記載は、「背甲は淡灰緑色を呈し……そのほかは柔らかく表面に顆粒状突起がある」というスッポンにかんする現代の動物学書[五九]の説明と符合する。B型図腹部の紋様もスッポンに由来した。水かきの存在は周知のこと。そして魚などを餌にする[注(1)]。

水辺の山人

河童の観念は、さまざまな体験や幻想の歴史的累積のなかで生まれたのだから、起源は単一ではありえない。しかも第一章で述べたように、観念の流れのうえからいえば、海中のわにと山のヘビを始祖とする伝統の延長線上に出現した水妖である。そして霊威衰弱の時代にふさわしく、近世の水妖・河童のモデルには、サル・カワウソ・スッポンのような、凶怪的迫力において不足する動物がえらばれた。

ところで河童のモデルとしては、動物的水妖以外の要素も関連していると思われる。一般に動物の怪異談において、多くは一個体単独の動物が人を害す。東国の河童は、おおむねこの範疇に入る。九州の河童も動物的妖怪ではあるが、これは集団をなして人を襲うことが多い。この特徴は、背後に人間の集団がひそむことを、示唆するのではないか。注(2)

筑後川・山国川流域の農民・職人などにおける河童のイメージは、サルと人の中間の形態であった。サルと人の中間の生物は現実にはありえないから、このばあい河童のイメージに、人のようなサルとサルに似ると感じられた人の両方が貢献している、と判断するべきだろう。そのうちサルに似た人とは、なにものだろうか。それが実在するとすれば、山人以外のものではありえない。

河童のイメージがある種の山人と重なることを示す根拠の一つは、近世の文献における山童の記載である。その初出と思われる『和漢三才図会』（寺島良安、一七一三年刊）巻四〇における山童の項については、前章で紹介した。

そののち山童にかんする情報はしばらく絶え、一八世紀の終わりに近づいてようやく、原公逸（一七三五〜一七九〇）の『狂斎雑録』（一八世紀後半成立）につぎの記述が見られる。

薩山に物あり。形骸皆人なり。ために山郎《やまわろ》と呼ぶ。きわめて力あり。木伐者はあらかじめ甘蔗をもってこれを役使すれば喜ぶ。人の後にあり。あえて前に行かず。平易の地に則ち木を投げ走る。世に山爺と称す。

これに橘南谿（一七五三〜一八〇五）の著『西遊記』（一七九五年序）巻三が続く。

九州極西南の深山に俗に山わろというものあり……其形大なる猿の如くにて、常に人のごとく立ちて歩行く。毛の色甚黒し。……此山わろに握り飯をあたえて頼めば、いかなる大木といえども軽々と引かたげて、よく谷峯をこし、杣人のたすけとなる。……人より先に立行く事を嫌う。……常には人に害をなす事なし。もし此方より是を打ち、或は殺さんと思えば、不思議に祟りをなし……。冬より春多く出ずるという。冬は山にありて山わろといい、夏は川に住みて川太郎というと、或人の語りき。

南谿は、一七八二〜八三年に九州に旅した。『西遊記』の記録は、このときの見聞にも

と つづく。『梅翁随筆』（一八〇一年ごろ成立）巻一にも、ほぼ同様の記述がある。[注(3)] さらに『水虎考略後編』所載の『水虎新聞雑記』（一八三八年）一六には

豊前州彦山長谷の北に山童多し。けだし河童冬にいたり山方に棲み山童と称す。河童すなわち水虎なり。……長谷を過ぐるものは皆、大いに叫びて人家に達す。山童を威す所以なりという。

とある。『水虎新聞雑記』は、河童にかんする噂話の集成である。話ごとに話者の名が明記されており、そのなかには林述斎（一七六八〜一八四一）のような江戸の知識人もいる。述斎が語ったのは、江戸の堀にでた河童の噂話だが、九州の河童譚が多い（計三〇話のうち二七話）。古賀侗庵が、九州各藩在府の藩士・儒者から聞き書きをした成果だろう。前記の話は、肥前の武富文之助から提供された。

『狂斎雑録』にヤマワロの「形骸皆人」とあるところを信じれば、山童とは山中で平地人とは隔絶した生活をしている山人と思われる。そしておそらく彼らは、山では入手できない食糧と交換に労力を提供していた。人の前を歩かないという習性は、平地人にたいするはなはだしい警戒心に由来するのだろう。また平地人の悪意を察し、これに祟ることも、彼らが過去の経験にもとづき身につけた本能の結果とも解釈できる。

二〇世紀に入ってから後にも、ある種の山人の消息が語られた。[注(4)] ふつう山窩の名で知られている人たちがこれに関連する。しかし山窩とは、明治以後の警察用語に起源する名称であり、[三〇] この名のもとに統括され、それにきっちり対応する山人集団が存在したわけではない。たとえば熊本県矢部の井上清一[三七]は、九州にミツクリまたはミツクロイカンジンとよばれる人びとがいたが、柳田國男の「イタカ及サンカ」[三七]を読んで、その人たちが山窩であることを知った、と証言している。埼玉県寄居の岡部鶴松も、三角寛の山窩小説を読み、ミナオシが山窩だとわかった、と言う。[一九] ふつうに山窩とよばれた人たちは、定住と職能の専門化がもっとも遅れた漂泊民、または彼らにのちに混入した人びと、と見なしてよいだろう。

山窩にかんする一般的イメージについては、柳田が適切に要約しているので[三八]、少し長くなるが、これを引用する。

「鉦打、鉢叩、番太、シュクなどよりも」一層不完全なる一種の土着あり。それは村人との間に別に何等の申合せも無く、通行人少なき川原、寺の山などに小屋を掛けて住む者あり。此等の徒は主として川漁に由りて生を為す。「サンカ」は其最も弘く行はるる称呼なるが、鼈を捕るに妙を得たるため「ポンス」などという別名あり。又竹細工に巧なり。……山に入りて藤蔓を取り竹を結びて箒箕などを製して売る。……高尚なる者は梭を搔く。……乞食もすれば野荒しも敢えて辞せず。……［しかし］彼等が土着は土着と名づくべく余りに不安定なり。殊に河川法の実施せられたる川は勿論、其他の地方も開墾盛にして竹藪少なくなり、水害減じて燃料の流木に乏しく、且所有権の主張緊迫になりたれば、他人の土地に久しく無断にて住むことは誠に難儀なり。其為に真冬の間居を南北に移す外、一季中にも段々寝処を転じあるく必要あり。即ち最も完全なる漂泊生涯にして……。

先に指摘したとおり、山窩の名称に対応するまとまった人間集団の実体はないとしても、大ざっぱにいって柳田が上の文章で述べたような生活形態をもっている漂泊民を、今後は便宜上山窩とよんでおく。

井上清一[三七・三八]・森田誠一[三四]・乙益重隆[六六]の報告にもとづき、九州緑川流域の山窩の名称・性質および生活形態を整理するとつぎのようになる。

（1）「やまんもん」ともよばれる。
（2）川の土堤に仮設した小屋、または岩陰・洞窟などに仮住する。
（3）年ごとに緑川河系の一定路筋を通り、家族単位の小集団を組み、回帰性の移動をおこなう。矢部には、下流から上流にむかい五月中・下旬に現われる。べつのグループと思われるが、大分県日田盆地にも山窩が姿を現わす。
（4）箕・蓑・籠・笊などを作るほか、原始的な方法で川魚を捕るのが巧みである。
（5）木挽きや枝おろしに雇われることがある。
（6）縫いものができないので、衣類が貴重品である。
（7）背が低く、脚は細く長く、目つきが鋭い。
（8）ふつうの農民の言葉も使うが、山窩どうしが話すときは、早口で聞きとれない。

これらの特徴が、河童または山童とどこまで共有されるか、検討しよう。

まず「河童聞合」の調書と付図が示す河童の体形・目つきは上記（7）と一致する。「河童聞合」の図では、河童は裸形またはふんどしだけをつけた状態でいる。（6）によれば山窩は縫いものができない。山窩が平地人の衣類を入手する手だてが、明治以後ほどはたやすくなかったと思われる近世において、彼らが身につける衣類は、かなり簡易なものだったろう。

「河童聞合」といちぶ重複のある森春樹の『蓬生談』（一八三二年成立）巻三および『蓬生譚』（一八一〇年代成立か）には、河童にかんする他の噂話も記されている。その一つは河童と心やすくしていたものがおり、河童のもとに何度も訪ねていったという話だが、『蓬生譚』によれば、河童の住所は、「水の中かといへばさにも非、家の中にもあらず。穴の内とおぼしき所にて、莚抔敷て居たりしと也」とある。『蓬生談』は、河童の住まいは「いつも木陰、河原の野抔なりしとぞ」と述べている。これらは、山窩の（2）の習性と一致する。

『蓬生譚』・『蓬生談』の正市河童体験の項では、久留米あたりの河童は矢部川をさかのぼって阿蘇にいたり、帰途は筑後川を利用し日田経由で戻る、と久留米水天宮の神主が語る。この河童の移動は、やはり回帰性であり、山窩の習性（3）と対応する。移動の時期についても、河童は旧暦四―六月、山窩は新暦五月中・下旬とほぼ一致する。山窩が、気候の暖寒に応じて山地と平地のあいだを往復する現象とかかわりがあるかも知れない。久留米の河童の移動目的は、阿蘇神社の社僧・那羅円坊への伺候であったが、それにしても往復別途をとり、それが年ごとに一定しているのがおもしろい。

ちなみに、那羅円坊の那羅円が仏教の那羅延天に由来するという若尾五雄[30]の意見に、間違いはあるまい。那羅延天の梵語narayanaは人の子を意味するが、金剛力士とも訳される。あるいは、河童の相撲と関係があるかも知れない。坊名を名のる点から窺うと、この伝承上の社僧の背後に、修験・山僧の姿もほの見える。

九州内陸部の河童は、冬に山にはいり山童となり、夏には里に戻り河童とよばれる。そしてこの伝承は、田の神と山の神の同一性、その去来信仰のコピーでもあろう。[3・46]しかし『蓬生談』などの久留米の河童は、夏前に山に入り、すぐUターンして平地にもどるようなので、話があわない。気候および農期に即した山人の移動のようすが、那羅円坊伺候の伝承と習合して、水天宮社僧談ができあがったのではないか。

人語をつかうのは山窩としては当然だが、河童もおなじ。さらに河童どうしの会話が人に聞きとりにくいという体験は、『蓬生談』にも報告されており、また「河童聞合」においても、河童は「キイキイ」と聞こえる声を発する。これは山窩の特徴（8）にあう。「河童聞合」・『蓬生談』・『蓬生譚』の記載はべつとして、山窩の特徴（5）の木材伐採作業における労力提供は、既述の近世山童の行動と符合する。（4）にかんし河童が竹細工をよくするという話は、まったく知られていない。けれども川漁の上手であることは、河童民話における川魚持参の恩返しモチーフから推定できる。最後に残った（1）の呼称についていうと、丸山学によれば、「やまのもの」は、山童の方言である。

井上・森田・乙益の山窩にかんする報告には、そのほか河童の習性との関連で、注目すべき事実をいくつか見いだすことができる。第一に乙益によれば、熊本県矢部、大分県日田のほか、同県の竹田にも山窩が現われた。近世に記録された『狂斎雑録』の薩山山郎、「水虎新聞雑記」における豊前彦山の山童まで包括して考慮すれば、九州中央の山岳地帯と、ここに水源を持つ諸河川の流域に、回帰性移動をおこなう山人が広く活動していた、という推定が成りたつ。そしてこの地域は、近世以来現在にいたるまで河童伝承のもっとも濃密な地域であった。

第二に乙益は、村の家の熊笹を無断で切って注意された山窩が、さんざん謝り立派な茶碗かごを持参した、という一九四〇年前後の実話を紹介している。井上もまた、一九〇七年ごろ、井上家所有の竹山を提供して箙の製作を注文したところ、二～三日のちの朝、店の軒に二〇個ほどの箙が吊してあり、その後も毎年五月になると箙がかならず吊されたが、一九一八年ごろそれが途絶えた、と語っている。このような事実談は、河童が恩返しに川魚をだまって軒に置いていったが、あるときからそれが途絶えた、という民話を連想させるではないか。

第三に井上は、山窩が野菜を無断で失敬したできごと、また山窩が農民の女性を犯した事件を記す。これら事件は、あるいは河童の胡瓜・茄子など夏野菜盗み、女性との通婚の民話の普及に貢献したかも知れない。

九州の例ではないが、只野潤[148]によれば、宮城県の山窩はきわめて身軽で、三～四間もの渓流は軽く飛びこす。このような能力は、「河童聞合」の治右衛門が遭遇した河童の行動に通じる。佐伯修[149]は、埼玉県寄居の山窩が独特の外傷治療法を心得ている、と報告する。あるいは近世の山人にもおなじような知識があり、河童膏薬譚の素地の一つになった可能性がある。さらに山窩の宗教について一言ついやす。田中勝也[150]は、山窩の宗教は、素朴な自然崇拝、とくに太陽信仰であると言う。近世において、彼らは宗門人別帳には登録されていなかっただろう。河童が仏教を忌避するという伝承は、このことにもかかわるかも知れない。

かくて山人が、河童イメージの形成に少なくともいくぶんかは貢献している、といえそうだ。それでは、山人のイメージがなぜ水妖である河童のイメージと混交しえたのか。もちろん一つには、山童が媒介となったことは間違いない。そして田の神と山の神の去来信仰が関与しているのも事実だろう。あと一つ、山窩のような山人には、もともと河童的な要素がそなわっていた。それは山窩と川との親近性である。柳田は、[三七]山窩が川岸を好む理由として、交通、水の必要、魚の捕獲、流れものの収得、手工品の材料である竹の入手、および小屋掛けに適した立地条件をあげているが、的を射た指摘と思われる。

なかでも山窩の川漁に長じている点については、山窩研究者のほとんどがふれている。三河・尾張・美濃における山窩の方言ポンスは、彼らのスッポン捕りの特技に由来する、[三七・二四]という。ポンスはスッポンの隠語である。山童観念の発達していない東国の人びとは、一種の換喩によって、山人をスッポンおよびスッポン的妖怪たる河童と、結びつけていた。静岡県設楽町の原田彦一によれば、彼の少年時代まで、川辺の岩穴などに住み川魚の漁獲を生業とする人びとがおり、ポンとよばれていた。彼らのイメージが変化して河童伝説が生まれたのだろう、と原田は述べている。[二九・三〇]原田のこの推定は、私見と通底する。

丸山が[三〇・三一]採取した熊本県阿蘇郡の伝承によると、江戸時代に水田開発のために川の水を堰きとめたところ、下流に住んでいた河童が、これを恨み工事責任者を殺した。山間の川辺に生活の手段を依存している山人たちが、堰の造成、用水の開発により、柳田が示したようなさまざまな生活の利便を喪失することはしばしばあっただろう。柳田はまた、先に引用したとおり、河川の管理の進行が山窩の生活を圧迫した、と推定している。人に危害をおよぼす河童が、近世に用水が発達した地域で活躍するという事実も、[一五三・一六四]これに関連があるのではないか。

第四章の「江戸の河童写真図」の節で述べたように、『水虎説』（一八一〇年代後半）には、寛永年間に豊後国肥田で捕獲した、と称するB型の河童図（ソ）が収録されている。浪華の絵師・春林斎豊住が一八〇五年に写した「河童真図」（う）もこれと同源であり

寛永三年甲寅四月より八月迄雨ふらず、諸国大に旱魃す。此時豊後国肥田といえる所にて河童を取得たり……

という説明が付される。B型の河童図は一七七〇年前後に成立したと推定され、これが寛永年間に捕獲されたはずがない。

資料[一六三]にもとづき、寛永三年四月〜八月の旱魃の事実は確認できる。しかし当該年は甲寅ではなく、丙寅である。このことは、説明書きが寛永の記憶がうすれた後代に誤写されたことを示唆する。いずれにせよ、このような説明がなされたについては、理由がなければ

ならない。沼などが干潟してスッポンがあがったのだと解釈するのが、もっとも素直で誤りの可能性が少ない仮説だろう。これを第一の仮説としておく。しかしこの仮説は、不謹慎な表現をすると、私の河童のストーリーに活気をもたらすものではない。そこでべつに第二の仮説をも提出しよう。旱魃の年に河童、すなわち山人ようのものが何かトラブルをおこしたのではないか、と仮定すれば、肥田の事件は本節の文脈にうまくつながる。旱魃のときには、そうでなくとも川の水量が落ちるのに、農業用水を優先するからなおさら堰の下手は涸れやすい。川漁など彼らの生活にとって重要な活動が、立ちゆきがたくなろう。

　このように考えると、羽倉秘救が河童の調査を思いついた動機の[注(5)]一つも推定できる。彼は日田に赴任するまえ、各地で河川・田地の管理・開発を統率してきた。その体験は、日田代官の任にあっても活用されるべきだ、と考えただろう。彼は、日田に着任したつぎの年、寛政六（一七九四）年正月に、支配地の庄屋・組頭・惣百姓にあてて通達「御仕置五人組帳」を出している。そのなかの一部を紹介したい。

一、用水・堰・川除・溜井浚の普請等々、常々油断無修復致し、田畑損耗これなき様心掛けるべく、尤も出水の節、堤・川除損ざる様に兼て村中申合せ囲む可く申し候……

一、郷村用水の儀、先規の例を以てこれを引くべく、および渇水体に候わば、その段これを訴るべく、我触《ママ》にせきいたし、又は切落し取り申すまじく候……

また村落に属さない者、住所不定者については、つぎのように注意している。

一、住所不知の者、一夜の宿も仕るべからざる旨、前々仰せ出候通り、堅く相守るべく候……

一、山伏・行人・虚無僧・恵美須・托鉢・かね打・乞食等の類所に居来たり候分は、その通り新規に差置くべからず……

このような注意は、日田代官領だけでなく、他の天領や大名領においてもおこなわれただろう。ただ九州の諸国、とくにその天領においては、これにあと一つ特殊な事情が加わった、と思われる。この点については、のちの節で説明する。

人形と被差別民

河童に非農民・漂泊民のイメージが投影されている、と主張したのは私がはじめてではない。さきほどの原田彦一の説明を紹介したのは、若尾五雄である[二五九・二六〇]。したがって若尾と原田が、河童＝非農民説の先駆者であるといえよう。けれども若尾とその説を受けついだ小松和彦[三〇]が、河童のモデルと見なしたのは山人というよりは、非人・河原者であり、その主たる根拠とされたのは、河童の人形起源譚であった。これらの主張は、私見と基本的には一致するが細部において異なるので、検討したい。

建築や工事に使役された人形が役目を終えたのち川や海に流されて河童になった、という民話が、現代においても九州を中心に広く分布している[三六]。若尾は、この河童の正体は、日雇いで労役に使われた非人・河原者であろう、と推定した。

歴史的にさかのぼると、河童の起源とは結びつかないが、中世にすでに人形が工事に使われた、とする伝承があった。『壒囊抄』（一四四六年成立）によれば

内裏の工事がおこなわれたときに、飛騨の工が木製の人形を作り、これに仕事を手伝わせた。ところが一人の女官が人形と通じて子を産み、その子孫が今の紫宸殿の大工となった。

さらに近世の『小林新助芝居公事扣』（一七二二年記）に『壒囊抄』の説話に似た非人の人形起源伝承が記載されている。

安倍晴明が人形を作り、一条戻橋河原に捨てたところ、これが人と契って子を産んだ。

また一説によると、内裏造営のおり、飛騨の工、武田の名匠が人形を作り使役した。そのとき官女がこの人形と契り子を産んだ。造営が終わったのち捨てられた人形が、ウシ・ウマの皮を剝ぎ喰う職業をにない、非人とよばれることになった。

小松は、この「非人」を「河童」におきかえれば、上記の後段の伝承は、そのまま河童の人形起源民話になる、と指摘する。河童の左右の手が通っている、という言い伝えもそこからくる。ほかに、安倍晴明が作った人形が河原に捨てられたこと、および河童にかんするつぎのいくつかの特徴を念頭において、小松は、河童のイメージと非人・被差別民のあいだに何らかの関連があるはずだ、と論じた。

（1）水辺・水界に住む。
（2）頭髪が童子形である。
（3）ウシ・ウマを水中に引きこむ。
（4）人の女性と通じる。

非人の人形起源伝承と河童の人形起源民話は、通婚・出産モチーフの有無をのぞけば、ほぼ同型であることは間違いない。したがって、ある時期、ある人びとにおいて非人・河原者と河童のイメージがいくらか重なっていたことについては、疑う余地がない。問題は、非人・河原者が、どのていど広く河童イメージの形成・発展に寄与したか、という点にある。私は、両者のイメージを重ねることができた人びとの範囲は、比較的狭かったのではないかと考えている。なぜなら、近世における河童の人形起源譚を語る文献は、菅見では『北肥戦誌』(一七二〇年成立)巻一六の「渋江家由来の事」のみである。

橘諸兄の孫・島田丸が、春日神社の造営を指揮していたとき、内匠頭・某が九九個の人形を作り、加持により魂を吹きこんで童形と化し、これを駆使して造営に成功した。そののち人形たちは川中に層り捨てられたので、人・ウマ・六畜を侵して世の災いとなった。今の河童とはこれである。この災いをきいた称徳天皇の命を受け、島田丸は、川辺で災いをなさぬよう触れてまわったので、河童の禍は失せた。渋江家は、島田丸の子孫である。

私が覗いた管の先には、古賀侗庵および柳田國男という二人の偉大な博捜家の集光器が接着されている。この二人の視野のなかにも、近世における河童の人形起源譚は、柳田が見いだした『北肥戦誌』だけしか入ってこなかった、という事実を無視しないほうがよいだろう。そこで、河童の人形起源譚が普及しにくかった原因を探るため、使役人形の意味について考えたい。

大工や陰陽師が使役した人形の説話は、つぎのいくつかのモチーフに分析できる。それは（1）人形の使役、（2）人形の遺棄、（3）人形と人との通婚、（4）通婚または人形の遺棄の結果としての、特定の身分・職業者の誕生である。

まず第一モチーフについて検討しよう。小松も示唆するところだが、これらの人形には使役霊的な一面がある。使役霊に労働を命じた古い例としては、『続日本紀』（藤原継縄等、七九七年成立）巻一の、役小角が鬼神を使い、給水や採薪にあたらせた、という記事が知られている。肉体労働をおこなわせたわけではないが、人工物を使役霊として利用した例としては、晴明が紙で白サギをつくり、藤原道長に呪いをかけた犯人のもとに派遣したという『宇治拾遺物語』（一二〇〇年ごろ）巻一四の説話をあげることができよう。

使役霊は、使役者の臨時に増殖する分身であり、その出現は、使役者の発するエネルギーの量とそれが充満する空間の増大を意味する。この観点から見るかぎりでは、使役霊は使役者と同質の存在でありうる。しかし使役霊の意味は、それにつきない。このたぐいの分身は、自己と自己のなす労働との分離、後者の擬人実体化、後者にたいする前者の優越をも意味する。ここでは使役者は使役霊を差別する。それゆえ、捨てられた人形たちは、支配階級でも農民でもない大工のような職人や、もともといくらかいかがわしさを備えていた陰陽師の仲間のうちで、一等下の存在の象徴でもあった。

第二のモチーフは、二つの視点から考えることができる。まず盛田嘉徳[三六]によれば、中世において河原の人をもっともよく収容した職業は、日雇い的土木労働であった。日雇いであるから、臨時の作業が終われば彼らは解雇される。つまり捨てられる。『壒嚢抄』および『小林新助芝居公事扣』後段における人形の運命は、彼らのおかれていた状態を示すのだろう。

つぎにこのモチーフは、穢れを負わせた人形を流す習慣に関係しているようだ。人の分身である人形は、前者の穢れを引きうけ、穢れとともに流される。『源氏物語』（紫式部、一〇〇〇年ごろ）「須磨」において、光源氏は陰陽師を召し、大げさな土人形を舟にのせ海に流した。おなじ『源氏物語』の「東屋」では、浮舟をめぐる薫と中君の言葉の行きかいのなかに、中君が

みそぎ河　瀬瀬にいださむ　撫物を
身に添ふ影と　誰か頼まむ

と薫に返すくだりがある。

人形は、穢れに染まった人の身体に撫でつけられ、その穢れをすべて付着しとったすえ捨てられる。苦役も一種の不幸だと考えれば、やはり穢れの類に属する。そうしてみると、

術者に使役される霊と、穢れを転移され捨てられる人形の二者の結合によって、苦役をになう使役人形が誕生した、と想定することが可能である。

人形的存在が人と通婚する第三のモチーフをふくむ説話は、中世において『壒嚢抄』の大工人形以外についても知られていた。『化物草子』（一六世紀）のなかの一話は、案山子聟譚である。

ある貧しい独りものの女が、「案山子でもいいから夫になってくれないものか」と独り言をいうと、その夜以後立派な男が通ってくるようになった。身許を確かめようと男の衣に糸をつけておき、彼が帰ったのち糸の跡をたどると、その正体は田の中の案山子であった。

この説話では、案山子の正体をさぐる手段として糸がもちいられており、これが「針糸型」として知られる異類婚姻譚の変形であることがわかる。日本では針糸型は、『古事記』（七一二年成立）崇神記のヘビ神・オオモノヌシの神話以来、ヘビの男性と人の女性の通婚説話の定型になっている。したがって『化物草子』の案山子は、ヘビの変形に違いあるまい。[六八] このような細工ものの人形とヘビの民俗的観念が連合したとき、第三モチーフが自然に生まれたのだろう。ヘビは水霊である。それに水中に入った人がヘビと化すという言い伝えは、中世の説教節『愛護若』における雲井の局など数多い。このようなヘビは、穢れとともに水中に流される人形のイメージと容易に結びつきえる。山中登[二四]は、水に流された人形が、河童よりはヘビとの連想をそそった、と示唆した。妥当な意見といえよう。

第四に、人形と人との通婚の結果、特定の身分・職業者の祖先が誕生した、という説話は、中世においては今のところ『壒嚢抄』のもの以外、見いだしていない。つまりこの型の説話は、特殊なばあいのほか普及しなかった、と思われる。もともと人形が人の始祖となるという伝承は、中世・近世の人びとにとっても、常識からはずれていたのではないか。

以上、大工・非人の人形起源説話を構成する主要なモチーフは、始祖誕生モチーフをのぞき、河童の勢力拡張期、つまり近世にはすでに出揃っていた。しかも第二・三モチーフは水につながる。したがって使役されたのち遺棄された人形が河童に化したという伝承は、もう少し広がってもよかったはずである。にもかかわらずなぜそうはならなかったか。モチーフごとに、河童とそれとの適合性について調べてみよう。

まず第三モチーフについて検討する。人形ならぬ河童が人の女性と通じると伝える噂話ならば、近世に広く知られていた。第二章において紹介した『朝野雑載』（貝原常春、一七三四年成立）の記事は、なかでも古い例である。その巻一〇によると、豊後国日田郡梅野村の庄屋・又兵衛の下女が河童と通じて妊娠した。以後九州とくに豊前・豊後においてこのたぐいの話が多い。けれどもいずれのばあいも、子孫は残らない。

では、河童が人と人形との異類婚の結果誕生したという第四モチーフはどうか。これについて、人と人形の通婚による子孫が残ったという伝承は、中世においてさえ『壒囊抄』以外に見いだしがたいと、さきに明らかにした。これに加えて、二つの点を指摘しておきたい。まず河童には親はいない。いたのだろうが、消されてしまった。それゆえ、通婚モチーフ、始祖誕生モチーフにかんしても、使役人形を特定身分・職業者の始祖とする伝承に河童は入り込みにくい。

しかしそれより重要なのは、大工や非人伝承が、一種の貴種疎外譚になっていることである。『壒囊抄』のばあいはそれが判然とし、『小林新助芝居公事扣』では曖昧であるが、それでも官女の子孫と非人は、祖先を共有する。それは大工や非人にとって、自らの集団的アイデンティティの確立において意味があった。もともと人と人形のあいだの子孫の誕生譚は、この種の動機なしには成立し得なかっただろう。河童はそのような動機を持たない。

かくて河童については、通婚・始祖誕生のモチーフを捨て、『北肥戦誌』のような使役・遺棄モチーフのみから構成される説話だけが存立しえたのである。けれども、このように通婚・出産モチーフを捨てた説話すら、近世においては希少であった。その根拠を解明するため、第一・第二モチーフについて、考察しよう。

まず第一モチーフ。河童においては使役霊的な要素はきわめて少ない。ヘビ・キツネなど神性をおびていた動物は、中世以降神使としての役割をにない、近世には憑きもの筋の支配下にあって私小説レベルにおいても霊力をふるう（と誤解された）。たしかに小泉丹[九二]がと指摘するとおり、河童憑きは、キツネ憑きに類似する。しかし河童は、ヘビ・キツネなど異なり民俗信仰の対象としてではなく、はじめから妖怪として出生した。出生ののちも、妖怪としてのエネルギーを消耗しながら、なお自由な生活を好んだ。この点からいって、河童を使役人形と同類視する観点は育ちにくかった。

第二モチーフにかんしていうと、河童には、捨てられた霊という側面も確かに存在する。第一章で紹介したように、『死霊解脱物語聞書』（残壽、一六九〇年刊）には、水殺された幼児が河童の姿で再現し、人を水死に誘った例がある。[一四]河童はこの本性をヘビから完全に継承する選択肢も持ちえた。ところが現実には、近世において、水死者の霊を含む大きな水神と河童のような小さな水霊は別の伝統に分流した。この点については、第一章で論じたのでくりかえさないが、結局河童は死霊であるという伝承はあまり普及しなかった。これもまた、河童が捨てられた使役人形のイメージとつながらなかった理由の一つであったろう。

さらに建築との関連の筋を追ってみると、ここにも人形と河童を隔てる障害を発見する。神野善治[三六]が指摘するとおり、現実の建築儀礼に人形が使用されている例が知られている。これが建築における人形使役の説話と無縁とは思われない。しかし他方、実際の建築儀礼に使われた人形は川に流されず、屋根裏などに残されるか、または棟梁の家に置かれるのが事実のようだ。それゆえ、この種の人形と穢れ祓いの人形との同一視、くわえて穢れ祓い人形と河童の同一視、という二重の手続きなしには、河童の人形起源譚は成立しえない。これが可能になった時期は、河童が一種の流行妖として拡布した近世末期以後ではないか。

河上一雄[五九]は、青森県で子供が水神様に取られないように藁人形を川に流す習俗を報告している。そして河童の人形起源説の採集例は、九州について青森県に多い。河上が報告した種類の人形が、おなじ地域でおこなわれる建築儀礼用の人形との連想を呼びおこし、これと河童を媒介する機会はあり得ただろう。こうしてまず東北地方で河童人形譚にしっかりした基盤があたえられ、それが各地に広がり、とくに『北肥戦誌』に見られるように河童人形起源譚が潜在していた九州において著しく流行した、とも考えられる。逆に九州の河童人形譚がひそかに北に流れ、素地を整えていた青森に固着した、という筋道もありえた。

ちなみに、河童の両手が通っており、かんたんに抜けるというモチーフが、この妖怪と藁人形・草人形との関連を示唆することは、折口信夫[七]と柳田國男[三五]がかつて指摘した点であった。折口はこのモチーフを、相撲のさい生じやすい脱臼の事故ともつなげている。中世・近世の人形使役譚に話をもどすと、『壒嚢抄』の人形は木偶であるし、『小林新助芝居公事扣』および『北肥戦誌』の人形が木偶であったか、藁人形・草人形であったか、不明である。むしろ一次的には河童のこの性質は、スッポンの手足が縮まることに由来したのだろう。河童の手が左右に通りぬけるという情報の初出は、『和漢三才図会』巻四〇の記事である。腕を一本の草木で通した人形の奇妙な印象が、スッポンの伸縮する四肢に付着した可能性を、あながち否定することはできない。しかし近世の中期以後になって、河童の左右に通る手と、切られやすい手のあいだにつよい連想が生じるようになったのではないか。

これまでの議論をかんたんにまとめ、あわせて結論をくだしておきたい。

(1)大工・非人などの建築使役人形起源説話と、河童の建築使役人形起源説話は、類似の構造をもつ。したがって河童イメージと非人との関連が、ある時期、ある人びと、ある範囲において意識されたことは、否定できないだろう。

(2)しかし河童については、人形との通婚にもとづく始祖誕生モチーフは成立しない。大工や非人の説話は、その始祖の高い格式を強調する意味をふくんでいた。しかし河童は、高貴な先祖を必要としない。ただし大工・非人の始祖起源説話から、何らかの条件のもとで、また何らかの経路をとおして、河童の人形起源説話が派生した可能性は、排除できない。

(3)それにしても、建築儀礼に使われる人形と河童のあいだには大きな距離があった。

また、河童の人形起源説話の広がりは、近世においてはきわめて限定されていた。使役人形説話のモチーフ分析はこれまでとし、河童と非人の連想に不利な事実を二つ追加しておく。

まず、江戸における非人の居住地と河童の出現地は、かならずしも一致しない。石井良助[三]によれば、一八世紀の後半に非人は浅草にもっとも多く、ついで品川・深川・代々木の順になる。おなじ時期に河童のさかんに出た場所は、深川・本所および江戸城周辺の堀であった[注6]。また第三章で述べたとおり、河童は仏教にたいし敏感に忌避的態度を示す。他方近世の非人は、あきらかに幕府の宗教統制の下にあった。

あと一つ、河童の人形起源譚の普及に不利だった条件をあげる。近世の河童の話は、しばしばなまなましい実体験の噂話の形で伝わっており、したがって河童の人形起源譚のような明らかに架空の印象をあたえる説話とはなじみがたかったであろう。にもかかわらず『北肥戦誌』において渋江家の由来談として採用されたのは、水難除けの護符をだしていた肥州渋江家にとって、河童の人形起源説は、荒唐無稽ながら家業に相応であった。つまり水難を誘う河童は、これを封じる渋江家のネガティヴな使役霊であった。

現代にいたり、河童の人形起源民話が普及した背景には、まず河童の流行があった。そのうえで河童の話から現実性が去り、その架空性を承知のうえで語られる民話のレベルに移ったことに関係があるだろう。

ようするに使役人形説話は、河童と被差別民の関連を反映するためには、幾重にも欠けるところがあった。しかし小松[20]の指摘のとおり、河童と賤民とのイメージのつながりは、使役人形のルート以外においても見えている。川との由縁、乱髪がそうである。そしてこの点は、「水辺の山人」の節で述べた山人の姿と通じる。

また石川純一郎[24]が示唆し、斉藤次男[26]が強調する海人・漂海民と河童の連絡を全面的に否定することもできない。けれども漂海民説は、河童と陸水との対応をも視野から除いてしまう。一九五〇年ごろまで残っていた西日本の漂海民、家船に住む人たちは、陸上生活につよい心理的な抵抗を示し、彼らの子は水田を恐れたという[27]。古代の海人族は、長い時間をかけて、内陸定着に成功した。近世の漂海民も、短い年月のうちに、またはわずかの世代のあいだで、陸水に適応できる状態ではなかっただろう。それゆえ漂海民がただちに、川の妖怪である河童のイメージのもとになったとは思われない。

漂海民が河童のイメージとつながり得たとすれば、それは第三章で指摘したように河童の評判が大いに広がり、そのもとに海の妖怪までもが包摂されるようになったのちのことであろう。

河童と類比される主たる被差別民は、その下位分類の非人・河原者でも漂海民でもなく、山人であったと思われる。すでに示したように、近世の民間伝承における河童の形態は、およそ山のサルに近い。ところが動物の皮剝ぎや土木工事にしたがう中世の賤民たちは、近世においては平地に定住したらしい。また小松[10]は、ウシ・ウマの皮剝ぎと河童の家畜引き民話との関連も念頭に置いているようである。しかし河童が水中に引こうと試みる動物は、ほとんどウマにかぎられる。現在の民話においては、まれに河童のウシ引き譚も知られているが、これはウマ引きからの二次的派生であろう。

平家の亡魂

「河童聞合」の正市は、一七七七年に三隈川の砂洲で多数の河童をあいてに相撲をとった。そののち河童妄想が継続し、彼は狂乱状態におちいる。そこで

筑後瀬の下水天宮は、二位尼を祭りて水難守護の社と伝承り、其社人に祈禱を頼み御供守等を授り、其後は災いもなく罷成候。

ということで落着した。

『蓬生談』巻三においては、この経過の記述は、もう少し詳しい。

〔正市の〕親嘉右衛門、隣国久留米の瀬の下なる尼御前の社に詣で、神主に倚りてしかじかのよしを云ひ祈禱をたのみければ、神主曰、「其事は昨日こちらに河伯ども訴へ出て委しく聞けり。彼〔正市から殺された河童〕は某の川に住て名有るものにて、其手に属するもの七八十。其ものども一同に怒強く、是非に敵をとらんといへり。容易には聞くべからず。然れども我祈禱してなだめば合点もすべし」とて修法し、幣一本と神前に供したる御供の飯少に礼守を添てつかわして曰、「此幣は、相撲取たる川岸にさし置くべし。御供は正市戴かすべし」等委しく示しければ……嘉右衛門帰りて神主が教への如くせしかば、正市無事に復りて……

「河童聞合」には「河伯」が水天宮の神主に事件を訴えでた話はない。事件は一七七七年、「河童聞合」の聞き書きは一八〇五年、そして『蓬生談』成立は一八三二年である。この間、正市事件の事実に修飾がくわえられた可能性も否定できない。ただし文化年中（一八〇四〜一八一八）に書かれたと推定される『蓬生譚』にも、『蓬生談』とほぼ同様の記載がある。

さて水天宮の縁起『水天宮御利生記』[六]（一八八六年刊）には、つぎの伝承が述べられている。[注(7)]

壇の浦で敗れた平知盛は、少数の部下と安徳天皇、二位尼時子、および按察使局を連れて、筑後に落ちのびた。一行は、同国草野をへて常持から筑後川をくだり、小森野に上陸した。安徳天皇は、白口（現久留米市荒木白口）において二八歳で没した。時に元久二（一二〇五）年。それまで安徳に仕えていた按察使局は、安徳（とたぶん二位尼）を瀬の下の水天宮に斎き祭り、みずからを千代と称した。やがて知盛の孫、真木儕が肥後の五家荘からきたり、千代の養子となり、水天宮に神職としてつとめることになった。

『水天宮御利生記』よりかなり前に成立したと思われる縁起に『天御前伝』[注(8)]がある。これも、てみじかに紹介しよう。

按察使局千代は、壇ノ浦の戦いののち、筑後の鷺野ケ原に逃れて、尼になった。壇ノ浦で生きのこった平家一門は、筑後の高良山において最後の決戦を試みたが、またもや敗れ、みな筑後川におぼれて死んだ。それを聞いた千代尼は、安徳天皇・建礼門院・二位尼を弔い祀った。そのころ、筑後川・巨瀬川など近辺の河川から、夜な夜な管弦音楽、歌い舞う声、泣き叫ぶ声が聞こえてきた。これを聞くものは、あるいは狂乱し、あるいは溺死する。また風雨不順、河川はあふれ、ウシ・ウマは倒れ、五穀は実らなかった。そのとき千代尼が、夢幻のなかで安徳天皇など三人から得た水天宮の呪符を人びとにほどこし、そのおかげで災いがやんだ。そののち千代は、熊襲の山奥にひそんでいた平知盛の孫・真木右忠を養子にとった。

山中耕作[二五一・二五二]によると、水天宮にかんする記録のうちもっとも古いのは、『石原家記』（石原為平、一八世紀後半）所載、寛文一〇（一六七〇）年の記録である。ここでは、祭神は「千年川［筑後川］水神、左荒五郎大明神、右安坊大明神」であり、慶安三（一六五〇）年に梅林山から瀬の下に移った、とされる。してみると、水天宮はがんらい筑後川の水神信仰に発したものと思われる。ちなみに城田吉六は、瀬の下一帯は、近世になって湿田を干拓した地帯であり、川の氾濫にたいする恐れから水天宮信仰が始まった、と推測した注(9)。他方山中[二五二]は、千代・安徳・二位尼伝承にでてくる地名は、いずれも水天宮の関係地である、と証明している。この伝承が、水神信仰と平家落人伝説の習合により形成されたことは、間違いない。

それでは、千代・安徳・二位尼伝承は、いつごろ成立したのであろうか。松永伍一[二二]は、平家落人伝説が、中世以後、漂泊の下級宗教者によって山間の部落に移入された、と指摘する。『天御前伝』・『水天宮御利生記』には、知盛の孫が肥後の山奥または五家荘から筑後に訪れたと書かれている。松永は、五家荘の平家落人伝説は、近世にいたり肥後が細川領となったのち（一六六六年以後）に誕生した、とみている。この説が正しければ、水天宮の千代・安徳・二位尼伝承は、一七世紀のなかば以降に形成された、という結論がだされよう。一六七〇年の記録における安坊大明神の名が、もともと安徳を暗示しようとしたのか、それとも起源において安徳とは別個の安坊が安徳の名称との連想をさそい、上記伝承の成立に便宜を与えたのか、今のところどちらとも言えない。

千代・安徳・二位尼伝承に関連する重要な資料が、ほかに存在する。現在もなお、大分県を中心としていくつかの地域で演じられている風流踊り「筑後楽」の由来記、『筑後楽由来』がそれである。その前半は『平家物語』(一三世紀前半)の要約であるが、後半にいたって奇妙な展開をみせる。

壇ノ浦の戦いで安徳天皇・二位尼をはじめ、平家一門の多くは海底に沈んだが、残った一門は九州に落ちのび、筑後の高良山にたてこもった。そこに源範頼の軍勢が攻めよせ、あまたのウシの角に松明を結びつけて放ったので、平家の人びとは肝をつぶし、山から落ちて筑後川に没した。平家の武者たちは、かくて河伯水神となり、ウシ・ウマに災いした。そこで筑後国の千代の中村よりこの音楽を奏したところ、水神も喜び音楽に調子をあわせた。その結果、国土安穏、人民・ウシ・ウマ・六畜にいたるまで、寿命長久・息災繁盛することになった。

『筑後楽由来』においては、『天御前伝』とおなじく、平家は壇ノ浦では滅亡し終わらず、さらに筑後高良山で最終的にほろんだ、とされている。ただし『天御前伝』とちがい、水天宮の縁起とは結びついていない。真木氏も登場しない。

平家滅亡を筑後の地まで引っぱってきたのは、いずれも地元の下級宗教者の普及活動を示唆する。『天御前伝』のストーリーは水天宮系の神人・巫女の語るところであったことは疑いをいれない。『筑後楽由来』のストーリーについては、山中[52]は、高良玉垂宮の巫覡によって伝えられたのだろう、と主張している。ちなみに「尼御前」の「御前」は、おそらく瞽女からの転訛。「尼」のほうについても、金野静一[85]は、それが雨を意味し、尼御前を雨乞いの神と見なす。この水神にたいする期待を、降雨だけでなく、雨の制御一般にまで拡張するならば、尼＝雨説は、かなり有力と判定できる。

『筑後楽由来』の千代の中村という地名にもとづき、『天御前伝』・『水天宮御利生記』の千代尼の名前が創出されたのだろう。ちなみに千代・中村の地名は、筑後川をはさみ久留米市の対岸にある北野町に現存する。高良山からも遠くない。近所に高良と称する地域もある。山中[53]は、当地にかつて高良玉垂宮の有力分社があり、またここは高良玉垂宮の経営にあたっていた弓削氏の本貫の地である、と指摘する。

一面この地は、北野の名からわかるようにもとは京都の天満宮領であり、天満宮が祀られていた。『天御前伝』によると、「筑後楽」は、千代尼と天満宮の巫女・中村童女の合作であった。しかし山中は、『筑後楽由来』は北野天満宮で成立した、と断言する。[35] その当否について、私見は保留するが、これに浄土宗善導寺（現久留米市善導寺町）の唱導が関与したという山中の説は、[35] 注目すべきであろう。『扶桑紀勝』（貝原益軒、一七一〇年代前半成立）巻七には、善導寺において、法会に「筑紫楽」を奏す、とある。あるいは「筑後楽」と関係があるかも知れない。この著名な寺は、筑後川をへだてて北野の南に隣接し、また高良山の北、そこからさほど遠からぬ場所にある。

『筑後楽由来』と北野天満宮の関連如何によらず、天満宮の神・菅原道真は水神制御と因縁がないわけではない。『和漢三才図会』巻四〇に曰く。筑紫に流されていた道真は、わけがあって

いにしへの　約束せしを　忘るなよ
川だち男　氏は菅原

と詠じた。いまでも川を渡る人がこれを吟じれば、河童の災いにあうことがない。

話を少しばかり『筑後楽由来』の本文に戻す。範頼の軍がウシに松明をつけて走らせるくだりは、おそらく『源平盛衰記』（一三世紀後半）巻二九「礪波山合戦の事」のエピソードの転用であろう。ここでは木曾義仲の軍が、ウシ四〜五百頭の角に松明を結びつけ、平

家の陣に迫り、その一万余騎を倶利伽羅谷に追い落とす。

『筑後楽由来』には、私が知りえただけでも、大分県耶馬渓町宮園の雲八幡宮〔六・三五〕、同町大久保の伊勢山大神宮〔六〕、同県玖珠町の亀都起神社でおこなわれているもの〔三五〕、および福岡県吉井町・観光会館「土蔵」所蔵のものがあり注(10)、いずれもほとんど同文。「土蔵」所蔵の写本は、安永丁酉（一七七七）年写となっている。古くみせるための仮託としては、安永は中途半端なので、この写しの年は信用してよいだろう。さらに大久保伊勢山大神宮のものは、筑後楽が貞享三（一六八六）年に始まったと伝える。ただしその確証はない。

内容は『筑後楽由来』に似ているが、いくらか異なる系統らしい由来書が、ほかに残っている。上記「土蔵」所蔵の『音楽縁起』と称する写本がそれである。ここでは平家一門が筑後の水に沈んだのは、壇の浦の戦いの前、寿永二（一一八三）年八月、筑前太宰府に彼らが落ちのびたときの事件とされている。筑後巨瀬川をはさんで緒方惟義と戦い、敗れた平家の亡霊が、巨瀬川の河伯水神になった。この挿話は『平家物語』には欠けているが、これと矛盾はしない。『音楽縁起』の写本の末尾には、「慶安三丙辰弥生日」とある。慶安三年は、一六五〇年。しかしこの年は丙辰ではなく、庚寅である。それゆえこの年記はかならずしも信頼できない。現存の写本の写しの年は、『筑後楽由来』とおなじく一七七七年。なお『音楽縁起』のなかには、「抑々この音楽といっぱ」のような修験が使いそうな口調がでてくる。なお高良山は、修験とは関係ない〔三六〕。

いままで述べてきたことから明らかなように、『筑後楽由来』・『音楽縁起』の成立時期下限は、一八世紀後半。上限はとりあえず確言できない。

ところで、平家落武者伝説と筑後川流域の水神信仰の連絡を明示する重要な証言が残されている。『筑後地鑑』（西貞、一六八二年序）巻上は、水天宮が尼御前社ともよばれ、その尼御前は巨瀬川の水神と夫婦であるという説を伝える。また尼御前は二位尼であり、巨瀬川の巨瀬入道は平清盛であるという俗信をも報告した。さらにこのような信仰が、巫覡の類によって広められていたことを示唆している。ただしこの記録の筆者は、尼御前・巨瀬入道信仰を荒唐無稽の説と見なす意見を引用し、批判的な態度を見せた。

前述のように、九州における平家落武者伝説の流布期は、一七世紀に入ってからのことであると推定される。他方『筑後地鑑』の記載は、一六八〇年ごろには筑後川流域の水神信仰が、平家の亡霊にたいする恐れに結びついていたことを示す。この種の俗信の成立が一七世紀なかばと判断しても、たいして見当違いではないだろう。

そして一八世紀なかばになると、『天御前伝』・『水天宮御利生記』・『筑後楽由来』・『音楽縁起』が語る説話は、それぞれ伝播担当者を別けあいながら、たがいに混線しつつ流布したと思われる。

それらの成立の前後関係は確定できない。まとめると**表11**のようになる。

表を検討すると、A・B・C・Dの順に平家落人伝説との関連が濃厚であることがわかる。そこでこれまでの考察を整理し、諸伝承の成立経過を推定しよう。

(1) 久留米瀬の下の水天宮は、がんらい筑後川水系の水神を祀る信仰に由来する。この神社は、荒ぶる水神を呪力で抑えると信じられていた。ただし当初は、平家伝説とは関係がなかった。

災厄の内容	伝承運搬者
関連伝承なし	水天宮
水死者・牛馬斃死・風雨不順・洪水	水天宮・北野天満宮
牛馬に災い	高良玉垂宮・北野天満宮
牛馬に災い	高良玉垂宮・北野天満宮・修験?

(2) 戦いに敗れ筑後川または巨瀬川に沈んだ平家の亡霊が水神と化し妖異をふるったが、「筑後楽」と称する神楽で慰撫された、という霊験談『筑後楽由来』(C)が、一七世紀のなかばごろ筑後・豊前・豊後の農・山村に伝えられた。伝えたのは、高良玉垂宮系・天満宮系の下級宗教者であろう。『筑後楽由来』は、善導寺の唱導の影響を受けているかも知れない。また前後して、伝播者の系統が違う『音楽縁起』(D)も流布された。

(3) 水天宮の宗教者が、このC・D系の伝承を組みこみ、『天御前伝』系の縁起談(B)が成立した。

(4) これと別に、やはり水天宮の宗教者が、安徳生

表11　筑後における平家亡霊伝承

文　献	筑後へ定着した落人	筑後における平家敗戦の時期	決戦の場所
A. 水天宮御利生記	千代・安徳・真木儕	関連伝承なし	関連伝承なし
B. 天御前伝	千代・真木右忠	壇の浦の戦いの後	高良山・筑後川
C. 筑後楽由来	関連伝承なし	壇の浦の戦いの後	高良山・筑後川
D. 音楽縁起	関連伝承なし	壇の浦の戦いの前	巨瀬川

存伝承を取りいれ、『水天宮御利生記』系の由来談（A）をつくった。不確実であるが、A・Bの伝承は、一七世紀なかば以後、一八世紀なかばまでに成立した、と推定される。

『筑後楽由来』・『音楽縁起』では、平家の亡霊が河伯・水神と化して災いをなした、と語られる。しかし河伯・水神＝河童ではない。水神を河伯と表現した例は、『日本書紀』（七二〇年）仁徳紀にあり、その平安初期訓は「かはのかみ」である。もちろん河童は、古代にはまだ生まれていない。

近世よりも前には、陸水の妖怪はヘビの姿をとることが多かった。[166] そして水妖のヘビのすべてではないが、その相当部分は、現世に怨みをのこして水中に入ったものの霊の象徴である。[154] 平家の亡霊が河伯水神となったのは、やはりこの伝統を受けついでのことであり、近世に入ってから、平家落魄伝承が筑後川水系の水神信仰にくりこまれたのだろう。

では、水天宮はいつごろから河童を支配下におき、これを統制するようになったのだろうか。正市が河童と相撲をとった安永年間には、すでにそうなっていた。

正市が河童と相撲をとった年に成立した『筑後志』（杉山正仲、一七七七年成立）巻下には

> 尼御前社（府下瀬下にあり）河海守護の神にて、渡海を《ママ》人無難を祈る。甚だ応あり。また水虎を伏す。社家より守護札を出す。是を持する者、河海水辺の難かつて有る事なし。四方の船人争いて是を求む。

とあり、この時期に水天宮が河童調伏の機能をも発揮していたことを、あらためて証明する。

ところで『筑後楽由来』・『音楽縁起』において語られる災いは、ウシ・ウマの斃死のみであり、人の水死は問題になっていない。また『天御前伝』がつたえる災厄は、河童の害にしては異常に規模甚大。それゆえ、『筑後楽由来』・『音楽縁起』・『天御前伝』・『水天宮御利生記』の平家の亡霊は、起源においては河童と直接には由縁がなかった、と思われる。河童のがわに立っても、「河童聞合」・『蓬生談』・『蓬生譚』・『筑後志』に記されているか

ぎりでは、筑後川水系の河童に平家一族の亡霊の面影は見られない。

前節で述べたように、近世の河童においては、人の死霊の要素はかなり希薄であった。これが河童と平家の亡霊との結びつきを妨げた一つの原因であったろう。水天宮においても、筑後川流域の人びとの心のなかでも、大規模な水難をもたらす平家の亡霊と、子供を水中に引き、相撲のあいてをした青年に精神的惑乱をもたらす河童とは、べつのものと見なされ、両者並行して信じられたのではないか。

ところが現代に採取された九州の伝説には、平家の亡霊を河童とする例が少なくない。久留米市京町で採取された伝説では、筑後川に沈んだ平家の兵が河童になったとされる。[三五]耶馬渓町宮園においては、平家の残党の霊が河童になり、それを鎮めるために雲八幡宮の「筑後楽」が始まったという。「筑後楽」が奏せられる風流踊りは、現在では俗に河童踊りといわれ、少年が頭に紙の皿を載せ、赤麻の衣装をつけて登場する。[三六]

平家の亡霊と河童の結びつきを媒介するべき潜在因が、近世において欠けていたわけではない。平家の落武者と自称する人たちは、ある種の山民である。しかも松永[三三]によれば、彼らは山間にほそぼそと水田を営むことが多かった。この状況は、「川辺の山人」の節で説いたとおり、平地の人の心中に河童の観念を誘発しやすい。けれども、平家亡霊伝承におけるその潜在因の発現は、河童に死霊の要素が希薄だという別の属性によって抑制されていた。現代になり、平家亡霊俗信からも河童伝承からも、現実性が失われた。いずれも架空の話としての民話の世界に舞台を移した。つまりおおまかに言えば、河童の人形起源説話とおなじ事情がここにも現われたのである。別個の社会的・心理的基盤のうえに成立していた怨霊の水神と河童は、それぞれ独自の基盤を失うことにより、自由に混交することができた。かくてさきの抑制は、解除された。

本節の冒頭に、水天宮をなかだちにして、平家の亡霊と河童との関連をにおわせながら、論証においてはずいぶん遠まわりしたあげく、さいごにわずかの、しかも平凡な結論を示すにとどまったことを、遺憾とする。

まぼろしのキリシタン

ここで突然キリシタンが登場するのは場所ちがいと、けげんに思われるかも知れない。私にイエズス会の宣教師と河童との類似を示したのは、菊池清勝である。菊池が指摘する両者の類似点はつぎのとおり。

第一に、カトリックの修道僧は、トンスラと称し、頭頂の中央部を剃り、周囲の頭髪を残す。これは河童の頭部の形態に近い。参考にあげた図38は、一六世紀初期にポルトガルで制作された聖ヴィセンテの彫像である。頭髪の上にトンスラの部分が見える。第二に、胴体に比して手足が長い。第三に、古典的な洗礼においては、新しい信仰者を文字どおり水中に浸す。第一点については、頭髪の長さが異なるが、類似は否定できない。第二点は、B型の河童にはかならずしもあてはまらない。しかし「河童聞合」のA型河童図の一部と一致する。第三点についていうと、日本に入った諸宗派の洗礼は、たんに頭部に水を注ぐだけだった。それでも、頭部の水のおかげで力をつける河童との共通性は、疑いえないだろう。

図 38　カトリック僧のトンスラ（聖ヴィセンテ像，ポルトガル．16 世紀初期）

文献のうえで河童とキリシタンとの同一性を指摘したおそらく唯一の人は、三田元鐘である。けれども三田は、河童が中国起源と断定し、これを前提としたうえで、中国南部において合羽を着用したフランシスコ会の宣教師が河童イメージの根源だ、と主張する。全般に三田の論点には不明確な部分が多いが、菊池とおなじく中剃りのヘアスタイルや洗礼の風習を念頭においていた、と推察される。

また熊本県八代市の吉田朝雄は、海

外から上陸したヨーロッパ人の紅毛・異貌・服装、および皿のような帽子から河童のイメージが生まれたのではないか、と語っている。[三四]

私は菊池のヒントを起点として、河童とキリシタンの対応関係がほかにも存在することに気がついた。すなわち河童体験の分布とキリシタンの分布の並行性が顕著である。戦国時代、キリシタン大名支配地の主要部は、有馬義直・晴信の有馬藩、および大村純忠の大村藩を中心とする肥前と天草、さらに大友義鎮の豊後一帯であった。織豊時代には、有馬・大村が肥前にあったほか、小西行長が肥後宇土に、毛利秀包が筑後久留米に、黒田孝高が豊前中津に、毛利高政が豊後日田に、それぞれ居城した。そして近世の文献において、人が河童と出会った体験がもっとも頻繁に語られるのは、筑後・豊前・豊後・肥前・肥後の五か国であった。

そのほかにも、キリシタンと河童とのかかわりを示唆する事実はいくつかある。河童の髪がしばしば赤色とされるのはその一つである。[注(11)]山中に隠れた宣教師は髪の手いれをする暇がないので、トンスラの周囲の髪は、河童のように長く伸びていただろう。さらに第二章で説いたように、河童の膏薬説話は中世末の金瘡医の発展を反映しており、金瘡の医療にはまた南蛮流の寄与するところが大きかった。第三に、河童が仏教を忌避する傾向はきわめて著しい。この点にかんしては、他の妖怪にみられないほど極端である。

河童は河川の中流域、これから導いた用水、または低湿地帯の堀などを主要な根拠地として出没する一種の妖怪である。とくにその原始型と思われる九州の河童は、山間の水辺に現われた。そしてこの妖怪は、縄張りに入った人びとに遭遇して、彼らに奇妙な体験をもたらす。

外国人のパーデレやイルマンが妖怪視された事実は、フロイスの『日本史』(一五四九〜七八年記) 一七・二六・二七・二九・四八章などに少なからず記載されている。禁制時代日本に残留し、または新たに潜入した外国人の宣教師が、しばしば山中に隠れたという事実も知られている[七・三三・三七]。

一六〇二年に来日したジェロニモ・デ・アンジェリスは、一六一五年、禁教下において一時大阪近くの山林に隠れていた。一六一六年に入国し、東北・松前の布教に従事したディオゴ・カルヴァリョは、一六二四年に水沢から横手に出る山中で捕縛された。一六二一年に長崎に入ったドミンゴ・カステリェットは、やはり山中に潜んだ。一六二三年に潜入したフランシスコ・デ・ヘスースは、長崎の山中の洞穴に隠れて日本語を練習、一六二六年に奥州にむかった。ヘスースとともに上陸したビセンテ・カルヴァリョは長崎で布教に従事していたが、一六二九年に五島列島の小島・平島の山に逃げこんだ。セバスチャン・ヴィエイラは、一六三二年に有馬付近に上陸し、山中に潜んだ。マルセロ・フランチェスコ・マストリリは、一六三七年に日向に潜入し、山奥の林に隠れていたところを逮捕された。そのほかにも山中に潜みながら布教を試みたパーデレ・イルマンがいたことは確実だろう。姉崎正治[七]の言葉を借りれば、彼らは「山林に隠れ、屢々露宿もして、迫害裏に奮闘した」。いわばかりそめの山人でもあったのだ。

五野井隆史[九六]の詳細な研究によると、禁教令の実施（一六一四年）当時におけるパーデレ・イルマン残留者は四五名、そののちしばらくはむしろ残留者は増加し、一六二一年には六三名にたっする。しかもこれは、以後は漸減するが、一六四四年段階でもなお、七名が日本に残っている。しかもこれは、現代の研究者による綿密にして客観的な調査の結果であって、近世初期の人びと、とくにキリシタンを取り締まる立場のものにとって、外国人宣教師の影は、事実以上に大きく見えたにちがいない。

現に一六七四年および一六八二年には、潜伏するパーデレ・イルマンの密告を促す制札が公示された[六・三七]。この事実に照らしてみると、体制側は一七世紀末においても、外国人宣教師の潜伏の可能性を認め、これを恐れていたことがわかる。なお禁教後の残留の資格の一つに、体格がスリムであるという条件がもとめられた。太っていると逃走の妨げになるからである[九九]。山中に潜むキリシタンの幻影は、山人や「河童聞合」のA型河童図とおなじような体格を示していたであろう。

水との関連についていえば、洗礼によって力を得るキリシタンが河童と通底することはすでに述べたが、水を介して両者をむすぶ別の回路も存在した。幕吏は、惨殺した殉教者の死骸を、海・川・井戸などに捨てる習慣があったらしい[七・九六]。これはおそらく、信者が遺骸を拾うのを妨げるためであったろう。

そのせいか、処刑されたキリシタンの亡霊が、井戸に姿を現わす、あるいは海に人を引きこむ、などの噂が広まった。[三三] すでに述べたとおり、近世中期ちかくまでは、水死者が河童と化して人を水中に誘いこむ、という俗信があった。現代においても天草の志柿で、殺された武士が河童になったとする伝説が採取されている。[三四] この武士もキリシタンであったのかも知れない。キリシタンと河童の関連が明示的に描かれているわけではないが、その関連を暗示するとも解釈される噂話が、『玉滴隠見』(中原常政、一七四〇年写)に見られる。

一六三七・三八年の島原の乱に日向延岡藩の有馬直純が出陣した。乱が鎮定されたのち、直純の部下の八左衛門という武士が、肥前有馬の蓮池を見物しようと立ちよると、河童が昼寝をしていた。八左衛門はその河童を抜き打ちし、手ごたえがあったが、死骸は見当たらないまま、やがて池中にものが入る音がした。八左衛門は直純にしたがい、延岡に帰った。一六四〇年の末、二年前に八左衛門から切られた河童が彼のもとに訪れ、「肥前の有馬にての事はよも忘れたまふまじ。……その意趣を遂げんと思い遥々と参たり。急ぎ外へ出たまへ。勝負をせん」と挑む。八左衛門莞爾と笑い、刀を下げて庭に出、河童は梅の小枝を武器として持ち彼を迎えた。八左衛門は河童と戦うようすなのに、他人には河童の姿は見えない。その日は相互に戦い疲れ、翌日再戦したがやはり勝負がつかない。三日目、直純が噂を聞いて見物にきた。しかし今度は河童は現われなかった。そしてその晩、河童は八左衛門の枕元に立ち、有馬に帰るむね告げて去った。この話は豊前の永井玄孝が語った。

永井玄孝なる人物の実体は不明。この噂話は、二つの点でおもしろい。第一に河童を斬ったのは有馬直純の家来であった。しかも河童は、直純の祖父・義直、父・晴信の二代のキリシタン大名が支配していた故地、そのうえ島原の乱で一揆側におさえられた場所に出現した。乱で殺戮されたキリシタンの霊が河童として姿を現わし、いにしえの連帯を裏切った武士に報復しようとしたのだ、とこの筋書きを解釈したくなる。かつて有馬藩がはぐくんだキリシタンにたいする迫害行為は、迫害者・八左衛門の心底から、一種の妄想を発生せしめた。河童は、無意識における心の呵責の表現、または呵責の源にある被迫害者の幻影ではないか。八左衛門は、おなじ無意識のレベルで、被迫害者の霊による復讐を恐れていた。そして目前に突然河童が現われたとき、このような心理状態にあった彼は、先手をうって攻撃した。その攻撃は、島原の乱における彼の行為の小規模な反復でもある。無意識の恐怖は、ますますつのる。かくて、河童は遠路はるばる島原から延岡まで攻め入ったのである。ちなみに、現在まで残る伝承において、八左衛門と戦った河童は天草四郎の化身ではないか、という解釈が語られている。

八左衛門の話で興味をそそられる第二点は、彼が河童と相撲をとったのではなく、剣術で勝負を争ったことにある。影は本体に似る。河童は、相撲文化層に属する農民・職人にたいしては相撲を挑むが、武士にたいしては剣もどきの呪術的な梅の枝で対抗しようとした。八左衛門がいだいた妄想は、「被害者―迫害者」妄想の概念にあてはまる。つまり受動的な被害妄想が、ある段階で積極的な反撃の妄想に転じる。この種の妄想に取りつかれる人は、活力にみち、しかも既成の秩序に依拠して尊大にふるまう傾向が著しい[62]。

島原の乱には、外国人宣教師は参加していない。また先に述べた水中に死体を捨てられたキリシタンの大部分も、日本人であろう。それゆえ、ここまでくれば外国人パーデレ・イルマンと河童のイメージの混交は問題にならない、と批判を受けるかも知れない。けれども、おなじ異教を奉じるもののイメージは連続する。近世前半の肥前・天草において、民族と肌の色を問わず、惨殺されたキリシタンたちは、同質化した亡霊・幻想の世界からこの世に立ち現われたのではないか。

いままで示した事実と噂話、および現在では忘れられてしまった事実と噂話にもとづき、河童の本体の一部がキリシタンではないか、と疑った人が、かりに近世なかばの九州に実在したとしよう。そしてその人物が、河童噂話の伝播にあたり、かなり強い影響力をおよぼし得る立場にあったと仮定しよう。そのような人物がいたという証拠はまったくない。しかしこの仮定を前提にすれば、九州の河童にかんする他のいくつかの事件・伝承の発生も説明できる。

　菊岡沾涼（一六九九〜一七八三）の『本朝俗諺志』（一七四七年刊）巻二に、有名な伝説が載録されている。八代あたりの川の河童が、加藤清正の小姓を川に引きこんだので、清正が河童を攻撃したという話である。ちなみに八代は、関ケ原の戦いまではキリシタン大名・小西行長の領、慶長五（一六〇〇）年以後、清正領に編入された。そして清正は、キリシタンにたいし過酷な迫害をおこなった。

　さらに『水虎説』所載の河童図（ソ）そのほかにかんし、寛永年間に豊後肥（日）田で河童が捕獲された、と称する記事について検討しよう。

　河童は実在しない。その意味でこの説明は虚構である。では、虚構を造作したものは、河童の捕獲時期をなぜ寛永年間と指定したのだろうか。日田の河童の捕獲の意味については、「川辺の山人」の節で、すでに二つの仮説を提出した。本節では、三つ目の仮説を示しておこう。近世初期の河童の正体はキリシタンではないかと疑った人物が、日田の河童の捕獲時期を創作したのだとすると、事態の説明が可能になる。その人物が、寛永年間の九州における外国人宣教師の運命について知識を持っていたならば、この事件と日田の河童にかんする既存の話を習合させることができた。

　豊住写の日田河童図（う）の説明には、捕獲時期は寛永三（一六二六）年四〜八月とされている。他方、長崎奉行が宣教師の追及に本腰を入れたのは、元和四（一六一八）年以後であった[九九・三七七]。そして寛永元（一六二四）年には、大村においてフランシスコ会のルイス・ソテロが殉教し、問題の寛永三年閏四月には、イエズス会の日本管区長フランシスコ・パシェコなどが長崎で処刑された。

それにしても、いくつか説明の追加が必要である。長崎における宣教師の犠牲の事件との習合の対象になりえた日田の河童の話が、近世なかばに成立していた証拠があるか。そして長崎の事件がなぜ日田の伝承と結びついたのか。前者の点については、すでに明らかにしたとおり、九州は河童伝承の中心地であるから、日田にも河童がいなかったはずがない。『日本山海名物図会』巻三における河童の記事のタイトルは、「豊後の河太郎」である。

第二の点にかんする説明は、かなり苦しい。したがって「寛永……」の記事の説明として、スッポンがあがった事件をあげる第一仮説がふさわしいことは言うにおよばず、旱魃にたいする川辺の山人の反応を想定した第二仮説のほうがまだしも穏当だろう。ただしキリシタン禁圧の脈絡で歴史をたどるならば、万治三（一六六〇）～寛文八（一六六八）年を中心とした、豊後のキリシタン摘発を見落とすことができない。とくに天領における逮捕者が多く、彼らのかなりの部分は日田に入牢した。河童が寛永年間に日田で捕獲されたと吹聴した一八世紀の一人の知識人の心のなかで、寛永以降寛文まで九州でつぎつぎに発生したキリシタン摘発が、一まとまりの事件として印象・記憶された可能性は絶無ではない。

日田代官・羽倉秘救の発意で作成された「河童聞合」の背景についても、キリシタンと河童との関連を思いついた人物の存在と、彼によるその説の流布を前提として、解釈し得ないわけではない。「河童聞合」の調査がおこなわれた文化二（一八〇五）年は、有名な天草崩れの年と一致する。ただし河童の聞き取り調査の月は二月、天草のキリシタン糾問開始は一月おくれて三月。けれども天草においては、享和三（一八〇三）年以来内偵が始まっており、この年になされた異仏の発見とウシの屠殺の露見が、嫌疑をつよめたようである。[一六六]

天草天領においては、島原藩主預かり、西国郡代支配、長崎代官支配など転々と管轄者が交代した。文化二年当時は、島原藩主預かりであり、西国郡代は空席であった。しかし天草は、明和五（一七六八）年から天明三（一七八三）年までは西国郡代の支配下におかれていた。[三] 一七九三年以来日田代官であり、事件の翌年、一八〇六年に西国郡代に昇進する秘救は、[三九] その立場上内偵段階から天草におけるキリシタン潜伏の情報をつかんでいたのではないか。そうだとしたら彼らは、この事件に無関心ではいられなかっただろう。もともと豊後天領をはじめ彼の支配地は、かつてのキリシタンの多数分布地帯であった。

秘救が日田に着任したつぎの年、寛政六（一七九四）年正月に、彼は支配下の各地、豊前・豊後・筑前・筑後・肥前・日向の庄屋・組頭・惣百姓にあてた通達「御仕置五人組帳」のなかで、キリシタンにたいする追及の手を緩めないようきびしく指示している。通達の第二・三項（第一項は総論）がこれに関連するが、第二項の一部を引用しよう。

切支丹宗門乃儀、累年御制禁之通堅相守り、五人組限常々心を付……勿論此跡々毎年壱人別に宗門相改、正月中帳面仕立差出之、別に絵踏可仕候……

寛政度にかぎらず、また天領日田にかぎらず、キリシタン取り締まり政策は継続されたが、時期・地域により緩急の変化はあっただろう。秘救の着任の二～三年前、浦上一番崩れがあった。キリシタンの故地に着任した彼が、キリシタン問題に神経質になっていたことは、充分考えられる。

河童と外国人宣教師とのつながりを主張する人物がかりにいたとして、秘救がその意見を念頭においていたのかも知れない。そうでないとしても、宣教師潜伏にかんする伝承が、無意識のレベルで河童にたいする秘救の関心を膨張させ、それが既往の節で述べた川辺の山人の管理・統制の意向とあいまって、彼を河童調査の立案・実行に導いた、と推定したくなる。

いうまでもなく、この時期に外国人の宣教師が残留しているとは、秘救も思っていなかったろう。しかし織豊時代・近世初期に海外から潜入したパーデレ・イルマンのイメージが、幕藩体制の危機のなかでデフォルメされて蘇った、という菊池の考えは、[21] 検討に価しよう。この時期、海防問題が幕閣・官僚の心理的負担になりつつあった。秘救が支配下に前記通達を出した前年、寛政五（一七九三）年には、幕府は諸大名に、異国船取扱・海岸防備令を発した。

みじかい結末

河童の遠祖をたずねると、その一源流は、海彼の国からはるばると到来したわにであった。わには室町時代末期・近世初期において、南蛮船およびこれに搭乗して日本に異文化を舶来したパーデレ・イルマンとして復活した。そして近世も終わりに近づき、黒船が近代文明の圧力とともに、日本の近海に徘徊するにいたり、わには三度還ってきた。日本の役人・知識人に、わに―ヘビ―南蛮―河童―黒船とつらなる水に媒介された霊力の連鎖が、意識されたはずがない。しかしこの連鎖の一環、南蛮と河童との関連だけは意識し、それを説いた人物が、近世に実在したとすれば、その説明を聞いた人びとの無意識のなかで、連鎖の最終環・黒船までが連結することもあったに違いない。

しかしこのたびのわには陸封されることなく、卑小化されるうきめにもあわずにすんだ。その行動には、日本にたいする帝国主義的支配の意図が見えかくれしたが、結果としては日本国土を海彼の世界に連続させ、海のむこうから新たなサチを運びいれる期待をも、人びとの心のなかにはぐくんだ。

偶然だろう。『水虎考略』の成立・増補にかかわった三人の人物の子孫はいずれも、幕末における西欧列強の圧力を開明派の立場から受けてたち、開国交渉に関与した。古賀茶渓[九三・二六]（一八一六～一八八四）は古賀侗庵の実子。岩瀬忠震[九三・二六・三〇]（一八一八～一八六一）は設楽貞丈の実子。そして栗本鋤雲[九三・二六]（一八二二～一八九七）は喜多村氏の出であるが、栗本家に養子に入った。形式的には栗本丹洲の孫にあたる。

そのころ筑後川・山国川流域の人びとは何をしていただろうか。広瀬桃秋の五男・広瀬旭荘（一八〇七～一八六三）は、勤皇家たちと交わる一方[一九六]、坪井信道（一七九五～一八四八）・伊東玄朴（一八〇〇～一八七一）・箕作阮甫（一七九九～一八六三）などの蘭学者とも親しく交際しており[三]、相当の海外認識は持っていた、と思われる。

治右衛門のあとは、婿養子の泰造（一八一三～一八七九）がついだ。彼は堅実厳格な性格であり、几帳面に庄屋の役割をはたすのみで、農民としての社会的な枠からはずれた行動に走ることはなかった[五〇]。ほんとうは、小市や正市の子孫の情報を知りたいのだが、これについては一切わからない。

第七章　近世一九世紀における河童文献の書誌

『水虎考略』の諸本とその内容

『水虎考略』の成立経過および編者については、第四章で詳述した。ここでは結論だけ要約しておく。編者は、昌平校の儒者・古賀侗庵。彼が羽倉外記と会ったおり、豊後の河童体験記録「河童聞合」の存在を知ったのが、『水虎考略』を編集しはじめるきっかけとなった。そののち昌平校勤番組頭・中神順次所持の河童図数点を複写し、さらに河童文献をいくつか集め、一八二〇年に『水虎考略』の編集が完了した。

つぎに私が直接見ることができた『水虎考略』系類諸本を、いくつかのグループに分類しておく。注(1) 分類の基準については、本節・次節においてあらためて述べるつもりである。

(1)『水虎説』系…『水虎説』国会図書館本（以下、国会本と略称する）・『水虎説』東京都立中央図書館本（以下、都立本と略称する）・『水虎図説』東京国立博物館本（以下、東博本と略称する）・『合類水虎説』無窮会神習文庫本（以下、神習本と略称する）

(2)『水虎考略』系

（a）古賀本類…『水虎考略』宮内庁書陵部古賀本（以下、古賀本と略称する）・『水虎考略』国立公文書館内閣文庫昌平校本（以下、昌平本と略称する）

（b）内務本類：『水虎考略』：国立公文書館内閣文庫内務省本（以下、内務本と略称する）・『水虎考略』国会本

のちに述べる理由により、（2a）と（2b）を、『水虎考略』初期型本とよぶことにする。

（c）岩瀬本類：『水虎考略』西尾市立図書館岩瀬文庫本（以下、岩瀬本と略称する）・『水虎考略』宮内庁書陵部池底叢書本（以下、池底本と略称する）・『水虎考』東京大学史料編纂所本（以下、東大本と略称する）・『水虎考』武田科学振興財団杏雨書屋本（以下、杏雨本と略称する）

（3）『水虎考略後編』系

（a）岩瀬本類：『水虎考略後編』岩瀬本・『水虎考略後編』内務本・『水虎考略後編』前田育徳会尊経閣文庫本・『水虎考略後編』杏雨本注(2)

（b）古賀本類：『水虎考略後編』古賀本

諸本の関係について結論をさきに述べると、以上のうち（1）・（2）は、「河童聞合」を巻頭におきながら、一巻本の範囲で漸次新資料を追加して成立した諸本である。大まかにいえば、（1）は（2）より初期の形をとどめ、（3）は（2）ののちの追加を、新たに後編として独立した諸本を示す。

ここで『水虎考略』諸本に収録された文献・図を紹介する。まず文献の表題を見よう。はじめに古賀本類・内務本類の収録書目次を示すとつぎのようになる（番号を付したのは中村）。

（2）『和漢三才図会』、（3）『老媼茶話』、（4）『続和言黙驢編』、（5）『笈埃随筆』、（6）『西游《ママ》記』、（7）『寓意草』、（8）『広大和本草』、（9）『龍宮船』、（10）『耳袋』、（11）『野翁物語』、（12）『卯花園漫筆《ママ》』

引用書リストには記載されていないが、（2）のまえに（1）「河童聞合」が置かれ、末尾の（12）のあとに（13）『蠖屈居漫録』の抄出が付されている。『水虎考略』の書名が成立した段階で、すでにこの書に以上一三点の河童文献が収録されていた。

図についていうと、古賀本類・内務本類『水虎考略』には、一三点が収められている。そのうちA型の七点（図32ア〜キ）は、収録書の目次のつぎ、「河童聞合」のまえにおかれ、いずれも標題と説明を欠く。しかし第五章で論証したように、この七点は、「河童聞合」の聞き取りのとき描かれ、羽倉家に所蔵された図の写しである。のこりの六点（図17）は、「河童聞合」のあとに配置される。その六点の標題・説明を以下に示す。

（ク）水虎図　参河にて取たるなり　総身色青黒腹心色黄白眼黄

（ケ）大田大洲曰長二尺許惣身水苔の如く鯰うなぎのはだに似てぬめりあり（以下略）

（コ）此水虎図越後国新潟所出寛政甲寅秋観于奥旅中是越州香具商氏物也
（サ）真向図
（シ）後向図
（ス）横之図

（ア）〜（キ）が「河童聞合」に付属するとすれば、順次が所持していたのは、（ク）〜（ス）ということになろう。（ク）・（ケ）はB型図、（コ）はC型図、（サ）・（シ）・（ス）はB型・C型をあわせた三点セット図である。

そののち『水虎考略』は、一八三九年までつぎつぎに増補され、最後には所載文献数六五点にまで成長をとげた。

この事実を念頭におくならば、『水虎説』系の存在が注目される。『水虎説』国会本・『水虎説』都立本および『水虎図説』東博本の内容は大同にして小異がある。『合類水虎説』にかんしては、しばらく言及する機会を待つ。以上のうち、国会図書館本が原本に近いと考えられるので、とりあえずこれについて検討しよう。

『水虎説』の構成も、「河童聞合」の聞き取り報告書および関連図（ア）〜（キ）を主体とするが、それ以外の文献点数がいたって少ない。（4）『続和言黔驢編』と（7）『寓意草』の二点のみである。（13）『蠖屈居漫録』もふくまれず、後序も欠く。図は（ア）〜（ス）

のすべてを完備し、そのうち(ク)〜(ス)は全巻の終わりにおかれる。ただし配列は、(サ)・(シ)・(ス)・(ク)・(ケ)・(コ)の順。これにくわえて巻頭、すなわち「河童聞合」のまえに、栗本丹洲の河童にかんする短い考証文(ナンバーは0とする)と図二点(セ)・(ソ)がある。(セ)は標題・説明とも欠くが、(ソ)には「右寛永年中に豊後国肥田にて取候川童写」というキャプションがあり、その形状・動作について一ページの説明がつく。

私見によれば、『水虎説』は、『水虎考略』初期型に先だって成立した先駆型である。その根拠として、つぎの事情をあげることができる。『水虎考略』はしだいに増補して文献資料を加えていったのだから、時間的に逆行すると、『水虎考略』の古賀本類もまた、すでに誕生していた先駆型に増補がなされて成立した可能性がある。もしそのような先駆型本が存在するとしたら、「河童聞合」とその付図をふくみながら、ほかの掲載文献の点数が少ないものでなければならない。『水虎説』は、この条件によく適合した内容をもっている。

それだけではない。『水虎考略』後序に、「[「河童聞合」と順次の河童図の写しに]付すに『黔驢外編』等の書に載するところ……」とある。『黔驢外編』とは、『続和言黔驢編』の通称であろう。侗庵が、『水虎考略』に収録した文献のなかで唯一『黔驢外編』の名をあげたのは、これの採用が比較的初期だったことを示唆する。そして『水虎説』にも『続和言黔驢編』が入っている事実は、前者が『水虎考略』の初期型であることを傍証する。

しかし『水虎説』冒頭の文献（0）および図二点が『水虎考略』には存在しない。このことは、単純な『水虎説』先行論では説明できない。補助的な説明が必要だろう。可能性は形式的には二つある。一つは、侗庵が『水虎考略』を編集したとき、なんらかの理由でこれを省いた、という解釈。あと一つは、もともとの『水虎説』には文献（0）と図（セ）・（ソ）はなかったが、その成立後、だれかがこれらを追加し、『水虎考略』初期型とべつの方向に増補した、という解釈。第一説を採ったばあい、文献（0）と図（セ）・（ソ）を省いた理由は不明というほかない。

つぎの一つだけはほぼ間違いあるまい。掲載の位置から推察すると、図（セ）・（ソ）はおそらく図（ク）〜（ス）と出所を異にする。『水虎考略』後序に、「今主簿図する所を観るに、誠に全然鼈形のものあり」と記されている。「鼈形のもの」とは、（コ）・（ス）だろう。先述のとおり、これらを含めて（ク）〜（ス）が順次所蔵と判定できる。とすると、（セ）・（ソ）は、順次以外のものの所蔵の転写ということになろう。この二図が『水虎考略』に欠落するのは、たぶん出所の違いと関連している。いまのところでは、経過の説明としてつぎの推測がもっとも妥当と思われる。

文献（0）・図（セ）・（ソ）を含まない侗庵の原『水虎説』を誰かが写し、その人物が手持ちの文献（0）と図（セ）・（ソ）を付加してできあがったのが『水虎説』国会本などである。そして侗庵自身も、原『水虎説』にあらたな資料を加えてファイルし、古賀本を完成した。

それでは侗庵の原『水虎説』を複写して、文献(0)・図(セ)・(ソ)をつけ加えたのは誰か。旗本にして本草家の設楽貞丈が有力候補であろう。『水虎説』系の一本『水虎図説』(東博本)の末尾に「天保辛卯とし[一八三一年]仲秋妍芳園蔵書を得て芭蕉深處におゐて写す　杜柳泉」とある。柳泉の身もとは不明。妍芳園とは、本草学上の貞丈の号。しかも彼は丹洲の友人であったから、侗庵の原『水虎説』に丹洲の考証を付加した成りゆきも、理解しやすい。図(セ)・(ソ)も丹洲所蔵のものの転写の可能性がある。なお貞丈については、すでに第四章で紹介した。

『水虎説』(正確には原『水虎説』)が『水虎考略』の先駆型だとすると、その成立期はいつごろだろうか。外記が武蔵など関東の代官(在府)になったのは、一八一五年である。したがって一八一五年以後一八二〇年までのあいだに原『水虎説』が成立した、と推定される。

本項の最後に、各グループのあいだの複写・被複写関係について、私見を述べる。古賀本類の原型を直接継承した本が古賀本であることは、間違いない。宮内庁書陵部の古賀本は、古賀家旧蔵である。したがって(2)の古賀本は、(2a)グループのみならず(1)・(2)に属する諸本全体のオリジナルにほぼ相当するだろう。ただし一八二〇年段階で侗庵が、原『水虎説』の少なくともいちぶを清書しなおした証拠がある。第五章の「筑後川・山国川流域の河童写真図」の注で記したとおり、「河童聞合」の文のなかに脱落が認められる。清書のとき、脱落が生じたのであろう。

（1）の『水虎説』系については、国会本がその構成において、もっとも古賀本等に類似するので、これが原本に近い。（2b）の両本のうちでは、内務本のほうが古賀本と近い距離に位置する。（2c）の岩瀬本類諸本のうち杏雨本をのぞく三本の末尾には、次節で記すように「霊槐写」の記載がある。しかも岩瀬本には、「寒泉園」の蔵書印が捺されている。寒泉または寒泉園は田丸霊槐の別号であるから、岩瀬本がこの類の写本のうちもっとも原本に近いことがほぼ確定する。根拠は省略するが、池底本がこれにつぐ。なおやはり次節で説明するとおり、霊槐は栗本丹洲の増訂本を複写したと思われるが、栗本本の原本は今のところ発見されていない。

（3）の『水虎考略後編』の原型をもっともよく留めているのは、やはり古賀本であろう。他の本との関係はやや複雑になるので、これにかんしてはあらためて論じる。

『水虎考略』の増補

本節では、『水虎考略』古賀本以外の系統の成立経過について検討する。まず前節（2

b）の内務本類について考えよう。この系統の本が古賀本と異なるのは、誤写などを別にすると、冒頭に「後編引」が入っている点だけである。国会本の題簽は、もとは「水虎考略前編」と書かれてあったが、冒頭の「後編引」を見た誰かが、題簽の「前編」の「前」を消して、「後」と書きなおしたようだ。注(3)『水虎考略後編』が成立した段階で、これを『水虎考略』とセットにして整理しようとした人が、間違って「後編引」を『水虎考略』の頭に挿入してしまったのだろう。注(4)

つぎに前節（2c）の岩瀬本類について考察しよう。この系統の諸本においては、文献（1）〜（12）が古賀本類とおなじ順番に並んだのち、（14）『武門諸説拾遺』、（15）『澹州随筆河伯奇談』、（16）『友人芝陽奇言三頁』がつづき、最後に（13）『蠖屈居漫録』、および後序がくる。（15）・（16）は、いずれも栗本丹洲の著である。そして「後序」のさらにあとに、丹洲が書いた記事が三点（いずれも表題なし。そのうち一点は『日本書紀』推古紀の記事）付加されている。これを見れば、岩瀬本類でなされた増補に丹洲が関与したことは、明らかであろう。

『水虎考略』岩瀬本類においては、引用書目次と「河童聞合」のあいだに一三点の図が収められた。その配列は、まず「河童聞合」の付図（図34チ・タ・ガ・ギ）、つぎにその他の図（図19ツ・テ・ゴ・ト・ナ・ニ・ヌ・ネ・ノ）の順。このうち（テ・ヌ・ネ・ノ）が初期本にはなかった型の図である。追加図の表題または説明のはじめの部分は、つぎのとおり。

（テ）川太郎　此図熊本栄川典信地取　長七寸手足のゆひ五つつ　さるの如く惣身にほそき毛あり……

（ヌ）河太郎写真図　往年或人より借て写ものこれなり

（ネ）［同上背面］

（ノ）水虎乾腊の図……

さて先述のように『水虎考略』初期型本は、一八二〇年に成立した。では岩瀬本類の増補は、いつごろ、どのような経過でなされたのだろうか。『澹州随筆河伯奇談』には、この疑問に応えるくだりが見られる。

こたび古賀小太郎［侗庵を指す］の著述せし『水虎考略』を得て借写したる序に、此一事［土屋惣太郎正鋪の河童体験噂話］を収入てんとおもへど年経ぬれば、其人々の姓名をもわすれたりとて、萬賀［この噂話を知っている尼］がもとへ消息してとひたてし。今ここに補ひいるるを得たり。

この記事の末尾には、「文政五午年［一八二二年］さつき中の七日くりもとまさよし」とある。したがって丹洲は、一八二〇年以後一八二二年までのあいだに、侗庵から『水虎考略』を借り、これを写したさいに、自分の『澹州随筆河伯奇談』と『友人芝陽奇言三頁』を追加したのだろう。後者の内容は、やはり河童噂話であるが、丹洲はこれを文政のはじめ（たぶん一八一八〜二〇年ごろ）芝陽から聞いた、と記している。ここで「友人芝陽」とは、丹洲の友人を意味する。

『友人芝陽奇言三頁』の文中に、「芝陽松平帯刀」の名がでてくる。「友人芝陽」はこの人物を措いて、他にいるはずがない。「寛政呈書」[六〇]（一七九九年）には、松平帯刀信弥が記載されている。一七九九年に二一歳とされているから、一七七九年生まれ。丹洲と友人であっても、時代的には無理がない。ただし芝陽と号した証拠はない。

じつは芝陽を設楽貞丈の号の一つとするのが、本草学史の定説になっている。[三六・四四・三三]ところがあらためて検証してみると、その確たる根拠は今のところ得られない。[一七]とりあえず芝陽の正体は不明として、後考をまつ。[注(5)]

『澹州随筆河伯奇談』・『友人芝陽奇言三頁』は丹洲の追加であるが、『水虎考略』岩瀬本類の引用書目次にも記載され、また侗庵の「後序」の前に収められているので、侗庵はこの追加を知っていたかも知れない。「後序」のあとに位置する丹洲の文三点は、さらにその後の二次的な追加であり、侗庵には報告されなかったと判断できる。

岩瀬本類増補の成立にかんし、絵図の削除・変更・追加などについても考えなければならない。岩瀬本類においては、古賀本類にあった六点のA型図が三点に減らされている。またB型腹面単独図二点が、一点に減少した。なぜこのような処置がなされたのだろうか。おなじA型図のなかでもとくに、(ア)・(イ)・(ウ)はたがいに似ており、(エ)と(オ)は酷似する。B型図どうしの(ク)と(ケ)はそっくり。そこで増補のある段階で、(ア)と(イ)と(ウ)、(エ)と(オ)、(ク)と(ケ)が無意味な重複とみなされ、それぞれ一点ずつ残されたのだと思われる。

古賀本類に収められ、岩瀬本類に引きつがれた図の説明が変更されたばあいもある。古賀本類において、(ア)〜(キ)には標題も説明もつけられていなかったが、岩瀬本類においては、(チ)・(タ)が描かれたページに「河童」と題する短文が併載された。その内容は、「河童聞合」で述べられた河童の性状の要約である。(ガ)と(ギ)のページでは、河童のなかでも年を経て形も大きくいかめしく、力も強くなったものの図が(ガ)だ、と説かれる。第五章で指摘したが、この説明は誤りであろう。

B型図の説明は、古賀本類よりずっと詳しくなった。その一部を紹介すると、「[太田澄元の図を]伊東長兵衛先年書きとめたるとて、此写を示さるるに記す。文政癸未期八月既望丹洲筆」とある。文政癸未は一八二三年。このときには丹洲は『水虎考略』のオリジナルを写し終わっている。したがって丹洲は、それを侗庵に返却したあと、上記の説明を書いた可能性が大である。この推定を他の図にまで拡張することができるかも知れない。つまり他の図についての説明変更も、侗庵ではなく丹洲による、という仮説が成りたつ。仮説をいっそう広い範囲に適用してもよい。すなわち、図の削除・追加・配列変更も、丹洲の考えによるのではないか。

この仮説は、『水虎考略』岩瀬本類は、古賀本類に丹洲の手が加わった系統である、という先の私見と符合する。ややこしくなったので整理しよう。

(1)丹洲は、一八二〇年以後一八二二年までのあいだに、侗庵から『水虎考略』初期型を借用して、これを複写し返却した。あるいはそのときに『澹州随筆河伯奇談』と『友人芝陽奇言三頁』を追加したのかも知れない。この段階では図およびその説明に丹洲が手を加えることはなかった。

(2)丹洲は、複写しみずから保有した『水虎考略』の「後序」のあとに、短文三点を付した。その時期は、一八二二年と丹洲が没した一八三四年のあいだであるが、たぶん一八二三年ごろだろう。

(3)丹洲は、侗庵の『水虎考略』の図を大幅に差しかえ、またそれらの説明も変更して自蔵した。図の変更の時期は、一八二三年ごろ。

(4)したがって岩瀬本類は、丹洲独自増訂本とよばれるにふさわしい。

以上の仮説を傍証する事実がいくつかある。第一に、『水虎考略後編』所載の図のなかに（テ）と同型の図がふくまれる。もし『水虎考略』岩瀬本類における（テ）の増補が侗庵自身によるものだとすれば、これを後編にあらためて採用し、本編と後編に重複させるはずがない。これは上記の（3）を支持し、間接的に（1）・（2）・（4）をも裏づけるだろう。

第二に、『水虎考略後編』には『日本書紀』推古紀の記事が収録されており、これも岩瀬本類の丹洲追加と重複する。

第三に、追加記事と図の差しかえが侗庵によるか、または彼の承認のもとに丹洲がおこなったのだとしたら、それの原本または複写が、古賀家にも蔵されたに違いない。ところが侗庵旧蔵の『水虎考略』は、岩瀬本類ではなく古賀本である。もし岩瀬本類の増補が侗庵自身によるのであったとしたら、彼のもとには、こちらのほうが残っていなければならない。

他方この型の増補本、すなわち岩瀬本類諸本のうち比較的初期の写と推定されるもの（岩瀬本・池底本）はいずれも、丹洲のもとから出ている。これらの写本の末尾には、「天保七申年七月大淵氏より借て写す。日数十五日写畢　霊槐」とある。

丹洲の次子友玄は、大淵家に養子に入り、やがて医官の家督をついだ。[四四]『文化武鑑』[三]・『文政武鑑』[三]を見ると、文化一二（一八一五）年以後、表番医師に大淵祐玄がいる。『江戸幕臣人名事典』[八七]には、「大淵裕玄……天保一三［一八四二］年父隠居家督相続」となっている。丹洲との年齢差を考量すると、一八一五年に表番医師になった祐（友）玄が丹洲の次男、一八四二年に家督をついだのは孫であろう。孫のほうは、本草学史に名をのこすほどの力量を示した学者であり、[四〇]棟庵と号した。棟庵は、一八七七年ごろに没している。[三六]天保七（一八三六）年に岩瀬本類の『水虎考略』を田丸霊槐に貸したのは、丹洲の子の大淵祐（友）玄と思われる。なお丹洲は、その二年前に没しており、丹洲増訂本が子の祐（友）玄にわたり、祐（友）玄がこれを所蔵していた、と想定して間違いあるまい。

いずれにせよ、岩瀬本類の『水虎考略』は、古賀家ではなく栗本・大淵家から霊槐に貸しだされた。この事実も、岩瀬本類の『水虎考略』が、丹洲の独自増訂本であることを示唆する。

ついでながら、霊槐なる人物についてふれておく。田丸霊槐[四〇・三]（?～一八四七年以後）は幕臣にして本草家。名は直暢、通称六蔵、号は霊槐のほか、寒泉・寒泉園・寒水。設楽貞丈の影響をうけ、本草を学んだ。

『水虎考略後編』の成立

古賀侗庵の『水虎考略』増補は、一応の完成後も大いに進んだ。その事情は、「水虎考略後編引」に明記されている。

群籍を抄し、および聞く所を録し『水虎考略』一書を成す。嗣後得る所あり。更に「後編」を輯す。その紙頁稍多きを以て、析けて上下二巻となす。

「後編引」が書かれたのは、巳亥、つまり一八三九年である。こうして『水虎考略後編』上・下が完成した。『水虎考略後編』の諸本に共通して見られる文献は、つぎのとおりである。なお図に付された説明文は勘定に入れない。

(17)『山海名物図会』・(18)『虚実雑談集』・(19)『石見外記』・(20)『日本書紀』・(21)『下学集』・(22)『和漢三才図会』(文献2とはべつの内容)・(23)『見聞集』・(24)『本朝食鑑』・(25)『本草綱目啓蒙』・(26)『有斐斎剳記』・(27)『狂斎雑録』・(28)『玉滴隠見』・(29)『大和本草』・(30)『市井雑談集』・(31)『耳袋』(文献10とはべつの内容)・(32)『武家高名記』・(33)『志士清談』・(34)『本朝俗諺志』・(35)『諸国便覧』・(36)『温泉談』・(37)『尚月庵漫録』・(38)『中陵漫録』・(39)『土俗談』・(40)『新古隠顕聞書抄』・(41)『硯北漫抄』・(42)『怪談笈日記』・(43)『裏見寒話』・(44)『大和本草云』・(45)『諸国里人談』・(46)『梅村載筆』・(47)『秀鶴随筆』・(48)『博多細記』・(49)『噂噂夜話』・(50)『一本譚海』・(51)『孔雀桂文集』・(52)『西播怪談実記』・(53)『諸洲奇談』・(54)『詞渕』・(55)『落栗物語』・

（56）『太平御覧』・（57）『通雅』付考・（58）『三才藻異』・（59）『談怪阿萬擴』・（60）『日洲水虎新話』・（61）『中島某四佐』・（62）『水虎骨由来記』・（63）『水虎新聞雑記』・（64）『水虎録話』・（65）『水虎近事』・（66）『妖怪』・（67）『河童の由来』・（68）『蓬生談』

これらのうち（57）は、文献（0）とおなじ。また（51）・（66）・（67）・（68）は「後編目次」に記載されていない。（51）は目次記載もれ、（66）〜（68）は目次および「後編引」成立後の追加だろう。

ここで侗庵が、一八三九年以後になっても、なお豊後日田とのあいだに連絡をもっていたことには、興味をそそられる。（68）の『蓬生談』（一八三二年成立）は日田の森春樹の著書であり、原本は現在も森家に所蔵されている。同時に『蓬生談』の類本『蓬生譚』は、おなじく日田の広瀬淡窓が所蔵していた。

侗庵と淡窓は、おなじ儒学者であるから文通があったのかも知れない。また一八四二年に淡窓が苗字帯刀を許されたが、これについては、羽倉外記の推輓があったといわれる兲・一夳。外記はこの時期においても、まだ広瀬家と交際していたのである。そして第五章で述べたように、広瀬家と森家は密接な関係にあった。侗庵は、淡窓・外記を介して『蓬生談』を入手した可能性もある。昌平校に入門した豊後出身の学生が一役買ったことも考えられないではない。

以上の増補を見てまず思うのは、文献資料の非常な博捜ぶりである。比較の対象として、柳田國男の『山島民譚集』[二四]のなかの「河童駒引」を用いよう。「河童駒引」において引用された『水虎考略後編』成立以前の文献は、約四〇点と推定されるが、『水虎考略』および『水虎考略後編』に収められた文献は六五点に達する。そして「河童駒引」引用の約四〇点のうち半分近い一七点が、『水虎考略』・『水虎考略後編』にすでに掲載されている。『水虎考略』および『水虎考略後編』に収録された文献の成立年代を表12に示した。『水虎考略後編』における図の増補は、つぎのとおり。ただし目次に示された文献の付属

表12　『水虎考略』・『水虎考略後編』収録文献の成立期分布

成立期	水虎考略	水虎考略後編
～1600	0	2
1601～1625	0	1
1626～1650	0	1
1651～1675	0	0
1676～1700	0	1
1701～1725	1	2
1726～1750	2	5
1751～1775	6	6
1776～1800	3	3
1801～1825	1	9
1826～1840	0	9
不明		13
中国		2

成立年が不明のもののうち，上記の区分の範囲で推定が可能なばあいは，その推定の時期枠に数えた．

(2) と (22)，(10) と (31) は別個に数えた．

(52) には後年成立の続編が入っているので，それも別に数えた．

(57) には栗本丹洲のコメントが付されているので，このコメントも本体と別に数えた．

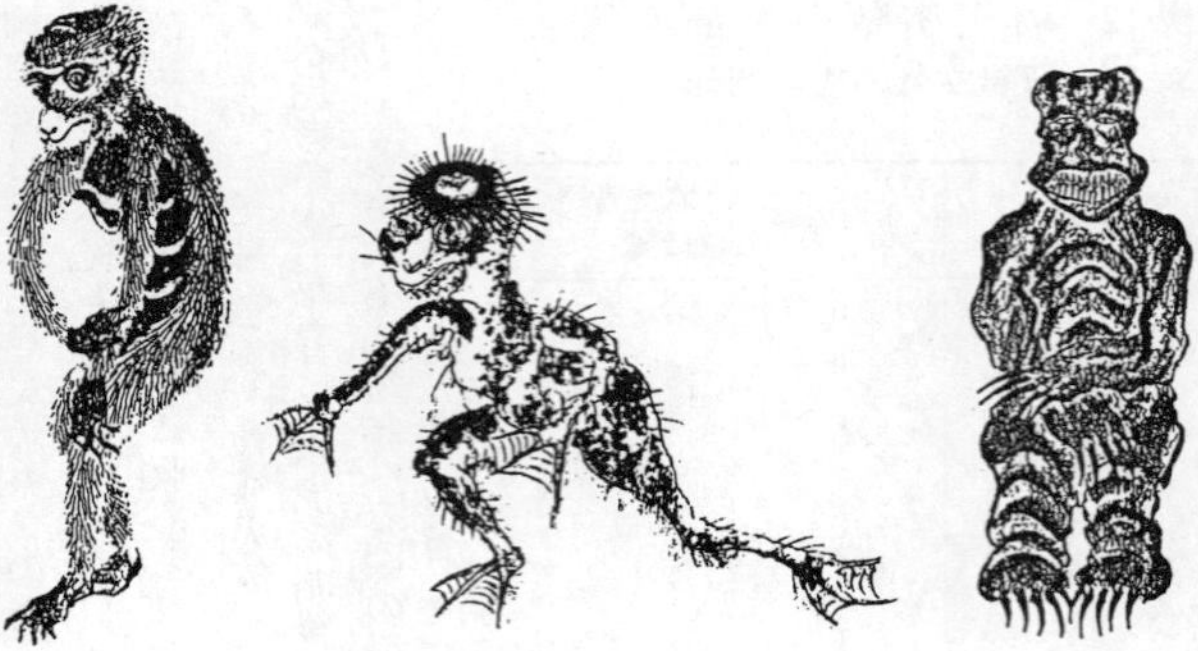

（ホ）　（マ）　（ミ）

図39　『水虎考略後編』のB型および（テ）型以外の河童図

図は別とする。増補図のうち図20（ゼ・ハ）は、『水虎説』にあって『水虎考略』には存在しない型の図。（デ）は、『水虎考略』丹洲増訂本に入っている図19（テ）と同源図である。『水虎考略後編』所収で、本章においてはまだ掲載していない図（図39ホ・マ・ミ）を示す。なお河童の手については、図37を見ていただきたい。

（β）水虎腕図一
（γ）水虎腕図二
（ハ）水虎図一
（デ）水虎図二　川太郎　此図熊本栄川典信地取……
（ゼ）水虎図三　河童写真　所捕于深川木場……
（ヒ）水虎図四　宝永年中豊後国肥田にて

取申候河童の写
（ホ）水虎図五　かわつは　たけ一尺程
（デ）水虎図六　大略第二図［デ］と同
（フ）水虎図七　河童　漢名水虎　前の図
（ヘ）水虎図八　河童　後の図

水虎図八の終わりに「以上四図［水虎図五・六・七・八］皆筑前老侯の寄示する所のもの。門生に模写を命じ、以て巻に入る」とある。筑前老侯とは、黒田斉清を指す。なお目次にある水虎図のほかに、「妖怪」と題する文の挿絵に、（マ）が入る。

『水虎考略後編』の岩瀬本類諸本は、文献・絵図ともこれで終わるが、古賀本には『蓬生談』のあとに、あらたな付加がなされている。

（ミ）［無題］
（δ）天保壬辰六月幾島指上

がそれである。（ミ）・（δ）は、岩瀬本などが複写されたあとで、侗庵自身によって追加されたと推定される。こうして最後の増補が終わり、これが彼の手もとに置かれ、古賀本として残されたのだろう。

ここで『水虎考略後編』の図の出所等にかんして検討しよう。

まず水虎図一（図20ハ）が、『水虎説』冒頭二つ目にでてくる図18（ソ）と同系統であることは、疑いをいれない。「寛永年中に豊後国肥田にて取候川童写……」以下の説明も、両者同一である。この説明文は小野蘭山の『本草綱目啓蒙』（一八〇三年刊）巻三八の水虎の項のリライト抄録であることは、第四章で述べた。侗庵は、一八二〇年以後いずれかの経由でこの図を入手したのであろう。侗庵が写した図のもとの所有者は不明。

水虎図四（図20ヒ）も肥田河童図系である。侗庵の網羅主義にそい、この系統の図が二点入った。（ヒ）は寛永を宝永と誤写するなど、原図からの隔たりが大きい。説明文本体を調べても、当初の文からの逸脱が目立つ。そこで『本草綱目啓蒙』・『水虎説』（ソ）・『水虎考略後編』（ハ）・（ヒ）の文の一部を比較しよう。

『本草綱目啓蒙』：手足の節前後に屈すること人に異なり……

『水虎説』（ソ）・『水虎考略後編』（ハ）：手足の節人に替りうらかへしにも又前にもまがる

『水虎考略後編』（ヒ）：手足の節人にかはりかへしにも又前にもまがるなり

（ヒ）の文には「うら」の語が落ちており、退化状態にあることは明白であろう。

水虎図二（デ）は、『水虎考略』丹洲増訂本の図19（テ）と同型。しかし侗庵がこの本から直接（デ）を写したとは思われない。なぜなら丹洲増訂本に収録されながら、『水虎考略後編』にない図（ヌ）・（ネ）が存在する。侗庵は網羅主義者であった。彼は目にした図をすべて収載したはずである。それゆえ侗庵が丹洲増訂本から（デ）を採用したのであるなら、『水虎考略後編』に（ヌ）・（ネ）も入っていなければならない。

ただし侗庵が、べつの機会に栗本丹洲所蔵の（テ）を写した可能性は排除できない。少なくともこの図が、どこかで丹洲の手もとを通過したことは間違いない。図の説明の終わりに、江戸・山城・但馬における河童の方言が述べられている。これは丹洲の河童論にしばしば付随する特徴であり、『水虎考略』丹洲増訂本の（テ）の説明にも付せられている。また『水虎考略後編』の（デ）のあとに、「栗本瑞見随聞而謾記焉」で終わる無題の短文がつく。この文は目次にない。侗庵は、これと（テ）をセットのかたちで手に入れたのであろう。

水虎図二の（デ）には、『水虎考略』丹洲増訂本の（テ）とおなじく、「川太郎　此図熊本　栄川典信地取　長七寸手足の指五つ、猿の如惣身に細き毛あり」という説明がつく。堀田正衡（一七九五―一八五四）の『観文獣譜』（一八三〇年代か）巻三に、「熊本侯蔵図狩野典信草画せるあり」の記述がなされ、以下（テ）・（デ）の説明とほとんど同一の文がつづく。注(6)『観文獣譜』が指す「熊本侯蔵図」が(テ)・(デ)であることに疑問の余地はない。それゆえまた(テ)・(デ)の説明にある栄川典信とは、狩野栄川典信(一七三〇〜一七九〇)以外の人ではあり得ない。

水虎図三(図20ゼ)は、『水虎説』冒頭の図18(セ)と類似の図。胸腹部の紋様もおなじといってよい。ただ股間に見える甲の末端が、『水虎説』では柴がかった青であるが、『水虎考略後編』においては白。また『水虎説』の(セ)は説明を欠くが、『水虎考略後編』の(ゼ)には、「河童写真所捕于深川木場。本草所謂水虎即是」の説明つき。

水虎図五(ホ)・六(ぺ)・七(図20フ)・八(図20へ)は、先述のように斉清所蔵の図の複写である。この四点の図は、『下問雑載』(一八二八年成立)の四点の河童図と一致し、斉清が認めているとおり、島津重豪所蔵に起源する。(デ)・(ぺ)の二つの入手経路が違う(デはおそらく丹洲経由、ぺは斉清経由)ため、侗庵は彼の網羅主義にもとづき両者をともに採用したのだろう。

(テ)・(デ)・(ぺ)の正体については、第六章で明らかにした。それはテナガザルの胎児または幼体である。その図をまず熊本侯、すなわち細川斉茲(一七五九〜一八三五)が典信に書かせた。重豪が斉茲の図を写し、それが斉清に渡ったのだろう。

(フ)・(へ)はB型だから、その起源についてあらためて検討する必要はない。水虎図五(ホ)もサルの類であることは確実である。尾が見えないので、やはりテナガザルかニホンザルの胎児または幼体ではないか。

つぎに文献（66）にふくまれる図（マ）を吟味する。これは天明元（一七八一）年八月、深川仙台河岸伊達侯の下屋敷にある大溝を干して得た河童だという。この事件は、『耳袋』巻一の松本秀持持参の図（図27 j）、および『合類水虎説』が説く図（図28 k）の由来と一致する。しかし（マ）は、後二者と少しも似ていない。（マ）のほうは、先行諸図を参考にして創作されたのだろう。

さらに目次にはないが、古賀本では、最後尾に河童の全体図（ミ）と手の図（δ）が置かれる。これらはいずれも一八三九年以後、侗庵が没した一八四七年以前に追加されたものと思われる。（δ）については、第六章で検討した。

（ミ）は、関連する事件を書いた文献「河童の由来」（67）とはなれた位置に描かれているので、両者の関係が読者には認知しがたい。けれども『水虎図』東博本・『水虎譜』東洋文庫本・『水虎之図』南部本・『合類水虎説』神習文庫本においては、これとおなじ図と文が対応するように配置されているので、両者の関連は明瞭である。また文中における河童の風貌も、図に符合する。

その（ミ）は、寛政二（一七九〇）年五月二八日および六月はじめに、土屋伊賀守正方の家臣・平野匠八尚賢が、御堀端一番丁を通行したとき出あった河童の図であり、匠八とともに河童を目撃した彼の門弟の実写と称する。『水虎図』東博本では、この河童遭遇談のあとに、武田泉州からの情報として、匠八はかつて姫小松の四股名をなのる幕内力士であり、のち剣術多宮流、居合関口流、柔術は武者才兵衛の弟子、と記録する。手もとにある宝暦以来の江戸相撲幕内番付には、姫小松の名はない[六]。地方相撲の力士だったのだろうか。

武田和泉守から得た情報をもふくめて、匠八河童体験談と図を記載し、天保一一（一八四〇）年二月一三日写の奥書をしたためた人物の正体は不明だが、本章の「そのほかのB型図収載本」の節で示すとおり、おそらく越智直澄だろう。

土屋伊賀守正方について、東博本の編者は「土屋伊賀守　当初勝四郎　御納戸頭」としており、武鑑類[六〇]を検索した結果と一致する。一七六五年生まれであった。武田兵庫[六一]、または和泉守は、五三一八石取り大身の旗本。天保一〇（一八三九）年より、小性組番頭になっている。正方とは柔術の相弟子にあたる。

前項・本項において検討した『水虎考略』成立・増補の経過について、私見を図40に示しておく。

『水虎譜』と『水虎之図』

『水虎考略』・『水虎説』系の本、およびそのほかの河童資料の内容を、図に重点をおいて転載・編集した写本がいくつか知られている。それらの写本のうち『水虎譜』東洋文庫本と『水虎之図』盛岡市中央公民館南部本を、まず研究の対象にしたい。両本はいずれも巻子であり、内容も同一といってよい。本書では、両者あわせて『水虎譜』系本とよぶ。図についても形態・色彩の微妙な違いがあるに過ぎない。記載順に、(コ)・(サ)・(シ)・(ス)・(オ)・(カ)・(キ)・(ウ)・(エ)、B型図二点をはさみ(ア)・(イ)・(ミ)・(け)・(こ)・(さ)・(テ)、さいごに三点のB型図、計二一点の図が収められる。

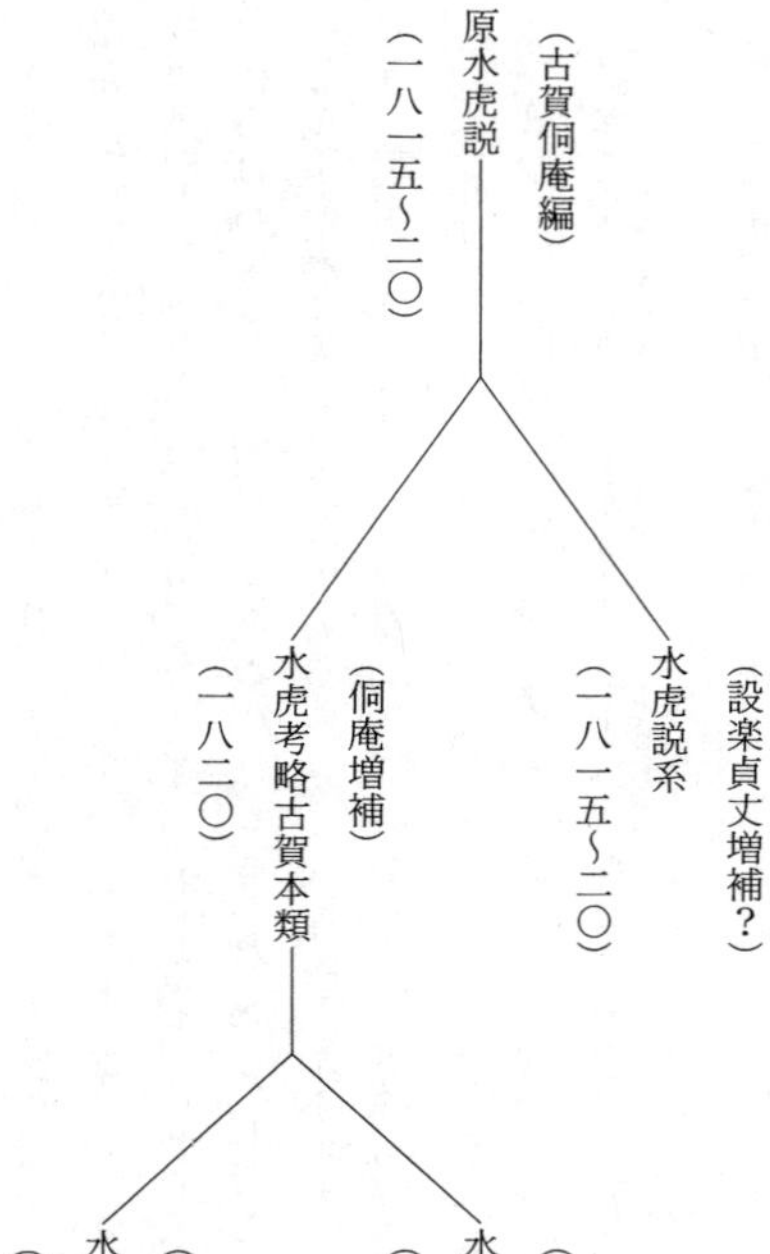

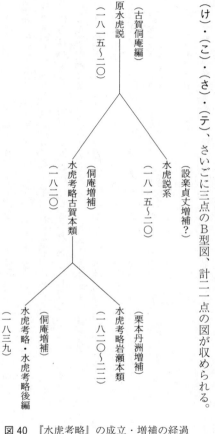

図 40 『水虎考略』の成立・増補の経過

A型のがんらいの配置が乱れ、またあいだにB型図二個をはさむのは、編集のさい生じた錯誤であろう。しかし（ア）と（イ）、（ウ）と（エ）、（オ）と（カ）・（キ）は、それぞれ連続して描かれる。複写された本の綴じをはずして写したため、綴じられていた紙丁がばらばらになり、前後混乱したのだと思われる。それでも（ア）と（イ）などは、おなじ紙丁の表と裏に描かれているので、『水虎譜』系本でも、隣どうしに並べられたのだろう。説明文は、（サ）・（シ）・（ス）にかんする水戸浦河童の報告、（ミ）にかかわる「河童の由来」、（テ）のうしろに位置する『通雅』とこれにたいする丹洲のコメント、およびB型末尾の図に付随する伊東祐香の文がおもなものである。ほかの文はいたって短い。

結論を先にいうと、『水虎譜』系本は、つぎの資料群を利用している。

（1）『水虎説』系の一本
（2）栗本丹洲が集めた河童の資料（今後、かりに丹洲コレクションとよぶ）
（3）そのほか出所不明の資料

B型図五点は後まわしにして、これ以外の図について検討したい。

A型図（ア）〜（キ）が『水虎考略』・『水虎説』系のいずれかの本の写しであることは疑いをいれない。そこで、上下の歯数、手足の指数のように量的に差異を判定しやすい変化について、『水虎考略』・『水虎説』諸本と『水虎譜』系本とのあいだの遠近関係を比較してみよう。ただし『水虎考略』岩瀬文庫本等丹洲増訂本では、A型の図数が三点に整理されており、『水虎譜』系本の五点との照合が不可能なので、比較の対象からはずす。

本章の最初の節で明らかにしたとおり、オリジナルにもっとも近いA型図をふくむ「河童聞合」を写したのは、『水虎考略』古賀本・『水虎説』国会本である。この両本を基準にして、上歯・下歯・手指・足指の数の差異を**表13**に示す。たとえば（イ）の上歯は『水虎説』国会本で五本だが、『水虎説』東博本では二本。（エ）については国会本で四本、東博本で三本。（オ）を見ると国会本で三本、東博本にはなし。（ウ）は両者とも二本で同数。（ア）・（カ）は口を閉ざしているので歯は見えない。以上両本をくらべると、上歯の数が異なる図は三点であり、表中の数字は3となっている。ほかのばあいの計数も同様にしておこなう。

表13を見れば、定量的比較が可能な特徴については、『水虎譜』系本のA型図が、『水虎考略』古賀本・『水虎説』国会本に比較的近い図であることがわかる。

定量化できない特徴にかんしては、詳細に説明するいとまがないが、おなじ結論が得られる。さらに点検すると、『水虎譜』系本の図は、『水虎考略』古賀本よりも『水虎説』国会本に近いことがわかる。たとえば（ア）の乳の位置がそうである。また（オ）の乳が古賀本には欠落しているが、『水虎譜』系本においては、『水虎説』国会本と同様乳が判然

表13　A型図の上歯・下歯・手指・足指数の変異（表の読みかたは本文を参照）

写本名	上歯	下歯	手指	足指	合計
水虎説(国会)	0	0	0	0	0
水虎説(都立)	1	1	1	3	6
水虎図説(東博)	3	2	0	0	5
合類水虎説(神習)	4	2	5	2	13
水虎考略(古賀)	0	0	0	0	0
水虎考略(昌平)	4	2	2	0	8
水虎考略(内務)	3	2	3	2	10
水虎考略(国会)	3	1	1	2	7
水虎譜(東洋)	2	0	1	0	3
水虎之図(南部)	2	0	1	0	3

と描かれている。（カ）の褌の模様も、古賀本より国会本に似ている。古賀本は、オリジナルの『水虎考略』をあらためて清書した写本と推定される。清書のさい誤写が生じたのだろう。「河童聞合」にかんしては、むしろ『水虎説』国会本のほうが、『水虎考略』のオリジナルに近い。この一般的傾向は、A型図にかんしても妥当する。そして現存の『水虎考略』諸本は、いずれも古賀本に発すると思われるので、けっきょく『水虎譜』系諸本のA型図は、『水虎説』系の一本から写しとられた、と推定できよう。

では『水虎説』のオリジナルから、転写過程のどの段階で写されたか。この点の判定には、C型図の比較が有益である。『水虎譜』系本のC型図を『水虎説』の

（コ）と区別するため便宜上（ゴ）と名づけ、図41に示す。（ゴ）を（コ）とくらべると、つぎの事実が明らかになる。

第一に、『水虎譜』系本において甲の横縞の数は四本であるが、『水虎説』国会本においては一二本、『水虎図説』東博本では四本である。第二に、国会本では、腹甲をあらわす水平線が胸部に描かれている。ところが『水虎譜』系本はこれを欠く。東博本もまたこれを欠く。

この二つの特徴のみを基準とすれば、『水虎譜』系の図のうち少なくともA型・C型は、東博本からの派生だと思いたくなる。しかし東博本の諸図を調べると、全般にはなはだ拙劣であり、『水虎説』のオリジナルの正確な写しであるとは言いがたい。むしろ『水虎譜』系本のほうが、『水虎説』国会本の図に比較的忠実であることは明瞭である。それゆえ、『水虎譜』系の編者が手本にしたのは、国会本の段階から東博本にいたる転写過程途次の一写本であろう。

つぎに『水虎説』と『水虎譜』のA型・C型以外の図を比較する。この比較の結果、『水虎譜』系本の編者は、その本の作成にあたり、上記『水虎説』一写本のみをたよりにしたのではないことが明らかになるだろう。彼は、べつの資料群をも入手していた。その根拠を列挙しよう。

（1）『水虎譜』系本のB型図は、収録点数、各図の由来の説明、および胸腹部の紋様において、『水虎説』系本と異なる。『水虎譜』系本はB型図を五点収録しており、この数は『水虎説』の四点を上まわる。なお『水虎譜』系本に収録されたB型図を、掲載順に（え）・（お）・（か）・（き）・（く）と表記する。そのうち（え）〜（き）は、すでに図23に示したので、ここでは（く）のみを図42にかかげる。

（2）（く）に付せられた伊東祐香の署名記事は、『水虎説』にはない。

（3）（き）にも『水虎説』に欠ける「丹洲所蔵写真　文政三年六月八日」の記事がある。

（4）『水虎説』の冒頭には、『通雅』からの引用と、これにたいする丹洲のコメントがおかれる。『水虎譜』系本においても、（テ）と（か）のあいだに類似の文が入っているが、丹洲コメントの末尾に少し追加がなされている。追加は「蘭山嘗て云。淮南子載る所の罔両は水虎の事なるべしと先師篤信翁の説あり、大和本草に詳なり、と語りき。尤も本草啓蒙に詳なり」。

（5）（テ）は『水虎譜』系本にあり、『水虎説』にはない。

（6）『水虎譜』系本には、正面・背面・側面の三点セット図が二組収められているが、『水虎説』にあるのは一組のみ。

（7）平野匠八体験談と彼が見た河童の図（ミ）も、『水虎譜』系本にあり『水虎説』にはない。

そこで『水虎譜』系本の編者が、『水虎説』の一本のほかに用いた資料の実体を明らかにする段階にいたった。さきほど述べたとおり、『水虎説』の『通雅』にかんする丹洲コメントは、『水虎譜』系本において増補された。ところが『水虎考略』丹洲増訂本では、この丹洲コメントがさらに書きたされている。追加は「罔両は本綱獣之末にあり。参攷すべし」。つまり『水虎説』→『水虎譜』系本→『水虎考略』丹洲増訂本の順に、追補が累

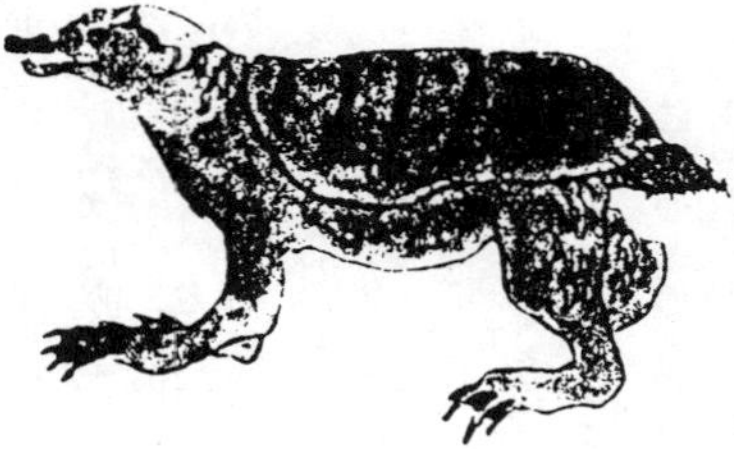

図 41　水虎譜の（コ゜）

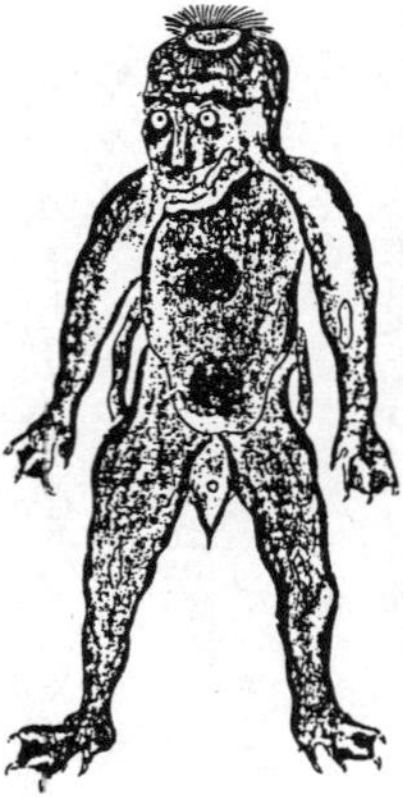

図 42　水虎譜の（く）

重した。したがって『水虎譜』系本の編者は、『水虎説』所載のコメントを書いたあと、しかし『水虎考略』を独自に増訂するまえの丹洲からこれを入手した、と推理できる。

以上の検討により、二つのことが言えそうだ。第一に、『水虎譜』系本の編者は、丹洲の交際圏にある人物らしい。(き) に「丹洲所蔵写真……」の見だしがつくのも、この想定を裏づける。(テ) も、丹洲経由で編者のもとに届いたのかも知れない。

第二に、編者は、丹洲関係の図と文献を、『水虎考略』丹洲増訂本をつうじて見たのだとは限らない。これについても傍証を示すことができる。『水虎譜』系本の二つ目の三点セット図 (け)・(こ)・(さ) は、『水虎考略』丹洲増訂本よりは、丹洲の『千蟲譜』(一八一一年序) の河童図に似る。

そこでつぎのように推測するのは、けっして不都合ではあるまい。『水虎譜』系本の編者は、成書をとおさずに、独自に丹洲蔵の河童図・文献、つまり丹洲コレクションを見る機会を得た。けっきょく (テ)・(け)・(こ)・(さ)・(き)、および『通雅』にかんする丹洲コメントは、丹洲コレクションからの写しだろう。そのことは、「そのほかのB型図収載本」の節で述べる小堀本の構成からも裏づけられる。

『水虎譜』系本の編者は、『水虎説』の一本、および丹洲コレクションのほかにも、いくつかの情報入手ルートを持っていたことは間違いない。祐香の署名文とこれに対応する図(く)、そのほかいくつかのB型図、さらに匠八体験談の文とその図 (ミ) の入手源がそれである。これらのルートを解明する手がかりは、ほとんどない。ただし（く）は、祐香から直接に、または間接にではあるが丹洲ルートとは別口で編者に渡った可能性が大きい。

（き）以外のB型図についても、あるていど『水虎説』・『水虎考略』諸本の図との関連を探ることができる。けれどもクリアカットな結論は得られず、かつ議論が煩瑣になるので多くは省略したい。

あと三つ解決すべき重要課題が残っている。まず『水虎譜』系両本のうち、東洋文庫本と南部本のどちらがオリジナルであろうか。南部本のほうが、図・字ともていねいに書かれているので、こちらのほうをオリジナルとする説が成りたつ。『水虎説』の一本を資料とした部分については、これとの図・文との近似の度合いが、東洋文庫本・南部本のいずれが原本か判定する目安になるだろう。そこで水戸浦河童の説明文を比較すると、一箇所、つぎのように東洋文庫本においてのみ、『水虎説』の文とくい違うくだりが見いだされる。

『水虎説』：当地にて度々捕へ候へ共
南部本：当地にて度々捕へ候得共
東洋文庫本：当地にて度々捕へ候者も有之候得共（傍線は中村）

これを見ると、やはり南部本が原本のように思われる。ところが図を子細に検討すれば、そうとばかりは言えない。たとえば（ア）の右肩のようす、（イ）の体毛と臍との位置関係、および尻の形、（ウ）における顔と肩のつきだしの位置関係、目・乳首・臍の状態、（オ）の右手右足の線、（カ）の乳首は、いずれも東洋文庫本のほうが『水虎説』の図に近い。

両本のこのような一長一短をどのように解釈すべきだろうか。精査したところ、両本のあいだには、複写のさいありがちな誤写が、全般に非常に少ない。また図は、上に指摘したごくわずかの点を除き、相互に酷似し、図の配置もまったく変わらない。考えるに、東洋文庫本と南部本は、親子関係にあるのではなく、双生児の関係にあるのではないか。つまり一人の人物の監督のもとに、二人の画工が、ほぼ同時に同一の資料をもとにして、それぞれ一軸、計二軸分の写本を作ったのではないか。これが私の推測である。

そこで『水虎譜』系本の編者の正体について語らなければならない。

東洋文庫本の巻子のおもてに、「衆芳軒蔵」とある。衆芳軒とは、小野蘭山が宝暦三（一七五三）年以後、本草の講義をおこなった京都河原町の学舎として名高い。それゆえ蘭山の後継者・小野職孝が、両本の編者であると推定できる。職孝は、嘉永五（一八五二）年に没した。彼の生年は不明だが、祖父の蘭山は一七二九年生まれ。職孝は、一八〇三年には『本草綱目啓蒙』の筆録を担当している[四]から、このとき一五歳以下であったとは考えにくい。一八九〇年には生まれていただろう。蘭山の年齢をも勘案すると、一八八〇年代の生まれとみて、まずさしつかえあるまい。職孝は、一七九九年以後、蘭山にしたがい江戸に来住しており、[三]祖父の死後も江戸に留まった。[四]丹洲との交際があったことは、間違いないだろう。また先述のとおり、丹洲は蘭山からの聞き書きを残している。

最後に『水虎譜』系本の成立期はどうか。職孝が編者だとすると、下限は一八五二年。上限は（き）の説明に記載されている文政三（一八二〇）年。下限の幅が広すぎるならば、遅くとも一八三〇年代の成立としておこう。

『水虎考略』の影響をうけた他の諸本

水虎伝

西尾市立図書館岩瀬文庫に、『水虎伝』と題された写本がある。罫線がついた用紙に書かれた小冊子。文中に「大父蘭山云。河童は……」のくだりがあるので、著者は小野職孝と推定される。誤字が相当多く、職孝自身の手書きかどうかはわからない。見だしによる区分もなく、相互に関連のないいくつかの文章がずらずらと続く。およその構成を紹介しよう。

(1)河童にかんする当時の通説を示す短文。要旨はつぎのとおり。諸州の大川・池水・深淵に河童というものあり。人・ウマを損ない、とくに小児を魅し、または角力を挑み水中に沈める。筑後と豊後に多い。

(2)「河童聞合」の正市事件の記録。「河童聞合」の内容を、多少省略して述べている。

(3)「河童聞合」の小市事件に関係あるごく短い記事。事件の内容の具体的な紹介はない。河童の特徴としては、小市の河童、勝平の河童のほか、『梅村載筆』・『大和本草』・『本草綱目啓蒙』の解説にある河童の性質を継ぎはぎした説明がなされる。たとえば、背には甲ありと書かれている。また河童の出現場所も、用水だめの大池としている。ただ寛政一一年未一〇月一九日、筑後国生葉郡の事件と述べているから、小市調書を見たことは間違いないだろう。それにしても『水虎伝』の著者が、小市調書を正確に読んだとは考えにくい。みずから流し読みをしたか、あるいは他者から内容をまた聞きしたかどちらかであろう。

(4)「大父蘭山云。河童は本草綱目渓鬼虫付録水虎なるべし」と記されたのち、『本草綱目』と『通雅』の記事の引用が続く。

(5)日本における河童の方言の列挙。『本草綱目啓蒙』とほとんどおなじ。

(6)「按に水虎好で人を……」で始まる文章。「按に」とは、著者の考えを述べることを意味するが、実際には、『大和本草』と『本草綱目啓蒙』の叙述をつなぎ合わせた内容になっている。

（7）『寓意草』の説話からの引用。これは『水虎説』または『水虎考略』に収載されているのを採用したのであろう。

（8）さいごに、肥後国球摩郡人吉で、人の女性と河童が通じた、という話の紹介がある。

職孝がどのていどの力量をもつ学者であったか知らぬが、この書物にかんするかぎり、編集状態はいたって粗末と評価せざるをえない。しかし編者が職孝であるとすれば、『水虎譜』系本と彼との関係を考慮するうえで参考になるだろう。『水虎伝』の編者が、『水虎説』または『水虎考略』の情報を、少なくとも間接的には利用できる立場にあったことは、確実である。成立年の限定はむずかしい。一八一五年以後、一八五二年以前としか言えない。

水虎奇譚

西尾市立図書館岩瀬文庫所蔵の本。構成はつぎのとおり。

（1）『落穂余談』からの引用。柳田國男の「河童駒引」にもおなじ記事が引かれているが、国会図書館蔵の『落穂余談』には、該当記事がない。内容の要約を以下に示す。

三河の設楽某が河童を捕らえ突き殺そうとしたが、河童のたっての願いをいれて助けた。その代償として河童は、水難よけの和歌を教えた。

ひょうすべに　約束せしを　忘るなよ

川たち男　氏は菅原

設楽貞丈の河童にたいする関心が、このような説にかかわりがあるとすれば、おもしろい。貞丈は三河出身、菅原氏と称する。

（2）『寓意草』からの引用。

（3）『分類故事要略』からの引用。

（4）「菊岡米山翁の諸国里人談に曰……」に始まる短い文。実質的には、『諸国里人談』からの引用である。

（5）水戸浦河童の文書。ただし本来の享和元年の年付けが「天明の比」になるなど、錯誤が多い。絵もついていない。

（6）「水虎奇談」の表題がつく噂話。内容は、『水虎考略』丹洲増訂本の『澹州随筆河伯奇談』とおなじ。丹洲が『水虎考略』を借り写したいきさつ、またこの随筆が文政五（一八二二）年に書かれたことをふくめ、『澹州随筆河伯奇談』をほぼ誤りなく写している。

（7）『通雅』とこれにかんする丹洲のコメント。『水虎説』に出てくる最初期の型であり、『水虎譜』系本や『水虎考略』丹洲増訂本に見られる追加部分はない。ただし他の本の冒頭は「水虎即水唐也」であるが、ここでは「庶物類纂云。水虎即水唐也」となっている。『庶物類纂』（一七三五年、著者死後刊）は、稲生若水（一六六七〜一七一五）の著書。若水は、近世前半の代表的な本草家である。また丹洲コメントは、他の本では「昌蔵按るに」に始まるが、この本では「丹洲按るに」になっている。そのほか、いくらかの違いがある。

（8）「寛永年中に豊後国肥田にて……」の文。内容は『水虎説』などとほとんど違わない。ただし絵を欠く。

（9）A型の（ア）・（ウ）・（カ）・（キ）の同型図。しかし（ア）の足指は、『水虎説』・『水虎考略』初期型本の四本ではなく、『水虎考略』丹洲増訂本とおなじ五本。（カ）の手足指も、『水虎説』・『水虎考略』初期型本の三本を五本に変更。

（10）「河童聞合」小市事件の河童にかんする説明。内容は小市調書の末尾にある要約・補足を、乱雑にリライトしたもの。指の数を五本とするなど、わずかの修正あり。

（11）小市の河童の話のあと改行しないまま、治右衛門事件の聞き書き。

（12）A型の（エ）・（オ）の同型図。やはり手足指は五本。

（13）正市事件の聞き書き。

編者は不明。しかし『庶物類纂』を引用するところから考えれば、本草に詳しい知識人であることはわかる。上記（6）・（9）から推定すると、編者が『水虎考略』丹洲増訂本または丹洲コレクションを見たことは間違いない。けれども（12）をも合わせれば、A型図の記載数は五点。丹洲増訂本より多いので、『水虎説』か『水虎考略』初期型本をも参照したことも疑いをいれない。成立年は、『澹州随筆河伯奇談』が著された一八二二年以後。

本草図説

『本草図説』の著者は高木春山[80]（?～一八五二）。春山の名は以考、春山は号である。江戸の用達商人の子であった。『本草図説』は、動物・植物・鉱物を網羅図説した近世日本における最大の、だが未完の大著である。西尾市立図書館岩瀬文庫蔵。そのなかに水産部全三〇巻が含まれ、巻二五に河童の図一三点が掲載された。一二点目の図の終わりに「右八種十二図説とも水虎考略に載する所也」と記す。一二点目までの河童図の種類と配列順は、『水虎考略』丹洲増訂本とまったくおなじであるから、春山が見たのがこの系統の本であることは間違いない。「八種」と書いたのは、A型の最初の二点、腹背側三点セット、

（ヌ）・（ネ）の腹背図の三つのグループを、それぞれ同一種の集合とみなしたからであろう。

図の説明を丹洲増訂本と比べると、いくぶん簡略化ないし省略の傾向がみられ、また図とその説明の位置関係が乱れている例もある。この件については、本章末節においていちぶふれる。

以上一二図のあとに、『水虎考略』丹洲増訂本にはない（ホ）が加わる。（ホ）は、島津重豪・黒田斉清が所持し、『下問雑載』・『水虎考略後編』に採用された。春山は、『水虎考略後編』のほかの図を掲載していない。したがってこれから（ホ）を写しとったのではない。入手経路は不明である。

明治一六（一八八三）年に書かれた春山の孫・高木正年の記に、祖父は『本草図説』の著を志してから「拮据廿又余年……不幸中途にして没す」と叙せられている[39]ので、河童の図は一八三〇年ごろから一八五二年のあいだに写されたことになろう。

水虎十弐品之図

国会図書館蔵。一枚刷りの粗悪な版（図43）である。坂本浩雪鑒定、純沢編輯とある。浩雪[44]（一八〇〇〜一八五三）は、名の通った本草家。名は直大、通称は浩然、字は桜宇、浩雪は号である。とくに菌類に詳しく、『菌譜』などの著作がある。純沢の姓は、坂本。

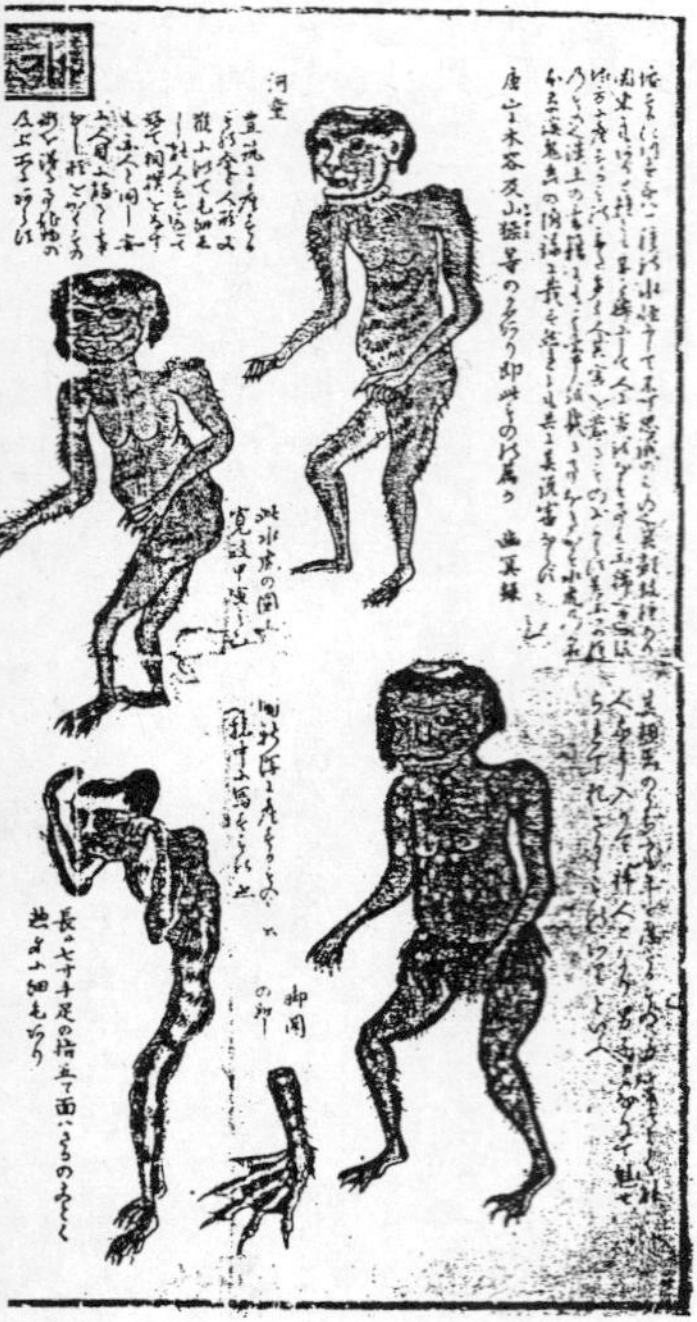

本草家。おそらく浩雪と無関係の人ではあるまい。『水虎十弐品之図』の内容は、ほとんど『水虎考略』丹洲増訂本に依拠している。後者に収められた図、およびその解説が版刻された。ただし図はいっそう雑になり、解説もはしょられている。そのうえ図と解説との対応を示す両者の位置関係は、完全に錯乱してしまった。

ほかに『水虎考略』後序のあとの丹洲の文のごく一部を掲載し、さらに二個の独自の短い話題がつく。一つは宋の李之彦の『東谷所見』にある水中渓鬼の話、あと一つは肥前五島の河童の話。この二話は、浩雪か純沢の採用だろう。成立は一八二三年以後、一八五三

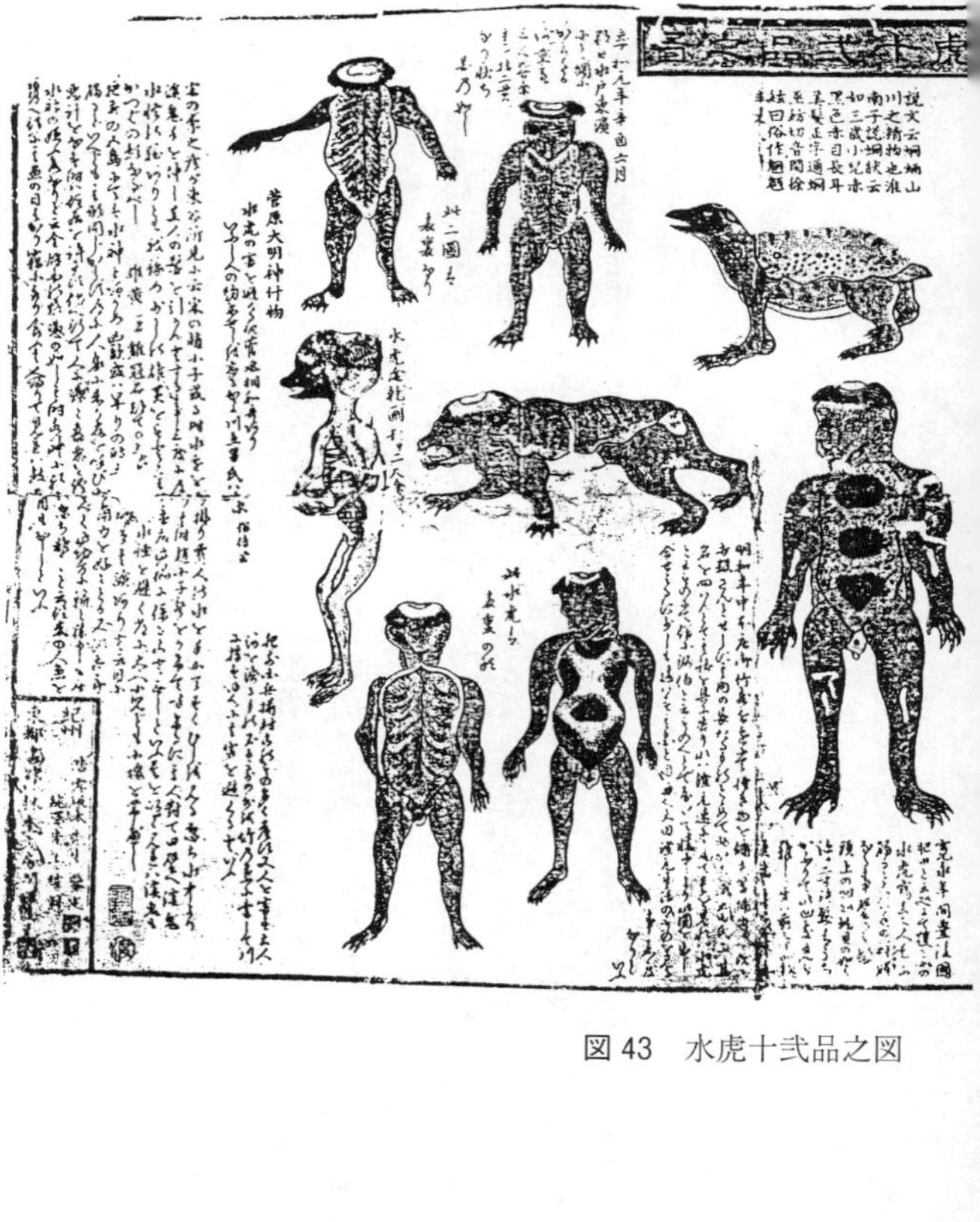

図 43　水虎十弐品之図

年以前。

水虎相伝妙薬まじない

一枚刷りの絵入り広告（図44）。薬売りが、各地を歩きながら配布した広告と思われる。記載河童図は九点。図とその説明は『水虎十弐品之図』からとった。ただし（カ）・（キ）・（ネ）・（ノ）に対応する図を欠く。説明もすこぶる簡略化された。スペースの関係でそうせざるをえなかったのだろう。図の説明はその下方に書かれ、これと関係なく図の上に二七種類の薬の宣伝が記される。「水虎相伝」というのだから、驚嘆すべき処方の金瘡薬・傷薬の記事が多いだろうと期待したくなる。しかし傷薬の記事は二七種類のうち一点のみ。それも「切きつち留　茶のはをかみて付てよし」と、しごく平凡でそっけない。他の二六種の妙薬は、「のどにほねの立ちたる時の薬」・「ね小便の大妙薬」など、人びとの日常生活で頻発する小事故の対策がほとんどである。河童の図は、人目を引くための商魂に由来するのだろう。

虫類図説

飯室楽圃（一七八九～一八五六以後）の著である。写本は内閣文庫本をはじめ、きわめて多い。成立は安政三（一八五六）年。全一二巻のうち巻一一に、河童図一三点を掲載する。

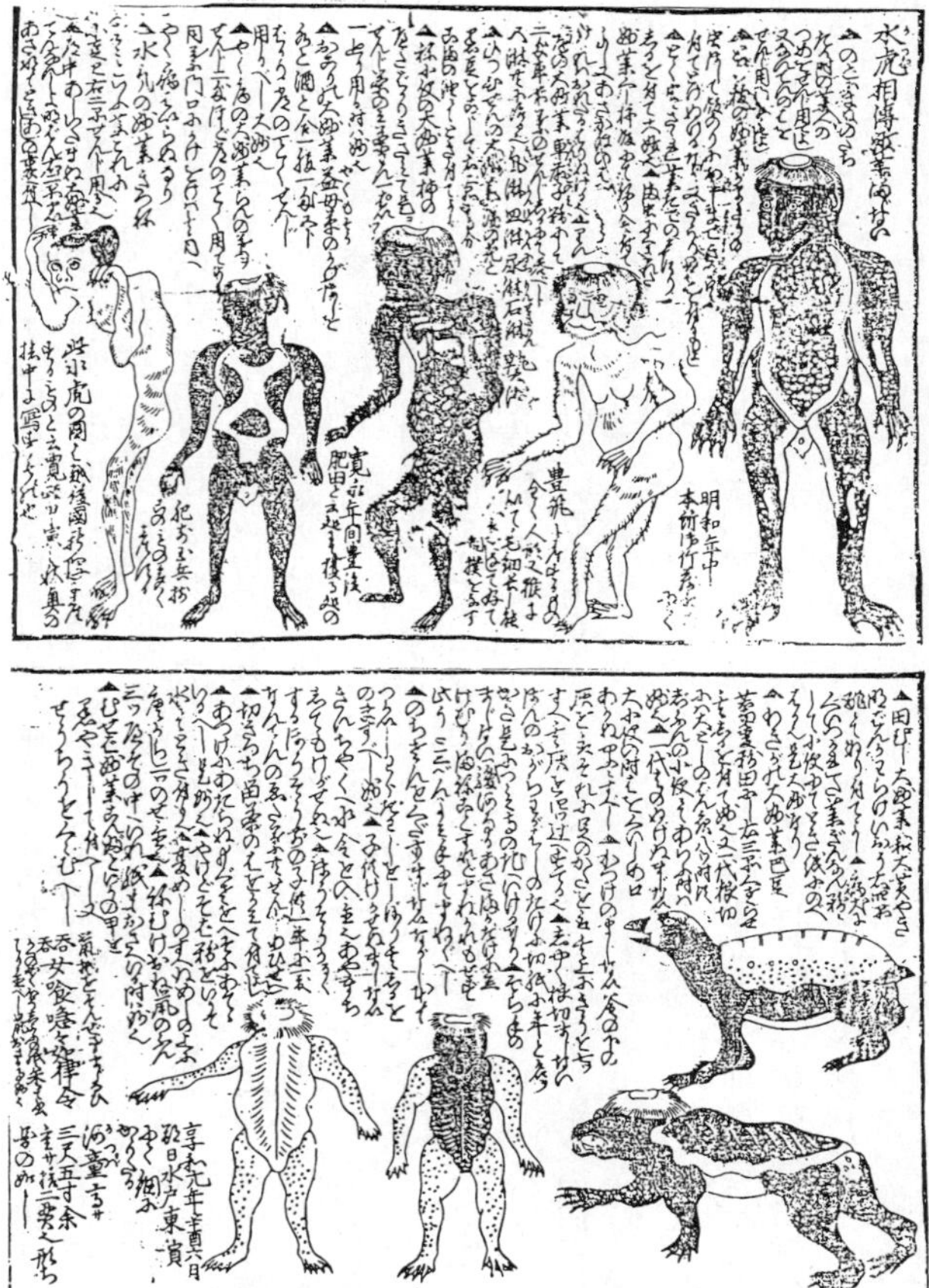

図 44　水虎相伝妙薬まじない

楽圃[三]の名は庄左衛門または昌栩、楽圃のほかに千草堂とも号する。設楽貞丈・田丸寒泉などとおなじ、本草の仲間。『虫類図説』巻一一における河童の部分の構成を以下に示す。

(1)河童方言のリスト。方言数は二二。『本草綱目啓蒙』所載の河童方言が二〇、『千蟲譜』所載が三であるから、収録方言数はきわめて多いというべきだろう。しかも『本草綱目啓蒙』とは無関係に集められたようである。

(2)B型図の変形と思われる図。

(3)『本草綱目』「渓鬼虫付録水虎」からの引用。

(4)「岩氏真写縮図。元図の高さ二尺二寸。左右手の間一尺」という短い文。岩氏とは、太田澄元の父・岩永元浩だろう。

(5)「豊後国飛田にて廻村の砌取候河童図」の見だしではじまる文。本文の内容は『水虎説』などとほとんど同じ。

(6)「十二水虎之図説　純沢縮図」の見だしではじまる図と文。すべて『水虎十弐品之図』の写しである。しかし図の形態・色彩は不自然で毒々しい雰囲気を示す。おそらく楽圃の創作・想像が入っている。そのうち(オ)に対応する絵が、図35の右上図である。説明書きの場所は、がんらいの図の位置からますます分離してしまった。

楽圃が（1）・（2）・（4）・（5）の情報をどこから手に入れたのかわからないが、本草家・好事家のあいだに出まわっていた説を述べ、また図を写したのだろう。また彼には、寒泉写の『水虎考略』丹洲増訂本を見る機会があったと思うのが常識である。にもかかわらずこれを直接に写さず、『水虎十弐品之図』から写図した経過はわかりにくい。歴史における事件は、現在から見て合理的だと考えられるとおりに進むものではないらしい。

利根川図志

赤松宗旦（一八〇六〜一八六二）著『利根川図志』（一八五五年刊）巻一の河童、ネネコの絵（図35の右下図）は、今でもしばしば引用されて著名。しかし第五章で明らかにしたとおり、これが「河童聞合」のA型図（ウ）の末期的変形であることは明瞭である。このように思いがけぬところに『水虎考略』の影響を見ることができる。宗旦[35]は医師・随筆家・名は義知、号は宗旦のほか南陽軒。

そのほかのB型図収載本

河童絵巻小堀本

折口信夫の「河童の話」[7]には、河童の図がいくつか掲載されている。折口は、これについて「元熊本藩の水練師範小堀平七さんの家に伝る河童の絵巻から拝借した」と説明する。かりにこの絵巻を、『河童絵巻』小堀本としておこう。折口が、小堀本に収められた絵のすべてを採用したかどうか、また絵巻における掲載順序が折口が提示したのとおなじかどうか、不明である。とりあえず折口が、絵巻収録の図すべてを、その掲載の順序のとおりに並べた、と仮定して考察しよう。順序は、つぎのとおり。

(1)『水虎譜』系本の(け)・(こ)・(さ)型の図。
(2)天明四(一七八四)年三月、大久保忠寄所蔵図を、多賀常政が写したB型図。
(3)狩野栄川典信の図(テ)。
(4)寛永年中豊後肥田の図。説明は『水虎説』などとほぼ同じ。紋様の形態は、『水虎譜』系本の(か)に近く、その色彩は(お)とおなじく赤。
(5)B型図。紋様はなし。色彩は不明だが、目のまわりの形などを参考にすると、『水虎譜』系の図のうちでは、(き)にいちばん似る。説明も「右の図河童写真。深川木場にて捕所のものなり。此一巻栗本瑞見以蔵本写之。文政三年六月八日夜」とあり、やはり(き)の説明に似ている。
(6)空を飛ぶ河童の図(図45o)。
(7)平野匠八の河童図(ミ)。

小堀本は、絵巻の体裁をとっている点からして、『水虎譜』系本と類似するだけでなく、収容される図も両者の類縁を示唆する。小堀本のなかで『水虎譜』系本と共通なのは、（1）・（3）・（4）・（5）・（7）であり、（7）をのぞいて掲載順も一致する。

（5）の「此一巻栗本瑞見……」を文字どおりとると、編者は（1）〜（5）を一括して、丹洲のコレクションから写したことになる。たしかに（1）・（3）・（5）の類図が、『水虎考略』丹洲増訂本にふくまれている。ある段階で丹洲の手もとに（1）〜（5）が集まっていたのではないか。しかし彼は、（2）・（4）を（5）と同類とみなして『水虎考略』の増訂本からはずしたのだろう。そして小堀本にA型図を欠くところから推察すると、丹洲は、文政三（一八二〇）年六月には、まだA型図を所持していなかったようである。この年には『水虎考略』の初期型本は成立していたが、丹洲がこれを複写したのは、その後一八二二年までのあいだであった。

小堀本の編者は、丹洲コレクションの河童図に（6）・（7）を追加して、『河童絵巻』を完成した。（7）は江戸で作成され、丹洲コレクション由来の図とともに、小堀家に入ったのだろう。そして（6）は江戸または熊本の絵師の筆。『水虎譜』系両本との関連を考えるに、（1）〜（5）・（7）からなる絵巻本共通原本あるいは共通コレクションがあらかじめ存在した。これに（6）が加わり小堀本が成立した。そして（2）をB型のほかの諸図と差し換え、『水虎説』からも写図して、『水虎譜』系の本ができあがったと思われる。その編者、たぶん小野職孝は、(2)の忠寄の図が、伊東祐香由来であることを知っており、これを(く)に替えたのかも知れない。

大久保忠寄については、第四章で述べた。小堀本の成立は、一八二〇年以後ということになる。一八三〇年代には完成していただろう。

甲子夜話

松浦静山著のこの書についていては、今までたびたびふれてきた。巻二三(一八二三年記)には、江戸産のB型河童図一点(図21あ)を掲載する。そのほか巻六五(一八二五年記)に、亀甲を負い、頭上に皿をいただき、顔の形態はスッポンそっくりの河童、腹面一点と背面二点(図45p・q・r)をのせる。産地は不明。またおなじ巻六五には、相模国金沢村で発見された福太郎と称する河童のミイラの図(図14)がある。水難除け・疱瘡除けに効くという。以上三種五点の図の入手経路はすべて不明。なお福太郎の由来については、第三章で紹介した。

下問雑載

これにかんしてもすでに説明した。黒田斉清とシーボルトとの一問一答の記録。両人の会見場所は、長崎の蘭館。時は一八二八年三月。記録者は安部龍。成立は同年一一月。質問内容は、海外各地の住民の形態、風土と気候、産する動物・植物・鉱物などにかんする事項である。河童については、B型の（フ）・（ヘ）のほか、（テ）・（ホ）が収められる。これらは、島津重豪所持の図の転写であった。さらに河童の手の図二種をふくむ。そのうち一種は、（β）と同一物と思われるが、図数が三点あり、『水虎考略後編』よりも一点多い。図示する角度も違う。斉清と侗庵は、別ルートで手に入れたのだろう。あと一つの手は、（δ）に似ている。図数は一点、『水虎考略後編』より一点少ない。

筠庭雑録

これについてもすでに紹介した。喜多村信節の著。豊後肥田産というB型河童図（い）を一点のせる。「原本は鍋島摂津守殿にあり」とする。成立は一八三〇〜五〇年代。

水虎図神習文庫本

この本の構成は、つぎのとおり。

（1）C型（ゴ）の系統の図とその説明。

（2）『本草綱目』の水虎にかんする記事。

(3)水戸浦の河童図とその説明。
(4)B型(フ)・(ヘ)の系統の図。
(5)B型(ケ)の系統の図とその説明。
(6)系統関係不明のB型図。
(7)カメの図一二点とスッポンの図一点、およびそれらの説明。

以上のうち(1)・(3)・(5)は、『水虎説』・『水虎考略』系の図・説明に近いが、(3)はその写しではない。根拠は、水戸浦河童の説明文の内容にある。第四章で述べたように、大田南畝の『一話一言』と『水虎説』・『水虎考略』の文を比較すると、後二者に、明白な脱落が見いだされる。ところが『水虎図』神習文庫本においては、この脱落はない。したがってこれが『水虎説』・『水虎考略』からの写しだとは考えられない。同時に、『一話一言』とも異なる部分がある。たとえば、船のなかに飛び込んだ河童の数は、『一話一言』・『水虎説』・『水虎考略』のいずれにおいても、一四〜一五匹となっているが、『水虎図』神習文庫本では一五〜一六匹である。

(1)・(5)の説明は『水虎説』・『水虎考略』のものとほとんど変わらない。ただし『水虎図』神習文庫本の文には、誤写と思われる部分が少なくない。またどちらが誤写か判断できないが、前二者で「有徳廟」とあるのが「台徳廟」となっていたりする。吉宗と秀忠ではおお違い。

（4）の二図が、島津重豪の手に渡るまえの複写か、あるいは重豪を経た図がこの本の編者の手に入ったのか、何とも言えない。（6）のB型図の頭髪のようすは、『水虎考略後編』の「宝永年中豊後国肥田……」の図、および周山の「河童真図」（う）に近い。腹部の紋様は特殊だが、周山の図との関連を想定するのも不可能ではない。しかし腹面にドットを打ってある点では、丹洲増訂本（ツ）・（ヌ）にひとしい。

『水虎図』神習文庫本の編者は不明だが、（1）・（3）・（5）を所持していたはずの中神順次と交友関係にある人物が、候補にあがるだろう。あるいは、南畝の友人かも知れない。（7）のカメの図の説明にいくつかの年記が付されており、そのうちもっとも後の年は文政一二（一八二九）年。したがってこの本の成立年は、一八二九年以後である。

本節の主旨からはずれるが、一九世紀前半の河童図のうち未掲のものを図45に示す。（m）・（o）・（p）・（q）・（r）については説明ずみ。（n）は、『水虎説』都立本の末尾にある図。B型図とC型図を参考にして、リアルな姿を描きだそうとした。（s）は、葛飾北斎（一七六〇〜一八四九）の『北斎漫画』三編（一八一五年刊）における河童図。（t）は尾田淑太郎『百鬼夜行絵巻』（一八三二年成立）の河童図。平賀源内の河童（図27h）にヒントを得たものだろう。（u）は『化けものがたり』（国明画、一八三〇年代？刊）の図。山中でタヌキ・キツネ・ネコが歌え踊れと騒いでいるところに、使いにやられた河

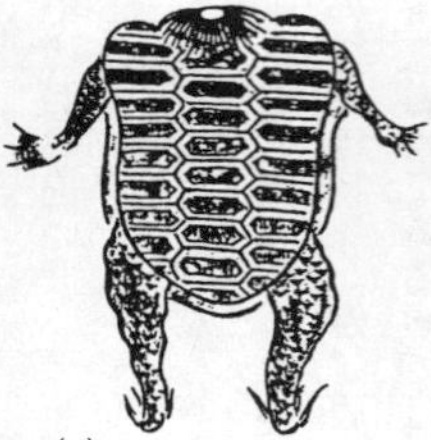
(p)

(q)

(r)

(u)

(v)

童が帰ってきて「はい、肴が参りました。馬の小便のような御酒を又一升とりました」と報告している。化けものとしての河童の格は、低いようだ。（v）は、島崎旦良（一七六六～一八一八）描く『妖怪変化絵巻』（一八〇四年成立）の動物妖怪トリオ。この絵は黒田藩御用絵師・石黒洞秀が、一八〇三年に幼少時の黒田斉清のために描いた絵の模写である。[18]

表題が『水虎説』・『水虎考略』系本と紛らわしい本

水虎図東京国立博物館本

『水虎図』の名は、前掲神習文

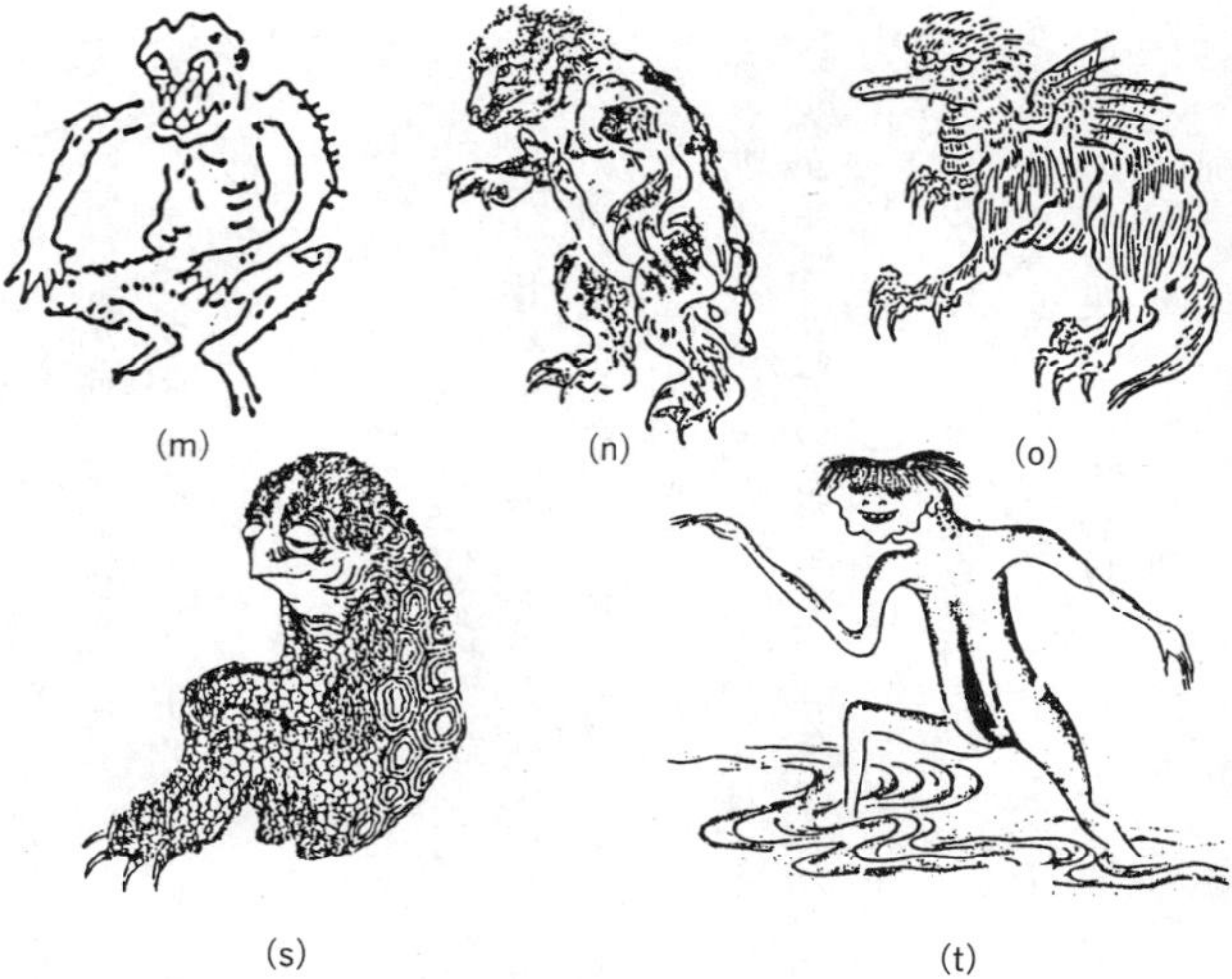

図45　19世紀前半の河童図

庫本と同一であるが、東博本は『水虎説』・『水虎考略』系とまったく関係がない。構成はつぎのとおり。

（1）河童背腹図（k）・（l）。

（2）「菊岡米山翁……」ではじまる文。実質的には『諸国里人談』の引用。

（3）「岡田寒泉（清助なり）……」で始まる短文。その内容は、第六章で紹介した、薬品会に河童の頭が出品されていたという情報である。

（4）「戸田又兵衛隠居して……」で始まる短い文。享保のころ、又兵衛が八代河岸で河童にとりつかれ、脇差でその手を切りとり、所持していたという話。

(5)平野匠八の河童談および図(ミ)。

(6)『古今雑話集』からの引用。九州における河童の一般的なイメージが記されている。

(7)『龍宮船』からの引用。

(1)については、第四章においてすでにおおかた考察ずみ。図の前に「天明元〔一七八一〕年丑八月十一日写之江守氏」とあり、図の後に「右以江守氏図写之　文政庚寅〔一八三〇〕年六月廿六日　直澄」と書かれている。後述の『合類水虎説』の記載が正しければ、江守某の図を複写したのは、越智直澄である。直澄[三五]は、一九世紀前半に活躍した儒学者。霜傑亭と号する。岡田寒泉に学んだ。

江守某の正体は不明だが、一応の候補者をあげておく。「寛政呈書[三六]」に江守伝左衛門正祥の名が記載されている。一七五一年生まれ。この河童が捕獲されたのは第四章で既述のとおり一七八一年、おなじ年に江守某が図を写した。このとき正祥は三〇歳ぐらい。江守某が彼だとして、時期的な齟齬はない。

(2)の形式の文は『水虎奇譚』にも現われる。しかし『水虎図』と『水虎奇譚』の一方が他方の部分集合というわけでもないから、この形式による『諸国里人談』の引用文が流布していて、それを両者が独立に採用したのだと判断される。

(3)・(4)・(6)は、類書には見られない資料である。(5)については「『水虎考略後編』の成立」の節で述べた。(5)のあとに「天保十二巳年二月十三日写」の記がある。しかるに天保一二(一八四一)年は、辛丑。前後の巳年は、天保四年か弘化二年。年か支のいずれかが誤写。おそらく転写の過程で、丑の字がくずれて巳に変化した。(7)は、『水虎考略』に入っているが、これから採ったのではないだろう。

さて越智直澄と編者との関係ついては、さまざまな可能性が考えられるが、煩雑な考証は避け、直澄イコール編者としておく。冒頭の(k)・(l)を写した人物であるし、(3)の寒泉の弟子でもあった。さらに(k)・(l)を直澄が写した一八三〇年、および本書のなかに記される最後の年一八四一年は、いずれも越智直澄の活動期と重なる。本書の成立期は、直澄の没年が不明なので、一八四一年以後とするほかない。

合類水虎説

無窮会神習文庫が所蔵するこの本は、『水虎説』と『水虎図』東博本を合わせたものとみなすことができる。書名も、それを意識してつけられたのだろう。したがって『水虎説』・『水虎考略』と無関係とはいえないが、叙述のうえでの便宜を考え、ここで紹介することにした。

『水虎説』に対応する部分は、国会本とほぼおなじ。相違点はつぎのとおり。第一に、A

型の（ア）〜（キ）の図が、勝平聞き書きと治右衛門聞き書きのあいだに入る。第二に、肥田河童が、宝永年中に捕らえられたことになっている。これは『水虎考略後編』における宝永肥田河童図との連絡を示唆する。第三に、（コ）が描かれたページの終わりに、「文政辛巳［一八二一］年十月十五日酒井玄栄越智直澄」とある。そして第四に、（コ）が描かれたつぎのページに、「補○大和本草曰……」の七行ほどの文が入る。これとおなじ文を書いた紙片が、『水虎説』系『水虎図説』東博本に張りつけてあるので、両本のつながりについて留意すべきだろう。いずれにせよ、上記第三の件をのぞいては、『水虎説』のオリジナルからそれほど逸脱してはいない。

「補○大和本草曰……」のあとにページを変えぬまま、（k）・（l）の説明がおかれる。それは、「新銭座仙台屋敷にて河童を打殺せし事」の見だしのもとに、天明元年七月中旬に、伊達侯の屋敷で河童をうち殺し、画師に委嘱してその模写を描かせた、という主旨の文である。この文は、『水虎図』にはない。そのあとに「天明元年丑八月十一日写之江守氏」の見だしと、（k）・（l）がくる。以下、「戸田又兵衛隠居して……」の文までは、『水虎図』東博本とまったくおなじ。ところが『水虎図』でそのあとに続く平野匠八河童談と図（ミ）および『古今雑話集』・『龍宮船』の引用を、『合類水虎説』は欠く。『合類水虎説』の編者は、『水虎図』東博本が完成する以前のこの系統の写本を手に入れたのだろう。

さて直澄が越智直澄であること、あるいは『水虎図』の編者が越智直澄であることを、『合類水虎説』の編者はたぶん知っていた。では、(コ) のあとに酒井玄栄と越智直澄の名が連記されている事実をどう解釈したらよいのか。結論は出しがたい。あえて思案すれば、(コ) の説明の記載者が玄栄であり、直澄の名は何かの間違いで、本来の場所の前に記されてしまったのではなかろうか。

酒井玄栄の素性は不明だが、「寛政呈書」[26]に酒井玄蕃忠善の名がある。五〇〇〇石取りの旗本。一七七四年生まれ。栄は蕃の誤写かも知れない。新潟で香具商が (コ) を見世物にだしていたとき、玄蕃がこれを目撃したのだろうか。またはスッポンの図とアシカの絵 (図36) を合成作図したのが、玄蕃なのだろうか。なお編者は不明。成立年は、一八四一年以後。

安倍氏水虎説

西尾市立図書館岩瀬文庫蔵である。題簽には『水虎説』とあるが、内題は『安倍氏水虎説』。罫線入り用紙三一ページの写本である。内容は、九州北部における河童噂話六点と著者の河童論。末尾に「弘化三［一八四六］年丙午春三月　安倍龍謹識」とある。著者が安部龍であることはいうまでもない。成立年も確定している。なお用紙に「読書室蔵」と書かれているが、読書室は、著名な本草家・山本亡羊（一七七八～一八五九）の家号。複写の責任者は、亡羊または彼の次男・山本錫夫（一八〇九～一八六四）だろう。上野益三[四]によれば、読書室の蔵書収集は、錫夫の努力に負うところが大きかった。そして岩瀬文庫の創始者・岩瀬彌助（一八八七～一九三〇）は、読書室蔵書をまとめて大量に購入している。[三]そのなかには『安倍氏水虎説』だけでなく、『水虎伝』・『水虎奇譚』も含まれていたと思われる。

河伯考

宮内庁書陵部所蔵本。構成はつぎのとおり。

（1）『日本書紀』仁徳紀からの引用。
（2）橘南谿『西遊記』補遺九二の引用。
（3）朝川善庵の『善庵随筆』上の引用。
（4）寺島良安『和漢三才図会』巻四〇「水虎」・「川太郎」の項の引用。
（5）『大和本草』巻一六の引用。
（6）渡辺脩斉「河伯考」。

巻末に、「安政二［一八五五］年乙卯九月中　謄写　佐野於兎」の奥書がつく。

（1）・（2）・（4）・（5）は、『水虎考略』・『水虎考略後編』にも掲載された著名な文献だが、すぐあとに述べるように、『河伯考』の編者は、この系統の本から写したのではないらしい。（3）の朝川善庵[三五]（一七八一〜一八四九）は、儒学者。名は鼎、字は五鼎、号は善庵のほか学古塾。『善庵随筆』は善庵の死後、嘉永三（一八五〇）年の刊。内容をしらべると、成立は一八三七年以後であることがわかる。河童についての考証のほか、水戸浦河童の図と説明をふくむ。

（6）の「河伯考」は、豊前・豊後とくに宇佐郡あたりの河童噂話を記録している。この噂の種になった事件は、一八四二〜四三年に発生した。脩斉が当地の人であることまではわかるが、それ以上の経歴は不明。

ところでこの本の表紙に、収録文献名と、その一部については写した年を示すメモが書きのこされている。これによれば、『善庵随筆』は、「甲子五月十五日写」である。『善庵随筆』発行後最初の甲子の年は、一八六四年になる。『日本書紀』と『東西遊記』（『西遊記』、およびおなじ著者の『東遊記』を合わせた書名）については、「辰五月十二日写」と書かれている。候補になる辰年は、一八五六年と一八六八年。ちなみにメモにおいて書名は、『日本書紀』・『東西遊記』・『善庵随筆』・『大和本草』・『和漢三才図会』の順に並んでいる。『河伯考』の編者は、「河伯考」を一八五五年以後に、ほかの文献を一八五六年以後、一八六八年ごろまでに筆写した、と推定される。

転写過程における変異

『水虎説』・『水虎考略』・『水虎考略後編』掲載の図とその説明は、さまざまな機会にくりかえし転写された。この過程で誤りが生じた例は、今までにすでにいくらかあげたが、本項ではさらに例示を追加し、全体のしめくくりとしたい。

まず図とその説明文のあいだの位置の錯誤の例をあげよう。(テ)の説明はもともと「此図熊本……細き毛あり」のみだったと思われる。『水虎考略後編』・『水虎譜』系本・『河童絵巻』小堀本ではそうなっている。ところが『水虎考略』丹洲増訂本においては、寛永肥田河童にかんする叙述がそのあとに続くので、それも(テ)の説明と解釈しえる構成になってしまった。ちなみに『水虎譜』系本は丹洲コレクションを用いたと思われるが、(テ)のところには「寛永年間豊後国肥田……」の文は存在しない。いずれにせよ丹洲増訂本の系統で、図と説明文の位置関係錯誤が始まった。

『水虎考略』丹洲増訂本を利用した『水虎十弐品之図』では、(テ)の右肩に「此水虎図越後新潟に産するもの……」の文があり、また左下には「長さ七寸……細き毛あり」の説明書き(「此図熊本栄川典信地取」は脱落)が見られる。そのため両者合わせて(テ)の説明と受けとられる状態になった。

『水虎十弐品之図』をさらに写した『虫類図譜』の著者・飯室楽圃は、そのように理解したと見える。この本では明らかに（テ）の図の説明として、「越後新潟の産」の文と「長さ七寸……細き毛あり」がスペースをはさまずに続けて記されている。

あと一つ例をあげよう。C型の図（コ）については、『水虎考略』・『水虎説』・『水虎譜』系本のいずれも、「此水虎図越後国新潟所出……」としており、これが元来の説明であったことは疑いえない。しかるに『水虎十弐品之図』では、（コ）の上には『通雅』からの引用がおかれ、「此水虎図越後国新潟……」は、前記のとおり（テ）の説明と解される位置に移っている。『水虎考略』丹洲増訂本では『通雅』の引用文は、（コ）とおなじC型の（ス）の上に書かれた。丹洲はこれを（ス）の説明のつもりで記したのではないだろう。たまたま（ス）の上に広いスペースがあいていたので、『通雅』とこれにかんする彼のコメントをここに配置したと考えるのが妥当である。ところが『水虎十弐品之図』の編者は、『水虎考略』丹洲増訂本における『通雅』の文をC型の説明と誤解してしまい、（ス）とおなじC型の（コ）の上に持ってきたのだろう。『水虎十弐品之図』を受けて編集された『虫類図譜』の河童の部分もこれを踏襲し、（コ）の説明として『通雅』の文を採用した。

『本草図説』ではまたようすが異なる。ここでは、「寛永年間豊後国肥田……」が（コ）の説明になってしまった。『水虎考略』丹洲増訂本では、「寛永年間豊後国肥田……」は

（テ）と（コ）の間にあるので、春山は、この文が（テ）ではなく（コ）に付属するとみなしたのであろう。結果として「越後国新潟所出……」は、『本草図説』から脱落した。

注

第一章

(1) 石川千代松[二五]は、秋になっても海にくだらず、琵琶湖にとどまり小型化したアユを、ランドロックトとよんだ。陸封は、石川のこの表現の流用である。

(2)『耀天記』(一二二三年成立)の流布本には、「夷三郎殿　蛭児神也」という記載がある。私はかつてこれを根拠に、エビス＝蛭児説の成立が、中世初期であると考えていた。ところが一二八九年の生源寺家本の影印を見ると、この記載は欠落している。さまざまな解釈が可能であるが、結論として一三世紀末には、まだエビス＝蛭児説は、少なくとも日吉までは浸透していなかった、といえるのではないか。なお流布本の写は、一四九〇年である。

第二章

(1) 農村におけるウマ飼育の中心は東日本であった。したがって出雲のウマ引きが文献に現われるまえに、東国において口承で類話が伝えられていた、と考えるのが穏当であろう。そこで注目されるのは、『小平物語』の三一話である。ここでは、ウマ引き—捕縛—魚贈与の三項完結の話が述べられる。問題はこの説話の成立時期だが、『小平物語』は、貞享三(一六八六)年に小平正清が祖父と父の語る話をまとめたものとされている。しかし最終的な編者は、中村元恒(一七七八〜一八五一)であった。この種の伝え書きにおいては、成立したとされる時期と実際に世に出た時期のあいだに、所持者が追加・訂正などをおこなう例がまれではない。『小平物語』を調べると、二八話までは表題が付されているが、二九話以後には番号しかついていない。それゆえ三一話をふくめ二九話以後は、のちの追加の可能性もある。かりにそうだとしても、この追加は元恒の作業ではないだろう。元恒の話を筆録した『信濃奇談』(一八二九年序)巻上は、おなじ話を紹介し、「小平物語に見へたり」としている。河童説話の歴史的推移にもとづき総合的に判断すると、『小平物語』三一話は、一八世紀になってから書き加えられたか、もとの形を当時の流行にしたがって変更されたか、どちらかであると推定したくなる。けれどもその積極的証拠もない。もし三一話が一六八六年に成立していたとするならば、このときには河童の歴史は第二段階に入っていたことになろう。しかし段階を区分する年代をのぞいては、私見の枠組みには影響しない。なお表3・4・5には『小平物語』の説話は算入されていない。

(2) ちなみに『紅毛外科療治集』(中村宗璵、一六八四年序)巻一には、「人油膏」をはじめ人油・動物油を利用した膏薬が多くあげられている。そして巻三は「諸油取様」と題され、哺乳類ではキツネとイヌの油の採取法を記す。これによると毛皮をはいだ動物を煮て、浮いた油を取るらしい。

(3) 「ひき油」を「ひと油」と誤写した結果、「人油」なるものが書承されることになったのかも知れない。

第三章

（1）アウエハントは瓢箪と胡瓜の連続性を認めたうえで、水神祭に瓜や胡瓜を供える習俗の起源は、瓢箪と共通の中空性、つまり神の隠れる空間に求められるべきだとする。しかし胡瓜は中空ではない。それに瓢箪はなぜ古代の水神に忌まれ、胡瓜は近世において多くの河童の好むものになったのか。これについてアウエハントは、トリックスターとしての河童の役割の正負両義性によって説明しようとしているが、私は、この説明には感心しない。河童と瓜科の食物のあいだの複雑な関係について、形式論ではなく、実質的な説明を与えるべきだろう。

（2）瓢箪に入れた木の灰の呪的な意味について、私見は固まっていない。ただし木を火で焼いて生じた灰は、火の力を象徴する、と一応解釈しておく。中国の五行相克説では、水が火を制するがその逆は成りたたない。しかし、物のあいだの呪的な反応にかんする日本古代の人びとの考えが、五行相克説のみに制約されていたとは思われない。火もまた水を制することがあるとされていたのではないか。

第四章

（1）「河童聞合」の成立年は、正確には秘救が西国郡代に昇格する一年前である。

（2）別資料によれば、七世・桓龍の娘。

（3）本庄御竹倉・深川木場・本所須奈村・本所御材木倉は、現地名の墨田区両国二丁目・江東

区木場三丁目・江東区北砂一丁目または南砂一丁目・墨田区両国一丁目（それぞれ図8Ⓐ・Ⓑ・Ⓒ・Ⓓ）に比定できる。

（4）形式的には、肥田河童図の説明を蘭山が採用したという因果関係も想定し得るが、つぎの理由でこれはとらない。第一に『本草綱目啓蒙』には、河童の産地として美濃と筑後柳川の名がでてくるが、日田の名は記されない。第二に、蘭山は博捜家だから、日田河童図の説明だけにもとづいて、河童の形状を記したとは考えられない。

（5）この図は、私が見た範囲では、二点現存する。一つはある古書店の古書目録に掲載されたもので、これの存在は、田中晃、原正幸両氏からの通報で知った。あと一つは、明石市立文化博物館蔵である。両者は、説明書きを含めほとんどおなじであるが、些細な表現の違いがある。したがって、前記古書目録に出たものが明石市立文化博物館に入ったのではない。

（6）私は当初、「豊後国肥田……」は、肥田豊後守に引っかけた冗談からでたのではないか、という仮説を立ててみた。そのばあい、「寛永三年……」のくだりとどう結びつくか、べつに根拠が必要になる。なお肥田頼常は、長崎奉行に就任して豊後守を名のったようである。彼の長崎奉行在任は、一七九九年から一八〇六年まで。吉村周山説が正しければ、この説明文は、周山の生存期よりもずいぶん後にできたことになる。

（7）『千蟲譜』に掲載された任意の図について、それが一八一一年以後に書かれた、と断定はできない。収録図数がもっとも多いと思われる『栗氏千蟲譜』国会図書館曲直瀬愛旧蔵本において、一八一一年以後の記載年が明記されている図が、少なくとも四四点存在する。最後年は一八三三年である。これをふくめ一二点の『千蟲譜』系本を調べた結果、一点を除いて一八二八年、一八二九年、一八三〇年または一八三三年で終わる。残りの一点『栗氏蟲譜』無窮会神習文庫本には、一八一一年以後の年記を付した図はない。したがってこの写本は一八一一年段階の原本の状態をとどめていると思われるが[一五六]、同時に原本の図を大幅に省略した形跡が見られる。神習文庫本は、三点セットのうち腹面図のみを収録するが、私の推定によれば、原本には背面図・側面図も描かれていた。なお『千蟲譜』諸本のなかには、(へ)・(ホ)・(マ)を欠くものもある。

(8) 躋寿館物産会を見た人のメモ『文政元年六月醫学館博物会手扣』によれば、この会には南畝の子・定吉の名で「河童図一枚」が出品されており、これがどのような図だったのか興味をそそられる。なお文政元年は一八一八年。『水虎考略』成立の二年前にあたる。

(9) 現在の地名の江東区清澄一丁目(図8Ⓔ)に比定される。澄元の河童がとれた本庄御竹倉・深川木場・本所須奈村・本所御材木倉およびこの仙台河岸伊達侯蔵屋敷が近隣地域、しかも隅田川から掘り進んだ人工水路の近くにあるのが偶然だとは思われない。

第五章

(1) 「河童聞合」は、河童の研究にとって重要な資料だと思われるが、遺憾ながらこれにかんする先行研究は、小泉丹の業績[九一・九三]のみである。

(2) 『水虎考略後編』に写された『蓬生談』においては、「江戸親族」の部分が「最前親族」となっている。「最前」とは、九州弁で「最近」・「さきほど」の意味である。

(3) 春樹の父・五石は、長崎から熊代熊斐の門人・真村蘆江を招き、沈南蘋流の花鳥画を学んだ[一四六]というから、絵筆の上手だったのだろう。
(4)『秋風庵月化集』に嗽石の名が見られ、しかも彼が筑後生葉の人であると書かれていることは、田中晃氏のご教示[一四九]によって知った。
(5)吉井町内旧地名の位置決定が、小市・勝平の行動追跡に不可欠であった。これについては金子文夫氏[二五五]、および吉井町役場[二五六]のご教示を得た。
(6)このくだりは『水虎説』国会図書館本による。『水虎考略』諸本においては、これが脱落している。
(7)これらの指標は、塚本氏の報告[一五四]にすでに明示的に、そうでなくても暗示的に書かれている事項を、私流に整理した結果にすぎない。もし有効性が認められるとすれば、それは塚本氏のメリットである。
(8)相撲層より上層に属するものが相撲の上手である例もありえた。越後塩沢村の鈴木牧水(一七七〇―一八四二)は、典型的な俳諧層所属者であるが、杉氏に[二三九]よれば、彼は二〇歳前後まで近郷屈指の相撲の取り手であった。これは武蔵田中村の矢島吉従が漢詩層に属する在村文化人でありながら、同時に俳諧のグループに入っていたのとおなじである。

第六章

(1)現代の民話においては、スッポンそのものを河童と称していたとしか思われない話も語られている。たとえば茨城には、東京の河岸で仕入れてきた体長二〇センチくらいの河童の生血を薬としたという民話がある。[三七]

(2) 河童イメージの物的源泉のなかには、前節で述べた動物的要素、本節で示す人的要素以外に、若尾五雄[260]が指摘する淵の渦のような無機的現象もふくまれ得るだろう。岡村青[17]も、茨城県の沼の渦が、河童の通り道になっているという説を紹介している。このばあいも渦と河童が結びつく。ただし淵や沼の渦が、河童イメージの形成にいくらかは貢献したとしても、近世の伝承、現代の民話に基づき総合的に判断すると、その貢献度があまり大きかったとは考えられない。

(3)『水虎考略』は、『梅翁随筆』(八巻本)の山童の記事を『野翁物語』の文として掲載している。『野翁物語』国会図書館一〇巻本の表紙には「四方赤良」とある。また『国書総目録』は、『野翁物語』の著者を大田覃とする。これらが推定または伝承で書いたのでなければ、大田南畝著ということになるが、どうか。『野翁物語』国会図書館本のうち三〜一〇巻は、『梅翁随筆』の一〜八巻とおなじ。けっきょく『野翁物語』は、同書一〜二巻プラス『梅翁随筆』の構成になっている。

(4) なかでも篠原徹氏[125]が報告する岡山県蒜山地方のヤマオーロは、山童との発音の類似、および相撲を挑む習性において注目される。九州の山童観念が、なんらかの経路を通りここにまで伝播したと、解釈すべきだろう。

(5) 第五章で引用したとおり、『蓬生談』においては、秘救が江戸の親類にたのまれて、桃秋と春樹に河童の調査を依頼した、と述べられている。江戸の親類とは誰であるか、またその親類がどのような動機で九州の河童に関心をいだいたのか、不明である。とりあえず、秘救がこれを口実にして、あるいはきっかけにして、河童の調査を企画したのだ、と考えておく。

(6)穢多と称せられ差別の対象となっていた人たちの居住地分布を示す資料は手もとにはない。しかしいずれにせよ、ウシ・ウマの皮剝を担当していたのは非人である。[三〇]

(7)山中耕作氏は[三五]、『水天宮神徳記』（一八九七年刊）にもとづいて議論しているが、つぎの三個の理由で、ここでは『水天宮御利生記』の記事を引用する。第一に私は、『水天宮神徳記』を直接見る機会をもたなかった。第二に、山中氏の引用を見るかぎり、当該部分にかんする両者の違いはない。第三に『水天宮御利生記』のほうが、少しながら発行年が古い。以下、水天宮関係の文献の紹介、その解説については、とくに山中氏の名をあげなかったばあいを含め、氏の研究に負うところが大きい。

(8)私が見たのは、宮内庁書陵部本である。これは外題に『水天宮縁起』とあり、内題が『天御前伝』となっている。山中氏にしたがい、本稿では『天御前伝』と記す。この本の奥書には文禄二（一五九三）年の年記があるが、山中氏もこの成立年については、「存疑、近世初期か」とする。[三五] 私見も方向においては同様である。一つは本文で述べたとおり、平家落武者伝説が九州で生まれた時期との関連がある。それだけでなく、つぎの事情を考慮しなければならない。この文献中に、安徳天皇が住む水底の皇居に、さまざまな水妖が大挙して押しかける場面が書かれる。それらの水妖のなかに、水虎が含まれていることに留意すべきだろう。水虎の名称は中国では『水経注』（五二七年成立）にはやくも出ているが、この水妖の名を著名にしたのは『本草綱目』（一五九六年刊）であった。『本草綱目』が日本に入ったのは一六〇七年、最初の和刻本の出版は一六三七年である。また水虎の名称がよりいっそう広く知られるようになったのは、『大和本草』（一七〇九年刊）以後と推定される。私は、『尼御前伝』の成立は、山中氏の想定よりもさらに遅れるのではないかと考えている。

（9）『石原家記』は『福岡県史資料』第二輯に収められているが、抄録であるため、この記事は省かれている。

（10）「土蔵」所蔵の『筑後楽由来』および『音楽縁起』は、金子文夫氏[壹]のご好意により閲覧することができた。

（11）ザビエルの像でもわかるように、ポルトガル・スペインから渡来した宣教師の髪は、おおむね黒みがかっている。しかし近世初期以後のふつうの日本人は、すでに南蛮系の人の姿を知らず、ヨーロッパ人といえば、紅毛というイメージをもっており、これを南蛮人にも適用していただろう。

第七章

（1）『水虎記』静嘉堂文庫本は、『水虎説』国会本の類の抄本である。また『水虎考』前田育徳会尊経閣文庫本は、『水虎考略』岩瀬本類から前半が脱落した本である。

（2）『水虎考略後編』杏雨本には、その目次にある「水虎新聞雑記」が入っていない。他方この図書館には『水虎新聞雑記』と称する写本がある。じつは両者はおなじ書店から同時に購入された。購入以前になんらかの錯誤により、両者が別の冊に綴じられていたので、図書館も別本と誤認したのだろう。

（3）国会本を底本としたらしい『古事類苑』動物部[三]は、この写本の題簽の訂正を信用し、「河童聞合」のいちぶを『水虎考略後編』出として翻刻している。

(4) してみると、「後編引」を欠く『水虎考略後編』がどこかに存在してもよいはずであるが、見出しえていない。あるいは「後編引」が、結果として一部よけいに複写されたのかも知れない。

(5) 松平芝陽が丹波亀山の藩士であることが、磯野直秀氏の研究によって本稿入稿中に明らかになった。磯野氏の発表が待たれる。

(6) この文献の存在と(テ)にかんする説明については、磯野直秀氏からのご教示[三]によって知ることができた。

文献（明治以後）

（1）本書においてあげた明治以後の文献を、著者名のアイウエオ順に配列した。
（2）著者名のつぎの（　）内に、原則としてその文献が最初に発表された年の数字が記されている。ただし最初の発表年がかんたんには判明しなかったばあいは、私が利用した刊行物の初版発行年を記した。
（3）個々の文献の最初の発表形態と、私が利用した刊行物はかならずしもおなじではない。これを考慮して、必要事項をつぎの順に記載した。（i）著者名（ii）最初の発表形態の刊行年（iii）文献名（iv）利用書の著・編者名（v）利用書名（vi）利用書の出版社名（vii）利用書の初版発行年（viii）利用書における当該文献のページ。ただし（i）と（iv）が同一のばあいは（iv）を、（ii）と（vii）が同一のばあいは（vii）を、（iii）と（v）が同一のばあいは（v）を、それぞれ省略した。
（4）雑誌論文についてはいくらか記載事項がことなるが、おおむね（3）に準じた。雑誌の巻数は数字のみを記した。そのほか（3）の規則どおりにはいかない例もあり、個々のばあいに応じて処理した。
（5）印刷物によらず口頭による情報は、「私的教示」と記した。
（6）近世の資料のうち武鑑類は、便宜上この項に記載した。

(一) アウエハント、C.（一九六四）『鯰絵』小松和彦他訳 せりか書房（一九七九）
(二) 秋永勝彦（一九九三）私的教示
(三) 秋道智弥（一九九四）『クジラとヒトの民族誌』東京大学出版会
(四) アサヒグラフ編集部（一九九一）『古代史発掘 '88〜'90』朝日新聞社
(五) 穴井十郎（一九九三）私的教示
(六) 姉崎正治（一九二六）『切支丹宗門の迫害と潜伏』国書刊行会（一九七六）
(七) 姉崎正治（一九三〇）『切支丹迫害史中の人物事蹟』国書刊行会（一九七六）
(八) 阿部真司（一九八一）『蛇神伝承論序説』伝統と現代社
(九) 荒川紘（一九九二・九三）龍の科学史『静岡大学教養部研究報告（人文・社会科学篇）』二八―一号 七三〜一一二ページ、二九―一号 二一五〜二五九ページ
(一〇) 荒木矩編（一九三四）『大日本書畫名家大鑑』伝記上編 第一書房（一九七五）
(一一) 安藤操・清野文男（一九九三）『河童の系譜』五月書房
(一二) 飯島吉晴（一九八一）廁考『竈神と廁神』人文書院（一九八六）一二六〜一六一ページ
(一三) 飯田道夫（一九九三）『河童考』人文書院
(一四) 池田啓（一九九四）私的教示
(一五) 池田雅雄（一九七七）『相撲の歴史』平凡社
(一六) 池田雅雄他編（一九七〇）『相撲百年の歴史』講談社

（一七）石井近義他（一九七七）三堰偉蹟　吉井町誌編纂委員会編『吉井町誌』一　吉井町　一八一～二七七ページ
（一八）石井富太郎（一八八六）『水天宮御利生記』上・下　信水会
（一九）石井正見（一九九三）私的教示
（二〇）石井良助（一九八八）『江戸の賤民』明石書店
（二一）石井良助監修（一九八一・八二）『文化武鑑』一～七　柏書房
（二二）石井良助監修（一九八二～九二）『文政武鑑』一～五（六は未刊）柏書房
（二三）石川純一郎（一九七四）『河童の世界』時事通信社
（二四）石川純一郎（一九八七）河童は生きている『別冊太陽』日本のこころ五七　二七～三七ページ
（二五）石川千代松（一九三二）鮎の話『石川千代松全集』一〇　興文社（一九三六）三二二～三三二ページ
（二六）石黒健夫・宮坂松衛（一九六九）ナルコレプシーの慢性の幻覚妄想状態について『精神医学』一一　一一号　四一～四八ページ
（二七）石田英一郎（一九五六）『桃太郎の母』講談社学術文庫（一九八四）
（二八）石田英一郎（一九六六）『新版河童駒引考』東京大学出版会
（二九）石塚尊俊（一九五九）『日本の憑きもの』未來社
（三〇）礒貝逸夫（一九九〇）『岩瀬彌助の生涯』三河新報社
（三一）磯野直秀（一九九四）日本博物史覚え書Ⅱ『慶應義塾大学日吉紀要自然科学』一六号

四〇～六三ページ
(三三) 磯野直秀（一九九四）私的教示
(三三) 磯野直秀（一九九五）薬品会・物産会年表『科学医学資料研究』二四七号　六～一四ページ
(三四) 市川健夫（一九八一）『日本の馬と牛』東京書籍
(三五) 市古貞次他編（一九九三）『国書人名辞典』一　岩波書店
(三六) 伊藤圭介（一八八〇）本邦博物学起源沿革説『東京学士会院雑誌』一編四冊　六一～七六ページ
(三七) 井上清一（不明）山窩物語　谷川健一編『サンカとマタギ』三一書房（一九八九）一二七～一三三ページ
(三八) 井上清一（一九八八）サンカ夜ばなし　同書　一三四～一四五ページ
(三九) 今泉文子（一九九三）ドイツ幻想博物誌『ユリイカ』二五　一号　六六～七四ページ
(四〇) 上野益三（一九六〇）『日本動物学史』八坂書房（一九八七）
(四一) 上野益三（一九七八）『博物学史散歩』八坂書房
(四二) 碓井益雄（一九八九）『蛙』法政大学出版局
(四三) 内田清之助（一九五七）『原色動物図鑑』一・二　北隆館
(四四) 台弘（一九三九）ナルコレプシーの幻覚について『精神神経学雑誌』四三　六号　一～一三ページ
(四五) 梅木恒一（一九九三）私的教示

(四六) 江坂輝弥（一九六七）『日本文化の起源』講談社・現代新書
(四七) 及川儀右衛門（一九二四）『筑紫野民譚集』郷土研究社
(四八) 大石慎三郎（一九九一）『田沼意次の時代』岩波書店
(四九) 大内初夫（一九九二）私的教示
(五〇) 大西理平編（一九二八）『朝吹英二君伝』朝吹英二氏伝記編纂会
(五一) 大塚富吉（一九七八）『大分県画人名鑑』大分県画人名鑑刊行会
(五二) 大野桂（一九九四）『河童の研究』三一書房
(五三) 大野晋他（一九六七）『日本書紀』の注　坂本太郎他校注『日本書紀』上　日本古典文学大系六七　岩波書店
(五四) 大林太良（一九七九）『神話の話』講談社学術文庫
(五五) 大東祥孝（一九九二）ナルコレプシーにおける幻覚体験　浜中淑彦他編『幻覚・妄想の臨床』医学書院　一二一〜一三四ページ
(五六) 大藤時彦（一九四九）海の怪異　柳田國男編『海村生活の研究』国書刊行会（一九七五）三二一〜三三三ページ
(五七) 岡村青（一九八一）『茨城の河童伝承』筑波書林
(五八) 岡田章雄（一九五五）『キリシタン・バテレン』至文堂
(五九) 岡田弥一郎・高桑良興（一九三二）『爬虫類の生態と進化』養賢堂
(六〇) 小川恭一編（一九八九）『江戸幕府旗本人名事典』一〜四　原書房
(六一) 奥野広隆（一九八五）山にのぼる河童　大島建彦編『河童』岩崎美術社（一九八八）一

一八～一七三ページ
(六二) 奥村俊介（一九七九）吉井銀考 吉井町誌編纂委員会編『吉井町誌』二 吉井町 六八九～八二七ページ
(六三) 奥村俊介（一九八一）筑後災害五百年史 吉井町誌編纂委員会編『吉井町誌』三 吉井町 六一五～七〇八ページ
(六四) 奥村俊介・永田忠雄（一九七七）寺院 吉井町誌編纂委員会編『吉井町誌』一 吉井町 一三七～一五二ページ
(六五) 乙益重隆（一九八〇）辰 大場磐雄『十二支のはなし』ニュー・サイエンス社 七一～八一ページ
(六六) 乙益重隆（一九八五）山の神話・その他 網野善彦他編『列島の文化史』二 日本エディタースクール出版部 一～四四ページ
(六七) 小泊立矢（一九九〇）生活と信仰 日田市編『日田市史』日田市 四八九～五二三ページ
(六八) 小野重朗（一九七四）河童の系譜と山の神 大島建彦編『河童』岩崎美術社（一九八八）九一～一一七ページ
(六九) 小原巌（一九九四）私的教示
(七〇) 小原秀雄（一九七〇）『続日本野生動物記』中央公論社（一九七二）
(七一) 折口信夫（一九二九）河童の話『折口信夫全集』三 中央公論社（一九五五）二八八～三一七ページ
(七二) 折口信夫（一九二九）壱岐の水『折口信夫全集』一五 中央公論社（一九六七）四〇

〇～四一二ページ
（七三）家臣人名事典編纂委員会編（一九八七～八九）『三百藩家臣人名事典』新人物往来社
（七四）加藤正明他編（一九八五）『増補版精神医学事典』弘文堂
（七五）金子文夫（一九九二）私的教示
（七六）金原正明（一九九四）トイレからみた中世都市『歴史読本』三九　一一月号　一六〇～一六五ページ
（七七）加納喜光（一九八一）『漢字の博物誌』大修館書店（一九九二）
（七八）蒲原治・岡村収（一九八五）『原色日本海水魚類図鑑』Ｉ　保育社
（七九）河上一雄（一九七〇）水虎信仰　大島建彦編『河童』岩崎美術社（一九八八）七三～九一ページ
（八〇）菊池清勝（一九九二）私的教示
（八一）喜田貞吉（一九二〇）夷三郎考『福神』宝文館（一九七六）九六～一五五ページ
（八二）北原進他編（一九七八）『角川日本地名大辞典』一三　角川書店
（八三）木村繁（一九五九）『筑波山』崙書房
（八四）九州河童の会編（一九九三）『九州河童紀行』葦書房
（八五）金野静一（一九八二）『いわて河童物語』熊谷印刷出版部
（八六）楠本正康（一九八一）『こやしと便所の生活史』ドメス出版
（八七）熊井保・大賀妙子編（一九八九・九〇）『江戸幕臣人名事典』一～四　新人物往来社
（八八）黒沢幸三（一九七六）『日本古代の伝承文学の研究』塙書房

(八九) 黒田日出男（一九八六）『姿としぐさの中世史』平凡社
(九〇) 礫川全次（一九九二）『サンカと説教強盗』批評社
(九一) 小泉丹（一九四二）『科学的教養』大日本出版
(九二) 小泉丹（一九五一）河童考『自然』六 五号 八六～九一ページ、六号 五四～六一ページ
(九三) 国史大辞典編集委員会編（一九七九～一九九三）『国史大辞典』一～一四 吉川弘文館
(九四) 古在由直（一八九二）足尾銅山鉱毒の研究『農学会報』一六号 五五～九六ページ
(九五) 小島昭生（一九九二）私的教示
(九六) 小島貞二（一九九〇）『雷電為右衛門』上・下 學藝書林
(九七) 呉秀三（一九二六）『シーボルト先生其生涯及功業』名著刊行会（一七七九）
(九八) 後藤光秀（一九九三）福岡市の河童伝説 九州河童の会編『九州河童紀行』葦書房 四五～五一ページ
(九九) 五野井隆史（一九八三）『徳川初期キリシタン史の研究』吉川弘文館
(一〇〇) 小林忠（一九八八）島崎旦良と十六羅漢図『島崎旦良』町田市立博物館 四～七ページ
(一〇一) 小松和彦（一九八五）『異人論』青土社
(一〇二) 小松茂美（一九九〇）『華厳祖師絵伝』中央公論社
(一〇三) 小宮豊隆（一九三三）ドイツの河童 小宮他『河童随筆』中央公論社（一九五五）九二～一〇一ページ
(一〇四) 小宮豊隆（一九三五）河童の誕生 小宮他『河童随筆』中央公論社（一九五五）六三

〜九一ページ
（一〇五）コーン、N.（一九七六）『魔女狩りの社会史』山本通訳　岩波書店（一九八三）
（一〇六）今野円輔（一九五七）『怪談』社会思想社・現代教養文庫
（一〇七）斉藤純（一九八六）佐渡島・相川のエビス信仰　北見俊夫編『恵比寿信仰』雄山閣（一九九一）九一〜一〇一ページ
（一〇八）斉藤次男（一九九四）『河童アジア考』彩流社
（一〇九）佐伯修（一九九〇）旅の始まりと終わりの風景『マージナル』六　一九九〜二一三ページ
（一一〇）坂口筑母（一九九一）『幕末昌平校官学派の詩人たち』二　幕末維新儒者文人小伝刊行会
（一一一）佐藤誠実他編（一九一〇）『古事類苑動物部』吉川弘文館（一九七〇）
（一一二）佐野大和（一九八三）午　大場磐雄『十二支のはなし』ニュー・サイエンス社　一〇七〜一一四ページ
（一一三）沢史生（一九八七）『闇の日本史　河童鎮魂』彩流社
（一一四）澤田瑞穂（一九八四）『芭蕉扇』平河出版社
（一一五）篠原徹（一九七五）木地師聞書『岡山理科大学蒜山研究所研究報告』一　三一〜四六ページ
（一一六）柴達彦（一九八六）『鯨と日本人』洋泉社
（一一七）島津久基（一九二九）『羅生門の鬼』平凡社・東洋文庫（一九七五）

（二八）清水盛栄（一九七五）『ニッポンカワウソ物語』愛媛新聞社
（二九）下野敏見（一九八九）エビスと水死体　北見俊夫編『恵比寿信仰』雄山閣（一九九一）二一七～二二五一ページ
（三〇）白井光太郎（一九〇九）東洋博物学の泰斗小野蘭山先生の百年記念遺物展覧会について『白井光太郎著作集』一　科学書院（一九八五）三〇九～三二二ページ
（三一）白井光太郎（一九三四）『改訂増補日本博物学年表』大岡山書店
（三二）白井光太郎（不明）本草百家伝　『白井光太郎著作集』六　科学書院（一九九〇）九～一四一ページ
（三三）白鳥庫吉（一九一五）古伝説に見えたる和邇について『白鳥庫吉全集』二　岩波書店（一九七〇）四七～五九ページ
（三四）城田吉六他（一九八六）純真女子短大国文科編『九州の河童』葦書房
（三五）城福勇（一九七一）『平賀源内』吉川弘文館
（三六）神野善治（一九八三）建築儀礼と人形『日本民俗学』四六　一五～四〇ページ
（三七）菅野雅雄（一九七七）日本神話と和珥氏　講座日本の神話編集部編『日本神話と氏族』有精堂　二四～四〇ページ
（三八）杉仁（一九九二）吉田芝渓の開発活動と朱子学批判の思想『早稲田実業学校研究紀要』二六　七一～八三ページ
（三九）杉仁（一九九三）在村文化の交流圏と階層の構造『民衆史研究』四五　四三～六二ページ

（一三〇）杉仁（一九九五）在村文化の地域展開　紙屋敦之他『日本の近世』梓出版社　一八一～二〇九ページ
（一三一）杉本勲（一九七三）広瀬旭荘と江戸の蘭学者群像『蘭学資料研究会研究報告』二七二号　三九～五〇ページ
（一三二）鈴木棠三編注（一九七二）根岸鎮衛『耳袋』一　平凡社・東洋文庫
（一三三）鈴木棠三（一九八二）『日本俗信辞典　動・植物編』角川書店
（一三四）首藤助四郎（一九九〇）近世日田の政治　日田市編『日田市史』日田市　一八五～二三九ページ
（一三五）関敬吾（一九六六）『昔話の研究』至文堂
（一三六）瀬戸内海歴史民俗資料館（一九七九・八〇）瀬戸内のエビス信仰　北見俊夫編『恵比寿信仰』雄山閣（一九九一）七九～九〇ページ
（一三七）千石正一（一九九四）私的教示
（一三八）大日本人名辞書刊行会（一九三七）『大日本人名辞書』一～五　講談社・学術文庫（一九八〇）
（一三九）高木正年（一八八三）本草図説水産部序　高木春山『本草図説・水産』リブロポート（一九八八）一四～一五ページ
（一四〇）高田勝重（一九九五）私的教示
（一四一）高田衛（一九九一）『江戸の悪霊祓い師』筑摩書房
（一四二）高橋明彦（一九九四）昌平黌の怪談仲間『江戸文学』一二　一二六～一四一ページ

（一四三）竹内利美（一九七四）馬の民俗　森浩一編『馬』社会思想社　一五五～一八一ページ

（一四四）竹田旦（一九四九）水神信仰と河童　大島建彦編『河童』岩崎美術社（一九八八）七～一六ページ

（一四五）只野潤（一九七九）サンカ聞き書　谷川健一編『サンカとマタギ』三一書房（一九八九）一〇五～一一三ページ

（一四六）立花隆（一九九四）『臨死体験』上・下　文藝春秋

（一四七）橘輝政（一九六九）『日本医学先人伝』日本医事薬業新報社

（一四八）田中晃（一九九〇）日田の文化　日田市編『日田市史』日田市　四三五～四八八ページ

（一四九）田中晃（一九九三）私的教示

（一五〇）田中勝也（一九八七）『サンカ研究』新泉社

（一五一）田中宣一（一九七九）エビス信仰の伝播と神去来伝承の複雑化　宮本袈裟雄編『福神信仰』雄山閣（一九八七）一九一～二〇五ページ

（一五二）千葉徳爾（一九四九）田仕事と河童　大島建彦編『河童』岩崎美術社（一九八八）一七～四四ページ

（一五三）塚本学（一九八三）『生類をめぐる政治』平凡社

（一五四）塚本学（一九九〇）基層信仰への動物観からの視点　国立歴史博物館共同研究口頭発表

（一五五）塚本善隆他編（一九三三～三六）『望月仏教大辞典』一～五　世界聖典刊行会

（一五六）次田真幸（一九七五）海幸山幸神話の形成と安曇連　伊藤清司他編『日本神話研究』三　学生社（一九七七）

(一五七) 津田左右吉(一九一九)『古事記及び日本書紀の新研究』洛陽堂
(一五八) 津田左右吉(一九二四)『神代史の研究』岩波書店
(一五九) 鶴内孝之(一九九五) 私的教示
(一六〇) 東京大学史料編纂所編纂(一九六三~六五)『大日本近世史料 柳営補任』一~六 東京大学出版会
(一六一) 徳島県相撲連盟編(一九七一)『阿波相撲史』徳島県出版文化協会
(一六二) ド・フリース、アド(一九七四)『イメージ・シンボル事典』山下主一郎他訳 大修館書店(一九八四)
(一六三) 中城直正(一九〇九) 羽倉簡堂『歴史地理』一三 六号 二三~三〇ページ
(一六四) 永田恵十郎(一九九一) 灌漑社会とかっぱ 河童連邦共和国監修『日本のかっぱ』桐原書店 五四ページ
(一六五) 長沼賢海(一九一六) 夷神の根源『日本宗教史の研究』教育研究会(一九二八) 三八九~四二四ページ
(一六六) 長沼賢海(一九二八)『日本宗教史の研究』教育研究会
(一六七) 中村禎里(一九七九)『回転する円のヒストリア』朝日新聞社
(一六八) 中村禎里(一九八四)『日本人の動物観』海鳴社
(一六九) 中村禎里(一九八七)『日本動物民俗誌』海鳴社
(一七〇) 中村禎里(一九八八) キツネ憑き仮考『朱』三二号 三四~五四ページ
(一七一) 中村禎里(一九八九)『動物たちの霊力』筑摩書房

(一七二) 中村禎里（一九九〇）『狸とその世界』朝日新聞社
(一七三) 中村禎里（一九九一）鰐の系譜『図書』五〇六号 二八～三二ページ
(一七四) 中村禎里（一九九二）河童の成長『図書』五一八号 一二～一七ページ
(一七五) 中村禎里（一九九三）筑後 河童の旅『教育じほう』五四一号 一一～一四ページ
(一七六) 中村禎里（一九九四）栗本丹洲『千蟲譜』の原初型について『科学史研究』一九〇号 八五～八七ページ
(一七七) 中村禎里（一九九五）設楽芝陽は実在したか『生物学史研究』五九号 三三～四〇ページ
(一七八) 中村希明（一九七九）『怪談の科学』講談社
(一七九) 中山太郎（一九二二）ゑびす異神考『日本民俗学』三 大和書房（一九七七）二二七～二三六ページ
(一八〇) 西川修（一九三八）祈禱性精神病の臨床的研究『森田教授追悼論文集』二六五～三二三ページ
(一八一) 西田正秋（一九六三）雲八幡探訪記『河童考』（未刊ノート）一三～一四ページ
(一八二) 西村康（一九八八）私的教示
(一八三) 新田一郎（一九九四）『相撲の歴史』山川出版社
(一八四) 二宮朔山（一九八八）『岡山の相撲』日本文教出版
(一八五) 日本古典文学大辞典編集委員会編（一九八六）『日本古典文学大辞典簡約版』岩波書店
(一八六) 丹羽基二（一九七四）『神紋』秋田書店

(一八七) 野口武徳（一九六七）海上漂泊民の陸地定着過程 『漂海民の人類学』弘文堂（一九八七）二六一〜二八九ページ
(一八八) 羽倉敬尚（一九六八）羽倉簡堂について 鈴木淳編『近世学芸論考』明治書院（一九九二）二六〇〜二六九ページ
(一八九) 橋本博編（一九六五）『改訂増補大武鑑』上・中・下 名著刊行会
(一九〇) 秦政博（一九九〇）近世日田の生産活動 日田市編『日田市史』日田市 四〇四〜四三四ページ
(一九一) 服部四郎編（一九六四）『アイヌ語方言辞典』岩波書店
(一九二) 馬場稔（一九九四）私的教示
(一九三) 浜田義一郎（一九六三）『大田南畝』吉川弘文館
(一九四) 浜田隆一（一九三二）『天草島民俗誌』郷土研究社
(一九五) 原正幸（一九九三・九四）私的教示
(一九六) 日田市教育委員会（一九五八）森春樹とその遺稿蓬生談について 森春樹『蓬生談』上 日田市教育委員会
(一九七) 日野巌（一九二六）『動物妖怪譚』養賢堂
(一九八) 廣瀬先賢顕彰会（一九七三）『日田廣瀬家三百年の歩み』廣瀬先賢顕彰会
(一九九) 福間悦夫（一九七六）睡眠・夢・幻覚『臨床精神医学』五 一三号 一〇九〜一一六ページ
(二〇〇) 福本和夫（一九六〇）『日本捕鯨史話』法政大学出版局

（二〇一）富士川游（一九一七）南蛮流外科『富士川游著作集』八 思文閣出版（一九八一）四五二～四七〇ページ
（二〇二）富士川游（一九〇四）『日本医学史 決定版』形成社（一九七四）
（二〇三）藤縄昭（一九七六）自己像幻視とドッペルゲンガー『臨床精神医学』五 一三号 七三～八四ページ
（二〇四）ブラッカー、C.・ローウェ、M.編（一九七五）『古代の宇宙論』矢島祐利・矢島文夫訳 海鳴社（一九七六）
（二〇五）古島敏雄（一九五六）『日本農業史』岩波書店
（二〇六）宝月圭吾（一九六七）中世の産業と技術『岩波講座 日本歴史』八 七九～一〇八ページ
（二〇七）星野村教育委員会編（一九八九）『星野村の文化財』星野村教育委員会
（二〇八）松井章（一九九二）便所発見が示す考古学の方向『朝日新聞』七月二三日付夕刊
（二〇九）松井章（一九九五）古代・中世の村落における動物祭祀『国立歴史民俗博物館研究報告』六一集 五五～七一ページ
（二一〇）松岡英夫（一九八一）『岩瀬忠震』中央公論社・新書
（二一一）松田唯雄（一九四七）『天草近代年譜』国書刊行会（一九七三）
（二一二）松谷みよ子（一九八五）『河童・天狗・神かくし』立風書房
（二一三）松永伍一（一九七三）『平家伝説』中央公論社・新書
（二一四）松前健（一九七四）『古代伝承と宮廷祭祀』塙書房
（二一五）松前健（一九七六）『出雲神話』講談社現代新書

(三六) 松村武雄（一九五八）『日本神話の研究』四　培風館
(三七) 松本信広（一九三〇・三一）豊玉姫伝説の一考察『日本神話の研究』平凡社・東洋文庫（一九七一）三九〜九〇ページ
(三八) 松本信広（一九四二）和邇其他爬虫類名義考『東亜民族文化論攷』誠文堂新光社（一九六八）六九一〜七二〇ページ
(三九) 松山義雄（一九七七）『続　狩りの語部』法政大学出版局
(三〇) 丸山学（一九五四）『熊本県民俗誌』日本談義社
(三一) 丸山学（一九六五）山童伝承　谷川健一編『妖怪』三一書房　一三〜五一ページ
(三二) 三田元鍾（一九四一）『切支丹伝承』宝文館出版（一九七五）
(三三) 道北昭介（一九九三）宮崎県の河童　九州河童の会編『九州河童紀行』葦書房　二五三〜二五五ページ
(三四) 南方熊楠（一九〇〇）本邦における動物崇拝『南方熊楠全集』二　平凡社（一九七一）七七〜九六ページ
(三五) 南方熊楠（一九一六）俵藤太龍宮入りの譚『十二支考』一　平凡社・東洋文庫（一九七二）一一九〜二二九ページ
(三六) 南方熊楠（一九一八）馬に関する民俗と伝説『十二支考』二　平凡社・東洋文庫（一九七三）三〜一五五ページ
(三七) 無署名（一九八五）装飾馬具　古代の世界凝縮『朝日新聞』一二月一五日付
(三八) 無署名（一九九三）ヒョウタンからカエルの骨出土『産経新聞』大阪版一二月七日付

(二二九) 村上直（一九六三）『代官幕府を支えた人々』人物往来社
(二三〇) 本村悟（一九七八）水田土壌中における鉄の意義 鉄の過剰と欠乏 川口桂三郎編『水田土壌学』講談社 二九九〜三〇三ページ
(二三一) 森浩一（一九六六）大阪府船橋出土の弥生式土器の絵画『古代史研究』四五 八ページ
(二三二) 森浩一（一九七四）考古学と馬 森浩一編『馬』現代思想社 四三〜八六ページ
(二三三) 森豊（一九七六）『龍』六興出版
(二三四) 森田誠一（一九六五）サンカ（山窩）考 谷川健一編『サンカとマタギ』三一書房（一九八九）一一五〜一二三ページ
(二三五) 森田正馬（一九二八）『迷信と妄想』実業之日本社
(二三六) 盛田嘉徳（一九七四）『中世賤民と雑芸能の研究』雄山閣出版
(二三七) 柳田國男（一九一一・一二）「イタカ」及び「サンカ」『定本柳田國男集』四 筑摩書房（一九六八）四七三〜四九二ページ
(二三八) 柳田國男（一九一三）所謂特殊部落ノ種類『定本柳田國男集』二七 筑摩書房（一九七〇）三七〇〜三八七ページ
(二三九) 柳田國男（一九一四）毛坊主考『定本柳田國男集』九 筑摩書房（一九六九）三三三〜四一六ページ
(二四〇) 柳田國男（一九一四）『山島民譚集』『定本柳田國男集』二七 筑摩書房（一九七〇）四一〜一七九ページ
(二四一) 柳田國男（一九二〇）秋風帖『定本柳田國男集』二 筑摩書房（一九六八）一四五〜

一八一ページ
（二四二）柳田國男（一九二〇） 神を助けた話 『定本柳田國男集』一二 筑摩書房（一九六九） 一六五〜二一一ページ
（二四三）柳田國男（一九二九） 唾を 『定本柳田國男集』一八 筑摩書房（一九六九） 一五九〜一六八ページ
（二四四）柳田國男（一九三〇） 海神少童（『桃太郎の誕生』角川文庫に所収） 『定本柳田國男集』八 筑摩書房 三七〜七四ページ
（二四五）柳田國男（一九三二） 盆過ぎメドチ談（『妖怪談義』講談社学術文庫に所収） 『定本柳田國男集』四 筑摩書房（一九六八） 三四五〜三五五ページ
（二四六）柳田國男（一九三四） 川童の渡り（『妖怪談義』講談社学術文庫所収） 『定本柳田國男集』四 筑摩書房（一九六八） 三三五〜三三八ページ
（二四七）柳田國男（一九四二） こども風土記 『定本柳田國男集』二一 筑摩書房（一九七〇） 一〜六八ページ
（二四八）柳田國男（一九四四） 火の昔 『定本柳田國男集』二一 筑摩書房（一九七〇） 一四九〜二七六ページ
（二四九）矢野憲一（一九八一） 『魚の民俗』雄山閣
（二五〇）耶馬渓町役場（一九九三） 私的教示
（二五一）山中耕作（一九八四） 水天宮 谷川健一編『日本の神々』一 白水社 二一六〜二二四ページ

(二五二) 山中耕作（一九八七）筑後川　民俗　牧田茂等監修『日本の川——自然と民俗』II　新公論社　一八〇〜三二四ページ
(二五三) 山中耕作他（一九八七）『日本伝説大系』一三　みずうみ書房
(二五四) 山中登（一九五六）『河童ものがたり』河出書房
(二五五) 吉井町教育委員会（一九九三）高橋神社（立札）
(二五六) 吉井町役場（一九九二）私的教示
(二五七) 吉田小五郎（一九五四）『キリシタン大名』至文堂
(二五八) 吉行瑞子（一九九四）私的教示
(二五九) 若尾五雄（一九七二）河童の荒魂『近畿民俗』五六号　一三三四〜一三四九ページ
(二六〇) 若尾五雄（一九八九）『河童の荒魂』堺屋図書
(二六一) 和歌森太郎（一九六四）『山伏』中央公論社・新書
(二六二) 渡辺一郎編（一九六九）『徳川幕府大名旗本役職武鑑』一〜四　柏書房
(二六三) 和田寛（一九九一）伝承かけめぐり　河童連邦共和国監修『日本のかっぱ』桐原書店
(二六四) 祖谷勝紀編（一九九四）『週刊朝日百科　動物たちの地球』一三一　朝日新聞社　一三一二七ページ

古代・中世・近世文献の出所

筆者が直接見た文献をほぼ年代順にならべた。活字本と影印本は編者・発行所・発行年などを記したほか、文献名と参照した書名がことなるばあいは、書名も示した。板本および写本は所蔵機関の名をあげた。

古事記：倉野憲司・武田祐吉校注『古事記・祝詞』日本古典文学大系一　岩波書店　一九五八
日本書紀：坂本太郎他校注　上・下　日本古典文学大系六七・六八　岩波書店　一九六七・六五
出雲国風土記：秋本吉郎校注『風土記』日本古典文学大系二　岩波書店　一九五八
肥前国風土記：秋本吉郎校注『風土記』日本古典文学大系二　岩波書店　一九五八
続日本紀：黒板勝美他編　前・後　国史大系　吉川弘文館　一九八一・二七九七
古語拾遺：安田尚道・秋本吉徳校注　新撰日本古典文庫四　現代思潮社　一九七六
日本霊異記：遠藤嘉基・春日和男校注　日本古典文学大系七〇　岩波書店　一九六七
鎮火祭祝詞：倉野憲司・武田祐吉校注『古事記・祝詞』日本古典文学大系一　岩波書店　一九五八
延喜式：黒板勝美・国史大系編集会編『交替式・弘仁式・延喜式前篇』・『延喜式中篇』・『延喜式後篇』吉川弘文館　一九八三〜八五

往生要集：石田瑞麿『源信』日本思想大系六　岩波書店　一九七〇
源氏物語：山岸徳平校注　一～五　日本古典文学大系一四～一八　岩波書店　一九五八～六三
大鏡：松村博司校注　日本古典文学大系二一　岩波書店　一九六〇
倭名類聚抄：正宗敦夫校訂　風間書房　一九七七
今昔物語集：山田孝雄他校注　一～五　日本古典文学大系二二～二六　岩波書店　一九五九～六

三

平家納経：京都国立博物館『平家納経と厳島の秘宝』京都国立博物館　一九七二
広田社歌合：塙保己一編『新校群書類従』八　名著普及会　一九二八
梁塵秘抄：川口久雄・志田延義校注『和漢朗詠集・梁塵秘抄』日本古典文学大系七三　岩波書店　一九六五
彦火々出見尊絵巻：小松茂美編『彦火々出見尊絵巻・浦島明神縁起』日本絵巻大成二二　中央公論社　一九七九
仲資王記：竹内理三編『続史料大成』二一　臨川書店　一九六八
宇治拾遺物語：渡辺綱也・西尾光一校注　日本古典文学大系二七　岩波書店　一九六〇
古事談：小林保治校注　上・下　現代思潮社　一九八一
宮寺縁事抄：東京帝国大学編『大日本古文書』家わけ四～五　東京帝国大学文科大学史料編纂掛　一九一三
耀天記：神道大系編纂会『神道大系・神社編』二九　日吉　神道大系編纂会　一九八三
八雲御抄：久曾神昇編『日本歌道大系』別巻三　風間書房　一九六四

古今著聞集：永積安明・島田勇雄校注　日本古典文学大系八四　岩波書店　一九六六
平家物語：高木市之助校注　上・下　日本古典文学大系三二・三三　岩波書店、一九五九・六〇／水原一校注　上・中・下　新潮日本古典集成　新潮社　一九七九〜八一
源平盛衰記：国民図書編『校注日本文学大系』一五・一六　国民図書　一九二六
一遍聖絵：小松茂美編『一遍上人絵伝』日本絵巻大成　中央公論社　一九七八
走湯山縁起：神道大系編纂会『神道大系・神社編』二一　三島・箱根・伊豆山　神道大系編纂会　一九九〇
徒然草：西尾実校注『方丈記・徒然草』日本古典文学大系三〇　岩波書店　一九五七
太平記：後藤丹治・釜田喜三郎校注　一〜三　日本古典文学大系三四—三六　岩波書店　一九六〇〜一九六二
下学集：古辞書叢刊刊行会編　原装影印版古辞書叢刊　雄松堂書店　一九七四／亀井孝校訂　岩波書店・文庫　一九四四
壒嚢抄：正宗敦夫編・校訂　現代思潮社　一九七七
さよ姫の草子：横山重編『室町時代小説集』昭南書房　一九四三
俵藤太物語：松本隆信校注『御伽草子集』新潮日本古典集成　新潮社　一九八〇
化物草子：国民図書編『校注日本文学大系』一九　国民図書　一九二五
甲賀三郎兼家：金井典美『諏訪信仰史』名著出版　一九八二
愛護若：荒木繁・山本吉左右編注『説経節』平凡社・東洋文庫　一九七三
信太妻：荒木繁・山本吉左右編注『説経節』平凡社・東洋文庫　一九七三

日本史：柳谷武夫訳　一〜五　平凡社・東洋文庫　一九六三〜七八
外療新明集：武田科学振興財団杏雨書屋蔵
日本覚書：ヨリッセン・松田毅一『フロイスの日本覚書』中央公論社・新書　一九八三
外療細塗：武田科学振興財団杏雨書屋蔵
日葡辞書：土井忠生他編訳『邦訳日葡辞書』岩波書店　一九八〇
慶長見聞録：原田伴彦他編『日本庶民生活史料集成』八　見聞集　三一書房　一九六九
小笠原系図：『続群書類従』五輯　経済雑誌社　一九〇四
尤の草紙：日本随筆大成編輯部『日本随筆大成』二期六　吉川弘文館　一九七四
清良記：松浦郁郎他訳・解題『日本農書全集』一〇　農山漁村文化協会　一九八〇
梅村載筆：日本随筆大成編輯部編『日本随筆大成』一期一　吉川弘文館　一九七五
南蛮源流金瘡書：実学資料研究会編『実学史研究』五　思文閣出版　一九八八
田園風俗図屏風：サントリー美術館『江戸のやまと絵』サントリー美術館　一九八五
諸国百物語：太刀川清校訂『百物語怪談集成』叢書江戸文庫二　国書刊行会　一九八七
宿直草：高田衛校訂『近世奇談集成』一　叢書江戸文庫二六　国書刊行会　一九九二
筑後地鑑：国立国会図書館蔵
紅毛外科療治集：著者蔵
会津農書：庄司吉之助他訳・解題『日本農書全集』一九　農山漁村文化協会　一九八二
百姓伝記：岡光夫・守田志郎訳・解題『日本農書全集』一六・一七　農山漁村文化協会　一九七九

百物語評判：太刀川清校訂『続百物語怪談集成』叢書江戸文庫二七　国書刊行会　一九九三
日本永代蔵：野間光辰校注『西鶴集』下　日本古典文学大系四八　一九六〇
死霊解脱物語聞書：高田衛校訂『近世奇談集成』一　叢書江戸文庫二六　国書刊行会　一九九二
小平物語：信濃史料刊行会編『新編信濃史料叢書』八　信濃史料刊行会　一九七四
農業全書：山田龍雄他訳・解題『日本農書全集』一二・一三　農山漁村文化協会　一九七八
本朝食鑑：島田勇雄訳注　一～五　平凡社・東洋文庫　一九七六～八一
食物和解大成：吉井始子編『食物本草本大成』一一　臨川書店　一九八〇
梨本書：早川純三郎編『戸田茂睡全集』国書刊行会　一九一五
善悪報はなし：吉田幸一解説『近世怪異小説』古典文庫　一九五五
拾遺御伽婢子：国書刊行会編『徳川文芸類聚』四　怪談小説　国書刊行会　一九七〇
新著聞集：日本随筆大成編輯部編『日本随筆大成』二期五　吉川弘文館　一九七四
耕稼春秋：堀尾尚志他訳・解題『日本農書全集』四　農山漁村文化協会　一九八〇
三河雀：早川純三郎編『近世文芸叢書』二　国書刊行会　一九一〇
大和本草：益軒会編『益軒全集』六　国書刊行会　一九七三
農事遺書：清水隆久他訳・解題『日本農書全集』五　農山漁村文化協会　一九七八
扶桑紀勝：益軒会編『益軒全集』七　国書刊行会　一九七三
和漢三才図会：和漢三才図会刊行委員会編　上・下　東京美術　一九七〇
金瘡秘伝集：国立公文書館内閣文庫蔵
本草補苴：東京大学総合図書館蔵

雲陽誌：蘆田伊人編『大日本地誌大系・雲陽誌』雄山閣　一九三〇
北肥戦誌：国史研究会編『国史叢書・北肥戦誌』一・二　国史研究会　一九一八
小林新助芝居公事扣：盛田嘉徳『中世賤民と雑芸能の研究』雄山閣　一九七四
二川随筆：日本随筆大成編輯部編『日本随筆大成』二期九　吉川弘文館　一九七四
太平百物語：太刀川清校訂『百物語怪談集成』叢書江戸文庫二　国書刊行会　一九八七
御伽厚化粧：国書刊行会編『徳川文芸類聚』四　怪談小説　国書刊行会　一九七〇
朝野雑載：益軒会編『益軒全集』八　国書刊行会　一九七三
筑後楽由来：牧田茂他監修『日本の川――自然と民俗』二　新公論社　一九八七
音楽縁起：福岡県吉井町「土蔵」蔵
天御前伝：宮内庁書陵部蔵
玉滴隠見：史籍研究会編『談海・玉滴隠見』汲古書院　一九八五
御伽空穂猿：国書刊行会編『徳川文芸類聚』四　怪談小説　国書刊行会　一九七〇
老媼茶話：高田衛校訂『近世奇談集成』一　叢書江戸文庫二六　国書刊行会　一九九二
諸国里人談：日本随筆大成編輯部編『日本随筆大成』二期二四　吉川弘文館　一九七五
化物よめ入り：鈴木重三・木村八重子編『近世子どもの絵本集・江戸篇』岩波書店　一九八五
本朝俗諺志：国立国会図書館蔵
虚実雑談集：宮内庁書陵部蔵
諸州奇事談：国立国会図書館蔵
寓意草：大田蜀山人編『三十輻』三　大東出版社　一九三九

日本書紀通證：小島憲之解題一〜三　臨川書店　一九七八
是は御ぞんじばけ物にて御座候：鈴木重三・木村八重子編『近世子どもの絵本集・江戸篇』岩波書店　一九八五
西播怪談実記：国立国会図書館蔵
日本山海名物図会：樋口秀雄解説　名著刊行会　一九七九
怪談老の杖：森銑三他監修『新燕石十種』五　中央公論社　一九八一
越後名寄：今泉省三・真水淳編『越佐叢書』一六　野島出版　一九八〇
濃陽志略：国立国会図書館蔵
広大和本草：国立国会図書館蔵
博多細伝実録：宮内庁書陵部蔵
市井雑談集：国立国会図書館蔵
根奈志具佐：平賀源内先生顕彰会編『平賀源内全集』上　名著刊行会　一九七〇
石原家記（抄）：伊藤尾四郎編『福岡県史資料』二　名著出版　一九七二
怪談笈日記：西尾市立図書館岩瀬文庫蔵
越の風車：今泉鐸次郎他編『越佐叢書』六　野島出版　一九七四
物類称呼：東條操校訂　岩波書店・文庫　一九四一
和訓栞後編：『増補語林和訓栞後編』名著刊行会　一九七三
筑後志：宮内庁書陵部蔵
画図百鬼夜行：田中初夫編　渡辺書店　一九六八

龍門の滝続編：中野三敏・肥田晧三編『近世子どもの絵本集・上方篇』岩波書店　一九八五
狂斎雑録：『水虎考略後編』所収
松前志：大友喜作編『北門叢書』二　北光書房　一九四三
秋田のかりね：内田武志・宮本常一編『菅江真澄全集』一　未來社　一九七一
東遊記：大友喜作編『北門叢書』二　北光書房　一九四三
私家農業談：広瀬久雄・米原寛訳・解題『日本農書全集』六　農山漁村文化協会　一九七九
笈埃随筆：日本随筆大成編輯部編『日本随筆大成』二期一二　吉川弘文館　一九七四
御仕置五人組帳：深町清吉編『天領日田』第一一・一二合併号　天領日田を見直す会　一九九二
西遊記：宗政五十緒編・校注『東西遊記』二　平凡社・東洋文庫　一九七四
譚海：原田伴彦他編『日本庶民生活史料集成』八　見聞記　三一書房　一九六九
蒹葭堂雑録：日本随筆大成編輯部編『日本随筆大成』一期一四　吉川弘文館　一九七五
閑窓自語：日本随筆大成編輯部『日本随筆大成』二期八　吉川弘文館　一九七四
卯花園漫録：森銑三監修『新燕石十種』五　中央公論社　一九八一
梅翁随筆：日本随筆大成編輯部編『日本随筆大成』二期一二　吉川弘文館　一九七四
野翁物語：国立国会図書館蔵
蕉斎筆記：早川純三郎編『百家随筆』三　国書刊行会　一九一八
諸国便覧：国立国会図書館蔵
本草綱目啓蒙：杉本つとむ編　早稲田大学出版部　一九七四
妖怪変化絵巻：町田市立博物館『島崎旦良』町田市立博物館　一九八八

ありのまま：国立国会図書館蔵
鯨史稿：大矢真一解説　江戸科学古典叢書二　恒和出版　一九七六
蝦蟇妙伝：国立国会図書館蔵
蝦蟇妙伝後編　桜ケ池：国立国会図書館蔵
栗氏蟲譜：無窮会神習文庫蔵
栗氏千蟲譜：小西正泰解説　江戸科学古典叢書四一　恒和出版　一九八二
祇園社年中行事：日本祭礼行事集成刊行会編『日本祭礼行事集成』三　平凡社　一九七〇
耳袋：森銑三・鈴木棠三編『日本庶民生活史料集成』一六　奇談・紀聞　三一書房　一九七〇
北斎漫画：永田正慈監修『北斎漫画』一　岩崎美術社　一九八六
人狐辨惑談：森嘉兵衛・谷川健一編『日本庶民生活史料集成』七　飢饉・悪疫　三一書房　一九七〇
河童真図：明石市立文化博物館蔵
蓬生譚：森銑三他編『随筆百花苑』一五　中央公論社　一九八一
水虎説：国立国会図書館蔵
文政元年六月醫學館博物会手扣：武田科学振興財団杏雨書屋蔵
日養食鑑：吉井始子編『食物本草本大成』一二　臨川書店　一九八〇
水虎考略：宮内庁書陵部蔵他
水虎考略丹洲増訂本：西尾市立図書館岩瀬文庫蔵他
一話一言：日本随筆大成編輯部編『日本随筆大成』別巻一～六　吉川弘文館　一九七八

耽奇漫録：小出昌洋解題　上・下　吉川弘文館　一九九三
南蛮秘伝集：著者蔵
芸藩通志：一　芸藩通志刊行会　一九〇五
甲子夜話：中村幸彦・中野三敏校訂　一～六　平凡社・東洋文庫　一九七七・七八
下問雑載：福岡県立図書館蔵
信濃奇談：鈴木棠三編『日本庶民生活史料集成』一六　奇談・紀聞　三一書房　一九七〇
宝暦現来集：早川純三郎編『近世風俗見聞集』三　国書刊行会　一九一三
秋風庵月化集：広瀬貞治編　広瀬貞治　一九二六
蓬生談：大分県日田市教育委員会編　上・中・下　日田市教育委員会　一九五八～六〇
百鬼夜行絵巻：『別冊太陽』日本の妖怪　一九八七
甲子夜話続篇：中村幸彦・中野三敏校訂　一～八　平凡社・東洋文庫　一九七九～八一
水虎之図：『別冊太陽』日本の妖怪　一九八七
水虎譜：東洋文庫蔵
見世物雑志：森銑三他監修『新燕石十種』五　中央公論社　一九八一
観文獣譜：東洋文庫蔵
化けものがたり：鈴木重三・木村八重子編『近世子どもの絵本集・江戸篇』岩波書店　一九八五
談怪阿萬擴：『水虎考略後編』所収
水虎新聞雑記：『水虎考略後編』所収
水虎考略後編：宮内庁書陵部蔵他

三養雑記：日本随筆大成編輯部編『日本随筆大成』二期六　吉川弘文館　一九七四
甲子夜話三篇：中村幸彦・中野三敏校訂　一〜六　平凡社・東洋文庫　一九八二・八三
水虎図：東京国立博物館蔵
合類水虎図：無窮会神習文庫蔵
安倍氏水虎説：西尾市立図書館岩瀬文庫蔵
さへづり草：一致堂書店　一九一一
筠庭雑録：日本随筆大成編輯部『日本随筆大成』二期七　吉川弘文館　一九七四
水虎奇譚：西尾市立図書館岩瀬文庫蔵
水虎伝：西尾市立図書館岩瀬文庫蔵
本草図説：西尾市立図書館岩瀬文庫蔵
水虎十弐品之図：国立国会図書館蔵
水虎相伝妙薬まじない：河童連邦共和国監修『日本のかっぱ』桐原書店　一九九一
利根川図志：柳田國男校訂　岩波書店・文庫　一九三八
虫類図説：国立公文書館内閣文庫蔵他
河伯考：宮内庁書陵部蔵

創世記：関根正雄訳『旧約聖書・創世記』岩波書店・文庫　一九五六
荘子：小川環樹編『老子・荘子』世界の名著四　中央公論社　一九六八
准南子：戸川芳郎他訳『准南子・説苑（抄）』中国古典文学大系六　平凡社　一九七四

説文解字：四部叢刊初編経部　上海商務印書館　一九二二
幽明録：胡珽他校『琳琅秘室叢書』三集　一八五四／前野直彬他訳『幽明録・遊仙窟』平凡社・東洋文庫　一九六五
水経注：楊家駱他編　世界書局　一九六九
本草綱目：上・下　人民衛生出版社　一九八二

図の出所

（1）文献名が、図の説明に入っているときには、あらためて本項には出所を記さなかった。
（2）図の出所が、「古代・中世・近世文献の出所」の文献の出所と同じばあいには、文献名のみを示した。
（3）図が上記リストにあげた文献にあるが、図の直接の出所はこれと異なるばあいは、その出所名もあげた。
（4）図が「文献（明治以後）」の文献によるばあいは、当該文献の番号を示した。
（5）図が本書のオリジナルであるばあいは、出所をあげなかった。

図3　二三一
図13　左・中図　一八六
図14　甲子夜話　平凡社フォトライブラリー
図19　水虎考略丹洲増訂本池底本
図21　（あ）甲子夜話　平凡社フォトライブラリー　（い）筠庭雑録　（う）河童真図　原正幸氏
図22　原田伴彦編『江戸時代図誌二二　西海道二』筑摩書房（一九七六）

図23 （e）虚実雑談集 （ク）水虎考略古賀本
（あ）甲子夜話 平凡社フォトライブラリー
（う）河童真図 原正幸氏
（え）・（お）・（か）・（き）水虎譜
（ゼ）・（フ）水虎考略後編 （ソ）水虎説
（ツ）・（ヌ）水虎考略丹洲増訂本池底本
スッポンの腹部 自然環境センター 千石正一氏
図32 水虎説
図34 水虎考略丹洲増訂本池底本
図35 （a）和漢三才図会 （ウ）・（オ）水虎説
（チ）水虎考略丹洲増訂本池底本
図37 （β）・（γ）・（δ）水虎考略後編 （ε）耽奇漫録
図38 セゾン美術館等編『ポルトガルと南蛮文化展』日本放送協会（一九九三）
図43 藤沢衛彦『日本伝説研究』八 三笠書房（一九三五）
図45 （m）見世物雑志 （n）水虎説都立本 （o）七一
（p）・（q）・（r）平凡社フォトライブラリー
（s）北斎漫画 （t）百鬼夜行絵巻 （u）化けものがたり
（v）妖怪変化絵巻

あとがき

「よほど河童がお好きなのでしょう」とよく言われるが、河童が好きなのではない。河童の研究が好きなのだとさえも、自認できない。たまたま河童の住む流れにはまりこんでしまっただけのことである。私は旧制中学のおわりころ、理論物理学でもやりたいと恥ずかしげもなく思っていた。学生運動に熱中して最初の大学を追われたあと、母校となった都立大学では生物学をまなび、わずかの期間だがその研究の現場にもいた。博士課程では、生物学をやめて科学史の研究を勝手にやった。それを生物学の師匠や先輩・仲間が許してくれた。

それからずいぶん長く、私の専攻は科学史とみなされるようになった。現在の勤め先である立正大学も、科学史における仕事を認めて、私を専任教員に採用した。しかしそのあいだでも、私は科学史のセミプロと称していたつもりである。そしてこの一〇年あまりのあいだに、さまざまな事情が重なり私の関心は少しずつ科学史から遠ざかり、ふつうの歴史・民俗に関心をいだきはじめ、ついに河童の研究に到達した。いま「おまえの専攻は何か」と尋ねられれば、「専攻不定」または「専攻なし」と答えるほかない。以上が私のかんたんな研究履歴である。

自分でふりかえってみると、この履歴から二つの結論が得られそうである。第一には、私は特定のテーマにたいして執着する型のものではない。たまたま興味をいだいた関心事について解明を試み、自分なりの考えを持つことに喜びを感じる人間である。そしてテーマは、かなり偶然のきっかけで決まる。私はいかなる分野の専門家にもならずにすんだ。第二に、にもかかわらず私の研究テーマの変遷のあとを追ってみると、ある一つの明瞭な傾向を認めざるを得ない。つまり、しだいしだいに関心の対象が、自然から人、なかんずくその心に移っていく。

河童は実在しない。ある時期・ある地域の人の心の産物である。だから人の心を訪ね歩く一所不住の旅における一つの仮の宿が、河童の住む川であったのも偶然ではないだろう。やはり私は、河童の研究が好きだったのかも知れない。「ああおもしろかった」というのが、研究を終えた今の偽らざる心境である。

本書において私が採用した方法上の問題について、いくらか弁解をしておく。

第一に、私が使用したのは書物によって伝えられた記録であった。これを用いて、河童の歴史を解明しようとした。しかし書承で伝えられるまえに、口承で広まっていた河童の話があったに違いない。この難点を無視し、文献のみによって編年する方法が妥当であるか。答は明確である。充分に妥当だとは言えない。けれども、河童のような空想的な存在の歴史を（図像などを含めた広義の）文献以外の手段で探求する方法があるか。ちなみに河童には遺物は原則として存在しない。

一般にこれまでの河童の研究には歴史的な視点が薄弱だったと思う。近年においては、構造主義の影響があるだろう。しかしそれ以前においても、民俗学者の研究には歴史的な問題意識が不足していた、と私は考えている。たとえば柳田國男があげる河童文献においても、近世各時期と明治以後の文献資料が、時の移りかわりを無視して並列されている。

そこで河童の研究に歴史をもちこむことを断念するのも一案だろう。しかし私はその途をとらない。完全な方法がないからといって、手をつかねているよりは、不完全な方法でもよいから、まず実行すること、それが私が生物学にかかわっていたときからの信条である。

河童の民話が書物に残る量は、いくつかの要因によって支配される。口承による流布量、それに知識人が関心をもつ選択率、選択された話が書物に掲載される比率、その書が現在まで残存する比率、などがそれである。このような要因を念頭におきつつ、文献を検討していけば、それなりの成果が得られるはずである。また河童そのものの話ではないが、これに関連する条件の歴史的な生起をも配慮すれば、もっと良い結果が得られるであろう。

つぎに本書において、河童の誕生や行動の意味を解明するため、乱暴なほど雑多な方法が利用されている。無原則ではないか、という批判があり得るだろう。この件についての答はつぎのとおり。第一に説明の保留は可能な限り少なくしたい。そのため、苦しまぎれにこねあげた説明があることを、否認はしない。第二に多くの事象は一元論によっては説明し得ない、と中年以後の私は考えるようになった。物理学と広義哲学のような分野にこそグランド・セオリーはふさわしい。しかしほかの分野にその発想をもちこみたがるのは、物理学・哲学を学問の典範と見上げる学者の悪しきさに由来するのではないか。河童のように存在しない存在についてはなおさらである。

最後にあと一つ、「エビス」の節や「平家の亡魂」の節では、それらが河童に直接には関係ないという結論にたっした。このようにもくろみに反した結論を生む考察は不要だ、との意見もあるだろう。実験科学には、ネガティヴ・データという概念がある。仮説に一致しなかったため、または意味づけが困難なため、せっかく得られたのに論文の作成材料に使えなかったデータである。このようなデータはふつう公表されない。そこで論文数を稼がなければならない研究者は、ネガティヴ・データがでにくい安全なテーマを選びがちになる。私は、セミプロ科学史家の立場から、ネガティヴ・データも公表し、学会をそれを業績として認めるべきである、と主張してきた。

さきにあげた「エビス」などの研究も、ネガティヴ・データを出した実験過程にほぼ相当する。仮説を支持しなかった調査結果の公表は、採用した仮説の限界を明らかにし、それを知らなかったばあい後続の研究者がなしたかもしれない無駄を省く意味もある。また本人が気がつかなかった意味づけの材料を、読者に提供する役割もはたしえるだろう。

なお本書の論点のいちぶは、文献表に掲げた拙論に既出であるが、その他のつぎの論文は本書のそれぞれの部分の原形をなしている。

河童の誕生『図書』五一〇号（一九九二）二八〜三二ページ……第一章五節のいちぶ

『水虎考略』略考（1）『立正大学教養部紀要』二六号（一九九二）七三〜八八ページ……第四章一節／第七章一・二・三節

『水虎考略』略考（2）『立正大学教養部紀要』二七号（一九九三）二一七〜二三七ページ……第四章二・四・五節／第五章一節

『水虎考略』略考（3）『立正大学教養部紀要』二八（最終）号（一九九四）一一七〜一三八ページ……第四章三節／第六章一節のいちぶ／第七章四・五・六・七・八節

河童の膏薬と南蛮流金瘡外科『イマーゴ』第五巻一一号（一九九四）八〜九ページ……第二章六節のいちぶ

河童伝承における人的要素『国立歴史民俗博物館研究報告』六一集（一九九五）八七〜一三五ページ……第四章六節／第五章二・三・四・五節／第六章二・三・四・五・六節

私が河童の研究を始めたとき、それまでこの小妖について読んでいた文献は、柳田の

『山島民譚集』・『妖怪談義』、折口信夫の「河童の話」、石田英一郎の『新版河童駒引考』、石川純一郎の『河童の世界』、それに民話集や随筆にでてくる河童の話くらいであった。それらをもとに、河童にかんする私の最初の仮説をノートに書きつけた日付は、一九九〇年一月六日である。爾来六年近くの月日が経過した。仕事の進行をにぶらせた一因が、私の心身の老化であることは言うまでもない。

あと一つの原因は、この間日本の大学、とくに教養部が経験した事件に関係がある。一九九一年に、大学の教養部の存続を可能にする法令的な基盤が消えた。私は勤め先の大学で、教養部解体後の適切な教育・研究組織をつくるため、無能をかえりみず努力したが失敗した。そのために費やした時間とエネルギーの分だけ、河童の研究に力を注ぐ余裕が失われた。しかし私は、そのことを悔いているわけでは決してない。「よけいなお節介をしてくれて、迷惑だった」と怒っている人も少なくないに違いない。彼らには申しわけないが、私にとっては、もっともよい生き方だったと思っている。

さきほど述べた私の研究履歴の大半は、立正大学教養部においてなされた。そこは、アナーキーと評する人があるほどリベラルな組織であった。しかも私はそこで、ふつうでは許されないていどに自由闊達に、あるいはそれを越えて傍若無人にふるまってきた。今回のまずしい著書を、なによりもまず、本年三月末に姿を消した立正大学教養部の、かつての同僚のかたがたに捧げなければならない。また私のそのような思想・性行を承知のうえで、拾ってくださった立正大学仏教学部に感謝したい。私の河童は教養部で誕生し、その場所で私とともに生き、私を楽しませつつ育ち、いま仏教学部において自立し、私から離れようとしている。

つぎにこの研究は、国立歴史民俗博物館共同研究『日本における基層信仰の研究』のうち「生命観――とくに人と動物との区別認識についての研究」のメンバーのかたがたとの討論、およびそのかたがたからのご教示を得て、進展することができた。専門性と勤め先と、二重の意味でアウトサイダーであった私にたいし与えられた寛容の雰囲気は、めったにないものであった。私が河童の育児に励んでいるとき、折にふれて育児法について助言をたまわったのが、このときの仲間である。

そのほか四〇年以上も前に学生運動で苦楽をともにした旧友から、河童歴訪の旅で知己となった新しい友人まで、じつに多くのかたがた・機関が、私の研究を支えてくださった。特殊な敬称を略するが、そのかたがた・機関のお名前を列記しておきたい。

秋永勝彦、穴井十郎、池田啓、石井正見、磯野直秀、今泉文子、梅木恒一、大内初夫、大塚智子、小原巌、小原秀雄、加藤隆、金子文夫、川上義夫、菊池清勝、北原進、鬼頭秀一、小島昭生、小松茂美、小松美彦、坂口筑母、坂本仁、下田順子、杉仁、首藤郁夫、千石正一、高田勝重、高橋明彦、高橋徹、田中晃、塚原正志、鶴内孝之、中村槙子、西田照見、馬場稔、速川和男、早河義幸、原正幸、森山秀二、吉松広延、吉行瑞子

天瀬町・浮羽町・田主丸町・日田市・星野村・耶馬渓町・吉井町の各市役所・役場および教育委員会

また河童の研究の途上、雑誌『図書』において中間報告をおこなう機会を提供してくださった、岩波書店の浦部信義氏にも心から感謝する。

最後になったが、拙稿を日本エディタースクール出版部に紹介してくださった塚本学氏、出版とそのための厄介な仕事を引き受けてくださった日本エディタースクール出版部の長井治氏に、つつしんで感謝の意を表したい。

一九九五年一二月三日

中村禎里

文庫解説

小松和彦

数多くの日本の妖怪たちの中でも、水辺に出没するという河童は、私たちにもっとも親しまれている妖怪である。

その主な形状は、小童の姿をしており、頭の頂には水をいれる皿状のくぼみが、背には亀の甲羅があり、その基本的な行動モチーフは、人や馬を水界に引き入れ、人の尻を撫でたり女性を犯したりする一方、人に力比べ（相撲）を挑んだり、水界に引きずり込もうとして逆に陸に引き上げられて捕らえられたり、腕を切り落とされたりする。またその結果、もう二度と悪さをしないとの詫び証文を書き、解放してもらったお礼に魚や宝物、手接ぎの秘法を伝授したりもするという。

抜群の知名度を誇る河童ではあるが、意外に思われるかもしれないが、古代から知られていた鬼や天狗などの妖怪とは異なり、河童が文献上に頻繁に登場してくるのは比較的新しく、近世以降のことである。

本書は、近世の関連文献を広く渉猟し、今日の河童のイメージがいかにして形成されたかを徹底的に考察した労作で、「日本史」と題されているが、正確には「近世における河童イメージの形成・変遷史」というべき内容となっている。二〇年以上も前の作品でありながら、現在でもまったく新鮮さを失っていない。

河童の研究は、それまで主に民俗学や文化人類学の領域でなされてきた。その嚆矢《こうし》は柳田國男の研究で、彼は『山島民譚集』の中で「河童駒引」と題する一章を設け、近世の文献を博捜しつつ、「河童家伝の妙薬」「馬を水中に引く河童」「河童の詑び証文」「河童の異名」などの特徴に注目し、次のような解釈を下した。上古の人びとは水の被害を水神によると考え、これを防ぐために、毎年、水神に馬を捧げるという祭祀を行った。ところが、その水神が英雄によって退治されるという伝説が物語るように、文化の発展によってそうした動物供儀の祭祀が廃されるようになった。しかし、従前の信仰の痕跡が残り、それが「魑魅魍魎《ちみもうりよう》の分際に退却した水神」としての「河童」であり、その典型的な痕跡が「河童の駒引き」(動物供儀の残影)である、と考えたのであった。

柳田の呼びかけに呼応して各地から報告された河童伝承を整理した石川純一郎の『河童の世界』も、民俗世界の河童伝承を俯瞰することができる便利な本であるが、河童の解釈に関しては、柳田の「水神零落説」に従っていた。

これに対して、本書の著者は、多くの事象からなる河童の性格は「一元論的には説明し得ない」と、「水神零落説」を脇に置き、「民俗学者の研究には歴史的な問題意識が不足していた、と私は考えている。たとえば柳田國男があげる河童文献においても、近世各時代と明治以後の文献資料が、時の移りかわりを無視して並列されている」と批判し、河童の歴史を探るにあたっては、「口承による流布量、それに知識人が関心をもつ選択率、選択されていない話が書物に掲載される比率、その書が現在まで残存する比率」などの要因を考慮しつつ、文献を検討していけば、それなりの成果が得られるはずだとの予想のもと、河童の歴史を多元的(多系的)に明らかにすることに挑戦したのであった。

すなわち、著者は、なによりもまず、河童の登場の背景として、近世という時代の自然環境や社会・文化的状況を考慮すべきだと説く。例えば、河童の出没場所は、用水路や堀、堰、人口灌漑などであることが多く、そうした場所での水難事故が、河童という新しい妖怪を幻想させた可能性が高く、「駒引き」という属性も農家への農耕用の馬の浸透がなければ成り立たないもので、そうした場所で馬を洗ったりしていたときに、たまに水界に巻き込まれるという被害があったことから生まれた属性だと考えるべきだとする。仮に柳田が推測したように、上古に馬の供儀があったとしても、実際に馬を供儀するのではなく、絵に描いた馬つまり「絵馬」で済ませる時代が何百年も続き、しかもその絵馬の本来の意味さえも忘れてしまった近世に、遥か昔の動物供儀を持ち出して「駒引き」を説明しようとするのは無理があると、著者は考えるのである。

こうした、なによりもまず、河童について語る人びとを取り囲む自然的・社会的・文化的環境のなかで河童を考察しようとする著者の研究姿勢は、文化人類学を学んできた著者には、とても好ましく思われる。

著者はまた、河童の姿かたちの形成に関して、動物的要素としてカワウソ、カメ類、サルなど、人的要素としては、山人、山窩、川の民、被差別民、異人（カトリック僧）などの影響を考慮する必要を説いている。ここでも著者は、河童の姿かたちを特定の要素に絞った一元論的解釈ではなく、多元（多系）的に理解すべきであることを強調する。河童のイメージは、地域偏差があるものの、こうした多様な要素が取捨選択・複合されて形成されたのである。

それでは、河童のイメージ・属性はどのように変化してきたのだろうか。本書の眼目ともいうべきこの点に関しては、著者は次の四つの段階に分けて整理している。

第一段階の近世初期（一七世紀）では、川の淵や用水、堀などで、人や馬を水中に引き込む、人間に捕らえられると祟る、人に憑いたり相撲を挑んだりする特徴がみられる。第二段階の一八世紀前半では、捕らえられた河童が謝罪して放免されたときのお礼として魚類を解放者に贈るとか、人間の女性と交わるといった属性が加わり、さらに第三段階の一八世紀後半になると、河童が手を切られ、その手を返してもらうお礼として手接ぎの妙薬を伝授するというエピソードが語られるようになる。そして第四段階の一八世紀末からは、それまでは忌避すべき存在であった河童を祀り上げるところも見られるようになり、九州地方では山と里の季節的去来という伝承も生まれ、昔話「龍宮童子」との関係もこの時期に生じた。

本書は、現在の私たちが理解している河童のイメージが、こうした発展段階を踏んで形成されたということを明らかにしたということだけでも、高く評価できるはずであるが、本書のもう一つの特徴は、さらに、近世の知識人、とくに本草学者（博物学者）たちの河童研究にも多くの紙面を割いていることである。

近世の本草学者たちは、早くから「河童」に類する「未確認動物」に関心をもち情報収集をしていた。例えば、日本最初の本格的本草書である『本朝食鑑』（一六九七年）にも、「鼈」（すっぽん）の項において、「老いるとものの けに変化する。これについてはまだ証明できない。ちかごろ、水辺に河童（かわろう）というものがおり、人を惑わす。これは大鼈の化したものであるといい、面は醜く、童のような形で、肌膚にはコブが多くあり、青黄色で、頭上に凹んだところがあって、つねに水を貯えている……」云々といった記述がなされている。ここでは、狐や狸が実在の動物ながら、齢を重ねることによって妖怪化すると考えられていたと同様に、鼈も年齢を重ねると妖怪化し、それが河童と呼ばれる存在なのだという俗説を記述している。これ以後も、本草書には、カワウソやサルのような実在動物の妖怪化あるいは未確認動物といったあいまいな記述をしつつ、河童のことが記載され続け、小野蘭山の『本草綱目啓蒙』（一八〇三年）はその集大成ともいえるものである。

しかしながら、その後さらに河童目撃者からの聞き取りやそれに基づく河童写生図なども収めた詳細な研究を試みた学者たちが現れた。その代表が昌平校の教師であった儒者・古賀侗庵《とうあん》とその周辺の人びとで、本書では、この古賀侗庵が著した『水虎考略』(一八三六年)の成立とその影響が驚くほどに詳細に考察され、当時の知識人の間に定着していった河童図の系譜まで明らかにされている。全七章から構成されている本書のうち、三章がこの『水虎考略』を中心にすえた考察で占められていることを考えると、おそらく著者がもっとも熱を入れて執筆した部分であったように思われる。

このように、本書は河童の歴史研究としてとても説得力のある内容になっているのだが、残念ながら、私たちがもっとも知りたい河童の重要な属性である「童形」に関する考察がほとんどなされていない。河童はなぜ童形なのか。そのイメージはどこからきているのか。

じつは、筆者は、著者から本書を恵贈していただいた折に、この点について著者と意見交換したことがあった。私の意見は、河童の童形をいっきに古代神話の「海神小童」に結びつけるのではなく、また「龍宮童子」の昔話との接触を第四期のこととするのではなく、例えば、護法童子や酒呑童子、八瀬童子など、古代から中世における「童子」の歴史の脈絡の中でもっと考えるべきではないか、というものであった。例えば、俵藤太が龍宮を訪問した帰りに、土産として「如意童子・心得童子」を貰ったという伝説では、この二童子は井戸掘りや水利工事にたけていたとも語られている。すなわち、中世から近世にかけて農村で農業改革に並行して作られた用水路や堀などが子どもの水難事故を誘発したことから河童がその原因として幻想されたというだけでなく、むしろ河童幻想はそうした用水路や堀、堰などの建設とも深い関係があったのではないか、というのが私の推測で、それは本書でも言及されている、筆者自身の説である河童伝承と「川の民」や「人形起源伝説」などとの関係を意識してのものでもあった。著者は、増補改訂版を出す機会があれば、今一度その点については考えてみるとのことであったが、残念ながら、それが果たされることなく亡くなられてしまわれたのであった。

そうした若干の考察漏れがあるものの、河童の歴史をこれほど詳細に論じた書物はなく、河童愛好家や妖怪研究者必読の書であることは疑いの余地がない。文庫化を契機に、今後、空間的な広がり・地域差を明らかにした民俗学の成果と歴史的な変遷の双方を踏まえた、いっそう総合的かつ斬新な河童論議がなされることをおおいに期待したい。

最後に、河童の皿がどこからきたのかという疑問に対する著者のユニークな解釈に触れておこう。著者は、そのイメージは、カトリックの僧のトンスラすなわち頭頂部の中央部の剃髪に由来する、というのである。にわかには受け入れがたい斬新な説であるが、本書を読んだあとも、長く印象に残った説であった。

本書は日本エディタースクール出版より一九九六年二月一〇日に刊行されたものである。

ちくま学芸文庫

河童《かっぱ》の日《に》本史《ほんし》

二〇一九年十一月十日　第一刷発行

著　者　中村禎里（なかむら・ていり）
発行者　喜入冬子
発行所　株式会社　筑摩書房
東京都台東区蔵前二―五―三　〒一一一―八七五五
電話番号　〇三―五六八七―二六〇一（代表）
装幀者　安野光雅
印刷所　中央精版印刷株式会社
製本所　中央精版印刷株式会社

ISBN978-4-480-09959-4 C0139